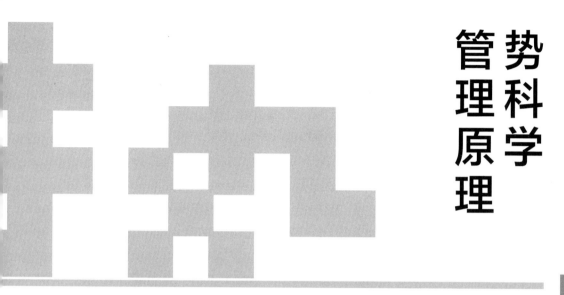

势科学
管理原理

本书得到国家社科基金《贸易强国背景下国内统一大市场建构的模式选择和实现路径研究》（22BJY013）
教育部人文社科基金《面向乡村全面振兴的现代流通体系建构与实施路径研究》（21YJA790046）的资助

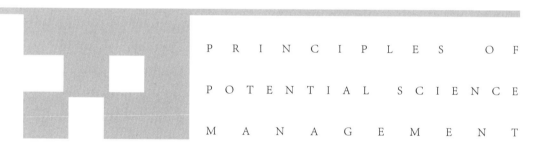

P R I N C I P L E S   O F

P O T E N T I A L   S C I E N C E

M A N A G E M E N T

冉净斐 李德昌

著

周丽华 厉 蕊

社会科学文献出版社
SOCIAL SCIENCES ACADEMIC PRESS (CHINA)

序 一

我与势科学理论相识于 2015 年 10 月。彼时，金色的阳光普照中原大地，西安交通大学的李德昌教授应邀来我校作了一场关于势科学理论的学术报告。席间，我惊喜地发现这一理论具有极强的抽象性、高度的概括性和广泛的应用性，理论自身的孕育过程也具有很强的创新性和创造性。这种感性直觉高度契合于黄河科技学院几十年来"敢为天下先"的创业精神。于是，我们于 2016 年 10 月成立了李德昌教授领衔的、全国首家以"势科学与信息动力学"命名的研究机构，并引入国内专家学者组建了一支"耐得住寂寞、坐得了冷板凳"的研究团队。一晃八年过去了，在不断地学习、理解和实践中，我愈发感受到这一理论的学术价值和理论意义。最近，我拜读了他们发来的《势科学管理原理》一书的书稿，欣慰之余写下如下几段文字，是以为序。

一 势科学理论对现当代哲学思想的发扬光大

进入 21 世纪，人类的信息交流、知识获取、生活工作方式等都发生了巨大变化，特别是当代科学技术的迅猛发展和信息网络时代的到来，在给人们物质生活带来极大便利的同时，也使人们的精神生活遭到极大冲击。譬如，人工智能领域中，AlphaFold、ChatGPT 在生物学研究、聊天机器人等方面的新进展，让人们在惊奇中思绪万千。或者说，"信息人"所面临的焦虑和恐惧远远大于过去时代的"经济人"，身处科技昌盛社会的今天的我们已经无法摆脱"信息"的支配，现实与未来的冲突远远超出了人们的预料，世界的不确定性正是这种无法预料之状态的反映。这使我想起了马克思的一句名言，"任何真正的哲学都是自己时代的精神上的精华"①。作为一门新

---

① 《马克思恩格斯全集》（第 1 卷），人民出版社，1995，第 220 页。

兴的跨学科研究理论，势科学体现了当代哲学思维的特色。它以具体的、感性的、运动变化的多元事物为研究对象，以整体直觉与逻辑分析相结合的方法阐明了宇宙演化、社会进步、组织发展和人才成长的科学机理，以逻辑清晰而简洁的方式诠释了事物背后的哲学意蕴。这一理论的最大成功在于印证了加拿大著名科学哲学家马里奥·邦格在98岁高龄时出版的《搞科学：在哲学的启示下》一书中对科学与现代哲学关系问题给出的结论——"科学地哲学化，哲学地趋近科学"。

仔细分析，势科学理论的研究者正是站在了科学哲学的高度，以时代精神去审视科学、去"搞科学"（doing science）。他们遵循"历史与逻辑相统一"的原则，对"势"的思想意蕴、语用内涵、逻辑推演展开深入研究，首次给出了自然科学与社会科学相统一的逻辑定义势＝梯度＝差别÷距离＝差别×联系，进而抓住"信息即负熵"的命题，将"熵—信息—势"三个概念统一起来，提出了"信息即势"的观点，最后从势与信息概念的有序度出发，提出了开放系统的势增原理，由此，势科学与信息动力学这门"研究势和信息作用机制及其运行规律的科学"得以问世。她作为一门与哲学、社会科学和数学相互交叉的学科，从应用范围来看，它像系统论、信息论和控制论一样，是一门应用范围非常广泛的横断学科；从人的发展来看，势科学机制——"差别促进联系，联系扩大差别"的有序化过程也为我们构建了一个完整的基于信息的素质形成模型，可以在认识论、方法论层次上深入讨论人与外部世界的相互作用及其素质的形成过程，进而促进高素质人才的全面发展。

二　势科学理论对"第二个结合"的自觉运用

"两个结合"的论断，是习近平总书记在庆祝建党100周年大会上首次提出的。随后，党的二十大报告又强调指出，"只有把马克思主义基本原理同中国具体实际相结合、同中华优秀传统文化相结合，坚持运用辩证唯物主义和历史唯物主义，才能正确回答时代和实践提出的重大问题，才能始终保持马克思主义的蓬勃生机和旺盛活力"。今年6月2日，习近平总书记又在文化传承发展座谈会上提出"建设中华民族现代文明"的重大课题，并强调"第二个结合"是又一次思想解放。习近平总书记提出"结合"的前提是彼此契合，"结合"的结果是互相成就，"结合"筑牢了道路根基，

"结合"打开了创新空间,"结合"巩固了文化主体性。可见,"第二个结合"给予我们盛世修文、自主创新和理论开拓的巨大空间。势科学理论的建构本身就是将中华优秀传统文化中具有 2700 多年历史的感悟性术语"势",与近现代自然科学中各种具体的"势"概念在"根基"上联系起来,通过"势是梯度"的直觉发现,抽象出描述势概念的两个要素(差别、联系)和一种机制(自然科学是除的关系,社会科学是乘的关系),给出了如上势概念的逻辑定义。李德昌教授在其生前的一次采访中,曾把自己的学术追求解读为:"个性化求导中起步,路径积分中前进;量子化机制中生存,社会群结构中和谐;信息人基础上发展,势科学理论中创新;集约型教育中成长,对称化管理中鹏程。"仔细品味你就会发现,其中深刻蕴含着老子《道德经》中"道生之、德畜之、物形之、势成之"的文化基因。他的学术成果是近现代自然科学同中华优秀传统文化相结合的产物。比如,势概念的逻辑定义与势运行机制的研究不是概念上的简单叠加,也不是数量关系上的简单推导,而是对长期实践经验的科学总结,是信息时代条件下的理论传承与创新发展,符合历史发展的必然趋势和理论创新的自然规律。随着势科学理论在教育学、管理学、社会学等具体领域的深入推进,其必将推动中华优秀传统文化焕发新的生机活力,使中国式现代化强国建设和民族复兴事业迈出更坚实的步伐。

三　势科学理论对中国式管理理论的创新发展

理论是行动的指南,"没有革命的理论,就不会有革命的运动"[①]。而社会实践对科学理论的最大诉求莫过于对各种问题的统一解释和科学预测。在现代社会,管理已成为治国理政、机构运行和个人发展的重要事务。所谓管理,是指管理主体凭借各种管理手段,组织利用自身资源(人、财、物、信息和时空)去完成目标任务的过程。从历史经验来看,只有理论统一,实践才能明确;如果理论不统一或者只是就事论事,实践主体就会迷茫甚至会"相互拆台"。人类进入由信息化催生的非线性社会后,复杂的社会问题使缺乏统一性的管理理论受到极大冲击。势科学理论认为,管理的本质是沟通、激励和决策,三者奉行统一的价值理念——差别促进联系,

---

① 《列宁全集》(第二卷),人民出版社,2013,第 445 页。

联系扩大差别。这种"势趋"不变性的价值理念能使管理主体获得最大的信息势，进而使个人、组织、社会乃至国家焕发新的生机和活力。

就我几十年的管理经验来看，管理的第一要务是沟通，沟通的目的是使差别很大的人或事联系起来，以形成巨大的凝聚力。李德昌教授认为，沟通是对组织求导，使组织关系产生梯度，营造组织发展的动力机制。管理的主要手段是激励，激励是让人感受到现实与未来的巨大差距，并通过自己的努力来实现目标。李德昌教授认为，激励是对个人求导，使个人在思想上产生梯度，营造个人成长的动力机制。管理的首要责任是决策，决策是领导者或管理主体根据现有条件和目标任务的差距来做出路径选择或决定策略办法。李德昌教授认为，决策是对路径变分，选择一条最短路径来达到预期目标。综上所述，势科学理论在最普遍的意义上阐明了组织、个人、社会乃至国家发展的内在逻辑——在不断求导中营造信息强势，进而使中国式管理理论具有了特殊的凝聚力、竞争力和实践价值。

"斯人已逝"，我校继续秉持"两个结合"的精神，积极推动理论创新和发展研究。为了使势科学这一"土生土长"的中国人自主创立的理论体系能在更广阔的领域生根、开花、结果，我们广泛引进人才，积极支持其开展系统化、精细化、科学化的创新研究。"幽思长存"，如今《势科学管理原理》这部新作的出版发行，就是对李德昌教授的告慰，也是势科学理论与管理实践相结合的新结晶。本书除了主要作者冉净斐、周丽华、厉蕊外，第一章由李德昌教授撰写，第二章和第三章由王琳玮同志参与撰写，感谢两位同志的辛勤付出！同时，我也殷切期望有更多的有志青年把自己的聪明才智奉献于这一伟大事业，让势科学理论结出更多硕果，为中国式现代化强国建设和民族复兴提供强大的势能，为人类命运共同体的构建提供可行的中国方案。

胡大白
2023 年 9 月 28 日于黄河科技学院

序　二

势科学理论的科学性及其普遍意义

　　李德昌教授开创的势科学与信息动力学（势科学）弥合了科学主义和人文主义之间的裂痕，具有很好的科学性和普遍性，为我们理解复杂的社会问题提供了崭新的思路，也为我们从事跨学科研究开辟了一条新的路径。具体来说，它的科学性和普遍意义表现在以下四个方面。其一，从人的"感性意识和感性需要"出发，创造性地给出了"势"概念的逻辑定义，架起了自然科学与社会科学的桥梁。其二，采用"取象比类"方法，从"意义"理解的视角出发揭示了"信息"概念的本质含义，认为信息势与有效信息量是等价的。其三，从势的运行机制和信息作用的不对易关系出发，描绘了科学化和信息化造就的四维信息势图景，为当代科学系统的演化发展建构了一个新的生长平台。其四，从信息力、信息作用量和社会量子化等概念出发，凭借其深厚的数学、物理学功底和非凡的洞察力，将信息系统与质点系统的相互作用进行对照，有效地表征出社会运行的非线性和概率性，进而揭示出人类文明发展的演化逻辑。

　　遗憾的是，这样一位天资聪颖、性格刚毅、富有理想、不计得失、勇于创新的学者，在势科学发展非常需要他的时候与世长辞了，真是"天有不测风云，人有旦夕祸福"。李德昌将中华优秀传统文化中具有"普遍内涵"的"势"与近现代自然科学中"势"的本质含义串联起来，实际上进行的是一场"科学的哲学化，哲学的科学化"之活动，他的几十年的势科学研究具有划时代的学术价值。近年来，笔者在多种场合讲过"势科学"是中华优秀传统文化和现代科学技术相结合的产物，是我们中国人自己创立的理论成果。所以，我们要像呵护婴儿一样去呵护她，扶持她的健康成长，让她在人文社会科学研究领域盛开更加艳丽的花朵。今天在《势科学管理原理》出版发行之际，为表达对李德昌教授的崇敬之意和对本书出版发行的祝贺之情，笔者将 2016 年 10 月为 "黄河科技学院势科学与信息动力学研究中心成立大会暨首届学术论坛" 准备的发言稿稍作修改，是以为序。

笔者学习和研究李德昌教授创立的势科学与信息动力学大约是从 2012 年的暑假开始的。在这一理论的指导和帮助下，我与我的团队也展开了相关研究，并取得了一些成果。在此过程中，深刻感到势科学理论对于我们从事各门社会科学研究具有的指导意义和理论价值。毛泽东在陕甘宁边区自然科学研究会成立大会上曾经指出："自然科学是人们争取自由的一种武装。人们为着要在社会上得到自由，就要用社会科学来了解社会，改造社会，进行社会革命。人们为着要在自然界里得到自由，就要用自然科学来了解自然，克服自然和改造自然，从自然里得到自由。"[①] 可是长期以来，特别是近代自然科学产生之后，由于人们的偏见和狭隘，科学主义和人文主义之间形成了一道道裂痕，以致将科学当作一种信仰，认为它能解决一切领域中的一切问题。然而，事与愿违，结果是导致了科学与人文的分道扬镳，甚至背道而驰，进而产生了一系列的现代性悲剧。

那么，如何消解这些裂痕呢？马克思早在《1844 年经济学哲学手稿》中就指出："历史本身是自然史的即自然界成为人这一过程的一个现实部分。自然科学往后将包括关于人的科学，正象关于人的科学包括自然科学一样：这将是一门科学。"因为感性是一切科学的基础，"科学只有从感性意识和感性需要这两种形式的感性出发，因而只有从自然界出发，才是现实的科学"[②]。当今社会科学遇到的种种难题，正像 19 世纪末 20 世纪初自然科学遇到的种种难题一样，迫切需要人文社会科学家从更深、更高的层次上向自然和宇宙请教，从自然科学中汲取营养，使 "人" 成为感性意识的对象和使 "人作为人" 的需要成为需要，并将二者联系起来。势科学与信息动力学为我们从事跨学科研究开辟了一条崭新的路径。下面我想从四个方面重点谈一下势科学理论的科学性与普遍性，以进一步增强我们对这一理论的认识。

一 "势" 概念的逻辑定义架起了自然科学与社会科学的桥梁

俗话讲，"人往高处走，水往低处流"。前半句 "人往高处走" 是指人

---

① 《毛泽东文集》（第 2 卷），人民出版社，1993，第 269 页。
② 《马克思恩格斯全集》（第 42 卷），人民出版社，1979，第 128 页。

的志向追求，后半句"水往低处流"是一种自然规律。把其中任何一句乘以 -1，其实质是一样的。这是一句励志的话，是说人要是不努力不奋斗就会像水一样只能往下流了。司马迁说："善战者，因其势而利导之。"（《史记·孙子吴起列传》）这里的"势"，即趋势也；利导，即引导。就是说，我们要善于顺着事物的发展趋势，向着有利于实现目标的方向加以引导。其实，在中国传统文化中"势"是一种整体性的直觉概念，老子在《道德经》中就给出过"势成之"的基本原则，他认为"天得一以清；地得一以宁；神得一以灵；谷得一以盈；万物得一以生；侯王得一以天下正"[①]。这里的"得一"就是要得到统一或同一。在造势中要"得一"，就是要在差别巨大的对象中找到内在的统一性，就是要把不同的对象用同一个道理联系起来，或者说用统一的规则把世界万物统率起来。在自然科学中"势"的概念更是比比皆是，有位势、电动势、化学势、真空势、量子势、超量子势等。

李德昌教授综合上述传统文化和自然科学中各种有关"势"的解释，发现势概念中有两个最基本的要素——"差别"和"联系"。比如，在物理空间中，位势就是物体在引力场"联系"中的"差别"；或者说，位势是指在引力场空间中两个位置点由于高低差别而形成的梯度。因此，势概念最直观的寓意是"梯度"：水流越急，水面的梯度就越大，势也就越大。又因为梯度实际上就是斜率，是一种比例，故其可以用差别÷距离来表示。因此，在自然科学中，人们常用"距离"表示元素之间的关系，而在社会科学中常用"联系"表述元素即人或事物之间的关系。所以，李德昌教授就将"距离"转换为"联系"，与"差别"一起来表达势的概念，给出"势"概念的逻辑定义：

$$势 = 梯度 = 斜率 = 比例 = 差别 ÷ 距离 = 差别 × 联系$$

李德昌教授的这一发现为我们理解复杂的社会问题提供了新的理论视角。在势科学的视域中，自然科学是"除"的关系，即势 = 差别 ÷ 距离 = $\Delta y / \Delta x = y'$；社会科学是"乘"的关系，即势 = 差别 × 联系。沟通就是将差别很大的人与事联系起来；管理的本质就是激励，激励就是让人们看到未来与现在的差别，并且通过自己的努力把它们联系起来，进而实现预期的目标。

[①]　邵汉明、陈一弘、王素玲：《百子全书：老子·庄子》，辽宁民族出版社，1996，第48页。

通过进一步分析我们还会发现，从势科学的角度看，无论是"除"还是"乘"的关系，两者都包含着"导数"的内在逻辑：

$$y' = \mathrm{d}v/\mathrm{d}s = \mathrm{d}v \cdot \mathrm{d}l \quad \therefore 势 = 差别 \div 距离 = 差别 \times 联系 = 导数$$

式中，y'为一般意义下的导数；$\Delta y = \mathrm{d}v$，为元素之间的差别；$\Delta x = \mathrm{d}s$，为元素之间的距离；$\mathrm{d}l$为元素之间的联系。从这一基本假设的普遍性出发，势科学理论首次将社会科学与自然科学通过势或导数的概念，即通过微分联系起来。[①] 这样就可能在数学的意义上，表明社会科学的状态，描述其过程。所以我们说，势概念的逻辑定义在最基本的层面上将社会科学与自然科学统一起来，为各种跨学科研究和通识教育提供了具有可操作性的指导思想，也为管理理论的统一、教育理论的重建和经济理论的创新开辟了一条新的有效路径。

二 "意义"理解有望使以信息为核心的社会科学成为真正的科学

在信息技术渗透和影响社会生活各个领域的今天，如何迎接信息时代的挑战已经成为教育领域讨论的热门话题。显然，在跨入 21 世纪的今天，如何进行复杂性科学的教育，批判和超越传统的简单性科学，已成为信息时代科学教育中一个十分重要的课题。目前，科学主义和人文主义两种文化思潮的冲突、人与自然的协调发展，以及应用科学技术带来的社会伦理问题，都需要我们进行深刻的反省。在这种背景下，以美国为代表的发达国家在 20 世纪 80 年代就相继引入 HPS 教育，旨在通过让学生学习科学史、科学哲学和科学社会学来促进科学教育，使学生理解科学本质、崇尚科学精神。

其实，中国古人早已意识到了一个更深刻的问题——语言并不能穷尽意义，无论是哲学中的玄妙真理之"意"，还是在艺术领域中蕴含的思想内涵和情感蕴藉之"意"，其丰富性和多义性都是"语言"所不能穷尽的，因此，先人很早就提出了用"取象比类"的"象思维"方法来应对言不尽意的问题。这一中国传统思维方法启示我们，要把握势科学理论的科学性以及对当今社会复杂性深度透视，还在于从逻辑基础上揭示"信息"概念的

---

① 李德昌：《系统复杂与创新的势科学机制及其应对战略》，《系统科学学报》2012 年第 1 期，第 20 ~ 22 页。

本质意义。所谓"意义"是语言文字或其他信号所表示的内容。这样，对于"意义"概念的理解和把握就成为当代科学研究的逻辑起点，与之相对应，意义理论就成为人们创造出来的一种隐喻，并且与模型建构密切相关。大家知道，狭义相对论的理论模型是洛伦兹变换，广义相对论的理论模型是黎曼几何，然而真正发现狭义相对论和广义相对论的却是爱因斯坦。原因在于洛伦兹写下了自己的符号变换，却没有理解符号变换的科学意义——时间的相对性；黎曼写下了黎曼几何，却没有理解黎曼几何的物理学意义——四维时空的几何结构是由物质分布的物理性质所决定的。同样，牛顿发现了微积分，但不知道微积分的社会学意义；维纳积分提出了信息的概念，却没有理解信息的本质意义，以致今天人们对信息的概念众说纷纭，但都没有揭示信息的本质属性，也不能有效地获取和使用信息。特别是信息哲学家给出的信息是什么什么的"显示、表征、反映"的概念定义，使得废话和噪声都成了信息，给社会科学研究带来了许多困扰。

　　然而，由于系统要素之间以及系统与环境之间的相互作用蕴含着"差别促进联系，联系扩大差别"的势科学机制，以致差别越来越大，联系越来越紧；最后达到差别最大——相反，联系最紧——相同，这种相反相成的关系，数学和物理学上叫作"对称"。在这一过程中，系统的信息量持续增加，有序化程度不断提高，从而导致系统的复杂程度越来越高。当系统的信息量——系统营造的信息势达到某个临界值时，系统就会发生非平衡相变和非线性分岔，从而一方面彰显出系统在不同层次上的创新，另一方面却伴随着各种各样的风险。[①] 正所谓在事物的演化发展中，机遇和挑战同在。由此可见，信息的本质含义是差别×联系，它深刻地揭示了信息的功能属性，即信息是系统演化发展的动力之源，势就成为信息的几何直观、物理直观和宏观量度。因此，信息量＝信息势，即信息梯度。所以，管理者以及任何组织和个人把握机遇、应对挑战的基本策略应该是：不断产生更多的主体信息量，营造更大的主体信息势。

　　正因如此，在势科学的语境下，当今信息化时代是一个创新发展的时代，具体表现在两个方面。其一，现代科学的分合发展营造了二维信息势：

---

① 李德昌：《系统复杂与创新的势科学机制及其应对战略》，《系统科学学报》2012 年第 1 期，第 20～22 页。

一方面，科学的专业化发展使其越分越细，使事物在纵向上联系得越来越紧密，营造着纵向上的信息势；另一方面，学科的交叉性和融合性发展使事物在横向上联系得越来越紧密，营造着横向上的信息势。其二，信息化的迅猛发展也营造着二维信息势：一方面，互联网、云计算使各种交流突破了空间的隔阂，将世界变成了一个"地球村"，营造着物理空间上的信息势；另一方面，移动通信和大数据技术使各种交流突破了时间的障碍，越来越可能实现即时性的联系，营造着物理时间上的信息势。所以，科学化和信息化造就的四维信息势推动着现代社会进入了非平衡非线性状态，因而相变与非线性分岔成为现时代的基本特征。人们过去担心的环境问题、能源问题将在连续不断的、愈来愈快的创新发展中得到解决。① 实际上，不但科学研究需要理解意义，在复杂的信息化社会人们的行动更需要理解意义。人们只有理解了意义，才能把握信息，才能在错综复杂的文化纠结中把各种问题和要素联系起来，产生更多的主体信息量，营造更大的主体信息势，从而应对信息社会中的不确定性。那么，如何在信息相互作用中理解意义，营造最大的主体信息势呢？

根据势科学原理，势的运行机制是"差别促进联系，联系扩大差别"，最后达到差别最大、联系最紧的"对称"关系，它营造着最大的信息势，所以这一机制也叫势增原理。世界上几乎所有的相互作用都会产生对称性，杨振宁将它称为"对称性决定相互作用"原理。这是杨-米尔斯规范场理论在理解意义的基础上得出的重要结论，并认为"所有的相互作用都是规范场"②。其实，早在1945年陈省身教授就已经发现了纤维丛理论，但他并没有理解其物理意义——局域对称场，直至1975年杨振宁才将其与规范场理论联系起来，澄清了规范场理论的一些模糊思想（如果说整体对称性是指某种变换后的不变性，那么局域对称性则是一种局域变换下的不变性，所以也叫协变性——你怎么变化，我也怎么变化。从严格意义上讲，是指物理规律在惯性系中按照洛伦兹变换而改变）。所以，对称性机制有可能为我们理解意义、把握信息、营造最大的信息势提供一种有效的路径。

---

① 李德昌：《系统复杂与创新的势科学机制及其应对战略》，《系统科学学报》2012年第1期，第20~22页。

② 宁平治、曾月新、李磊：《杨振宁科教文选：论现代科技发展与人才培养》，南开大学出版社，2001，第290~292页。

我们知道，当两个元素间的距离趋于零而差别又无限大时，就意味着两个元素之间的联系无限紧而又不是同一个态，所以就成为对称元素。这也就是说，对称性状态是要素差别最大、联系最紧的状态，因而具有最大的信息量，即信息势最大。所以，这种状态能够应对复杂系统的不确定性，从而使系统在竞争中保持稳定与和谐。这种情况与乌杰教授提出的"凡是符合'最小作用量原理'的物质系统都是和谐的"① 这一观点非常吻合。实际上，一方面，所谓信息量最大，就是指单位时空中产生的信息量最多、信息的生产效率最高，本质上就是单位时空中的作用量最小；另一方面，对称的本质含义就是"变换中的不变性"，对于函数来说没有变化就是导数为零，而在导数为零的点上函数一定会取极值。由此可见，"对称性"实际上与"作用量最小"或"熵产生最小"在本质上都是等价的。所以，乌杰教授"凡是符合'最小作用量原理'的物质系统都是和谐的"与杨振宁关于"对称决定力量"的科学论证，共同揭示了系统和谐而能够应对不确定性的根本机制。李德昌教授的势科学理论在理解"信息"本质意义的基础上，提出："凡是具有对称性结构而形成数学群的系统都是和谐的系统，具有最小的作用量、最大的信息势，从而具有最好的竞争力，可以应对最为复杂的不确定性。"②

三 "差别"和"联系"两个维度为科学构建了一个生长平台

势科学理论的基本概念有"势""群""信息"等，但对它们进行描述都离不开两个更基本的要素——"差别"和"联系"。由此我们发现，势科学理论通过势的运行机制——"差别促进联系，联系扩大差别"向我们展示出了"差别"与"联系"的两个哲学维度，即一方面，它上与哲学思维衔接；另一方面，它下与科学方法融通，表现出极强的普遍性。实际上，势科学理论的哲学思想为科学系统的演化发展建构了一个新的生长平台，如图1所示。

如上文所述，如果我们以差别和联系为坐标轴，就构成了一个由二维

---

① 乌杰：《系统哲学（修订版）》，人民出版社，2013，第128页。
② 李德昌、徐瑞平：《再论系统复杂与创新的势科学机制及其应对战略》，《系统科学学报》2012年第2期，第20页。

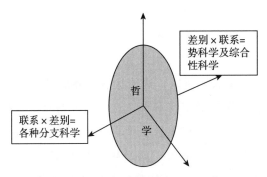

差别×联系=
势科学及综合
性科学

联系×差别=
各种分支科学

哲

学

图1 哲学与科学系统演化的统一性关系

向量表示的哲学平面。其中，差别与联系的叉积（差别×联系），即"在差别中寻找联系"，可以建立起各种综合性科学，如势科学和各种"新老四论"——系统论、控制论、信息论和博弈论，耗散结构、协同学、超循环理论和突变论，以及更新的混沌理论、分形理论、孤子理论和复杂适应系统理论，等等；联系与差别的叉积（联系×差别），即"在联系中寻找差别"，可以建立起各种分支学科。所以，现代科学一方面越分越细，国务院学位委员会、教育部2011年修订的《学位授予和人才培养学科目录》将科学分为13个大的学科门类、110个一级学科和近千个二级学科（专业）；另一方面科学也在不断综合化，产生了一系列的边缘学科、综合学科、横断学科，以致20世纪80年代科学系统发生了一次历史性"相变"，由以传统分析还原方法为特征的简单性科学向以学科互涉、融贯思维为特征的复杂性科学转化。

"诞生于20世纪80年代的复杂性科学，是以揭示和解释复杂系统的生成、演化和发展规律为主要任务的一种'学科互涉'的新兴科学研究形态。它的兴起和发展，不仅拓展了科学研究的疆域，也为我们增添了理解自然和理解社会的新理念……同时标志着一种新的科学范式的形成，由此也折射出一种新的时代精神。"[①] 这种新的哲学境界，首先表现为方法论特色的凸显。目前，复杂性科学已被推到了当代科学的前沿，它不仅是关于方法的知识，更是一种跨学科研究的方法论平台，把还原论和整体论、定性判

---

① 武杰、孙雅琪：《复杂性科学的时代特征及其哲学境界》，《自然辩证法研究》2017年第7期，第112~117页。

断和定量分析、认识理解和实践应对等原则结合起来，形成一种必要的张力，使它们处于竞争、对抗和互补的矛盾运动中。这种以融贯思维为特征的方法论也为人类认识世界和改造世界提供了崭新的工具。其次表现为认识论取向的转变，即由旧唯物主义的"直观、机械"的反映论转变为"认识 = 反映 + 建构"的映构论。这一转变是对简单性科学认识论的超越，能够更好地描述主体客体化和客体主体化的实现过程。最后表现为本体论信念的变革，即"从同时并存的实体为中心的旧唯物主义本体论哲学——'自在实体论'，向以内在联系过程为根、以事物的历史发展过程为主轴的'深层生成论'的转变"①。这一变革与马克思的"实践唯物主义"思想无论在气质上还是在结论上都高度契合，并将对人类思想进步产生深远的影响。因此，笔者撰写过一篇文章——《复杂性科学的学科特征及其哲学境界》，概括和总结了科学研究形态的这一历史性变革。②

成都武侯祠有这样一副对联，"能攻心则反侧自消，从古知兵非好战；不审势即宽严皆误，后来治蜀要深思"。鉴于当今科学发展的态势和信息人面临的复杂的社会背景，老子"势成之"的古训对于当代大学生来说极具现实意义。信息化促使人类生存环境及其本性发生嬗变，也使当代大学生萌生了许多新的思想困惑；科学化带来的非平衡非线性相变，使世界产生了许多不确定性，因而也为大家提供了许多选择的机会。陶行知先生有一句名言："千教万教，教人求真；千学万学，学做真人。"他告诉我们："真"比一切都重要。教师作为进步思想的践行者，应该学习诸葛亮审时度势和攻心为上的策略，牢记陶行知先生的名言，教学生"做真人、办真事、求真知"，也就是关于做人、做事、做学问的问题。笔者基于自己 40 多年的教学经历深刻感悟到：做人要有用与可爱相结合，做事要善良与担当相统一，做学问要专业与通识相融合。③这也表明，面对复杂性问题，我们不仅要有科学家的智慧，还要有工程师的思维，将自己的专业能力、哲学思维和社会责任心提高到一个新的水平，善于运用势科学的机制和信息动力

---

① 鲁品越：《深层生成论：自然科学的新哲学境界》，人民出版社，2011，序言。
② 武杰、孙雅琪：《复杂性科学的学科特征及其哲学境界》，《自然辩证法研究》2017 年第 7 期，第 112 ~ 117 页。
③ 刘国帅、武杰：《当代大学生培养目标的势科学分析》，《系统科学学报》2013 年第 3 期，第 42 ~ 45 页。

学的原理，正确理解和解决各种复杂的理论问题和实际问题。

四　势科学揭示了人类文明发展的演化逻辑

人文社会科学与自然科学的相互渗透和融合是由社会规律和自然规律的内在一致性所决定的。然而，这种内在一致性并不是显而易见的。在工业社会，由于信息作用力微弱，以牛顿力学定律为支撑的工业化掩盖了信息作用下社会的量子化特征，人文社会科学与自然科学相分离。20世纪90年代，在知识经济浪潮的冲击下，社会的信息化程度日益提高，信息作用力大大增强，因此社会的量子化现象凸显，其主要特征表现为社会运行的非线性和概率性。在目前这种文理分驰的背景下，人文社会科学各领域的经典理论受到了巨大冲击。所以，我们只有从复杂性科学的非线性和量子世界的概率性中汲取营养，在更高层次上抽象、更广领域中探索、更深程度上挖掘，才能认识和把握社会运行的非线性和概率性。李德昌教授提出"信息人"假设，认为"信息力""信息作用量""社会群""社会的量子化"等概念的运用，以及"信息动力学"的研究可以为揭示社会科学与自然科学内在一致性提供重要契机。

实际上，李德昌教授开创的势科学与信息动力学，是在给出"信息即有序"等于"势"概念的逻辑定义（势＝差别×联系）的基础上展开的，因此系统要素之间的差别×联系，才是该系统所具有的真正的信息。于是，他将信息系统与质点系统的相互作用进行了对照性研究，并取得一系列有价值的成果。可以说，他是紧紧抓住了"相互作用是事物的真正的终极原因"[1] 这一关键问题，展开对"信息力"与"力"的比较研究。那么，什么是力呢？力不过是"作用"的一种抽象。人们将物质世界不同层次上的作用抽象为引力、电磁力、弱力和强力，因而解决了自然科学各领域的问题（一定程度上可以说，物理学或力学是任何一门自然科学的基础）。由此可见，将"作用"抽象为一种"力"是自然科学带给我们的重要启示，当我们研究社会问题时，实际上也是在探究各种作用问题，只不过这里的"作用"不是物质作用，而是信息作用。信息对于人或意识的作用，正如力对物质的作用一样也表现为一种"力"，因此我们也可以将信息的作用抽象为一种力——

---

[1] 《马克思恩格斯选集》（第4卷），人民出版社，1995，第328页。

"信息力"。实际上，工作的压力、学习的动力、创造的潜力……不是什么别的力，而正是一种信息力。所以，我们把研究各种信息系统中关于信息相互作用的内在机制和规律的科学，称为"信息力学"或"信息动力学"。

在"信息力"抽象的基础上，进一步研究信息的作用机制就会发现："变换与对称原理""局域对称性原理""作用量原理"等自然科学中物质作用的重要规律对于人文社会中普遍存在的信息作用过程也是有效的。这一点恰好表明社会规律和自然规律在本质上是一致的，同时也为文理渗透和融合找到了切入点。例如，作用量原理可以解释：在物质作用中，物体的惯性运动、自由落体运动的先慢后快、光的直线传播等；在信息作用中，经济学为何追求最小投入与最大产出，管理学为何追求最小成本与最大收益，为什么"豹子抓羚羊先慢后快"等问题。于是，李德昌教授仿照牛顿力学定律提出了信息力学的运动定律。

定律1：在一个不受外界信息作用的封闭信息环境中，人们将保持原有的文化状态——惯性守恒机制，类似于牛顿力学第1定律。

定律2：对象所受的信息力等于作用于该对象的信息势与该对象对该信息势的阻尼之积，即信息动力学机制：

$$F = f \cdot M \cdot A = f \cdot M \cdot dv/ds = f \cdot M \cdot dv \cdot dl$$

上式中，M 为信息阻尼，即人们在一定的信息环境中对该类信息的信息粘性或信息依赖；A 为"信息"或"信息势"；dv 为信息元之间的差别；ds 为信息元之间的距离；dl 为信息元之间的联系；f 为环境的风险系数。上述公式类似于牛顿力学第2定律 $F = ma$。

需要说明的是：当内外环境完全确定时，$f = 1$，信息阻尼 M 退化到物质阻尼 m，信息势 A 退化到物质势 a（加速度），因而信息力还原为物质力 $F = ma$。所以，牛顿力学第2定律本质上表述的也是一种信息力，即物质力是一种狭义的信息力。但是，在物质系统中，受力物体是完全被动的，因为它无法减少自身对某种主体的依赖；而在信息系统中，受力对象可以通过调节各种信息阻尼来调整自己的受力状态。

定律3：信息作用力与反作用力大小相等、方向相反，分别作用于两个不同对象——沟通不变性机制。例如，人们常说"要想知道对方对你的感觉，就应体会你对对方的感觉"——换位思考。这类似于牛顿力学第3

定律。

定律 4：信息不对称导致关系不对易，产生社会的量子化——信息人社会的风险机制。例如，在生活经验中人们总会感觉到"你找他和他找你，是不一样的"。这种信息作用的不对易关系，产生了社会实践的不可观测量（不确定性），从而导致社会的量子化，使社会运行呈现非线性和概率性。因而，一个人在社会场中的岗位和能力是不能同时确定的。也就是说，一旦你的岗位确定以后，能力就不能得到充分的发挥。由此可得，所谓社会的量子化条件是：

$$\text{若 } AB \neq BA，\text{即 } AB - BA \neq 0，\text{则 } A \text{ 与 } B \text{ 不对易}$$

定律 5：信息相互作用遵循等效变换原理，全球化—局域化—个性化机制。

定律 6：势增原理—势趋不变性—差别促进联系，联系扩大差别—信息系统不同层次上的相变分岔和对称形成群—和谐创新机制—复杂性科学机制。

实际上，定律 5 和定律 6 可以在更高层次上合并为一个定律，即信息化社会的和谐定律。"差别促进联系，联系扩大差别"的势增原理，导致全球化促进局域化，局域化推动全球化，进而全球化促进个性化，个性化推动整体化，使得全人类成为一个命运共同体，牵一发而动全身，实现不同层次上的人类和谐。当今世界，各国之间相互依存、休戚与共。

另外，在数学上有所谓"群"的概念，给定一个集合 $G = \{E, A, B, C, D, \cdots\}$，该集合组成一个"群"需要满足如下四个条件：恒等元、封闭性、可逆元和结合律。

▲G 中存在单位元素 $E \in G$，使得对任何 $A \in G$，有 $E \cdot A = A \cdot E = A$，$E$ 叫作单位元或恒等元。

▲G 中任意两元素 A 和 B 作用或组合得到的元素仍属于 G，即如果 A、$B \in G$，则 $A \cdot B = C \in G$，$B \cdot A = D \in G$（一般情况下 $C \neq D$）其中符号"·"表示两元素的作用或组合，这一条件叫作封闭性。

▲对任意元素 $A \in G$，存在一个唯一元素 $B \in G$，使得 $A \cdot B = B \cdot A = E$，$A$ 叫作 B 的逆，B 也叫作 A 的逆。

▲群元素的组合法则满足结合律，即对于任意 A、B、$C \in G$，有 $A \cdot (B \cdot C) = (A \cdot B) \cdot C$。

数学上的这种纯符号逻辑游戏首先在物理学中表现出巨大的应用价值，高等量子力学就是以群论为基础的，粒子物理学中的许多成果也来自对变换群的研究。群论之所以有如此巨大的威力，从根本上来说，也许在于自然界物质场的内在性质是按照群论的数学结构设计的。[①] 实际上，这是相互作用机制的基本表现。

由于社会场是从最基本的自然场的复杂性作用中演化出来的，尽管在这漫长的演化过程中，发生过许多对称性泛化，但其对称的根本性规定没有改变。所以，社会场必然会继承自然场的基本特性——群结构，[②] 在一个特定时代的社会中，各种观念和思想构成了该社会空间的群元素，这些元素的集合满足群的四个基本条件。

其一，在所有社会观念中，存在一种表征时代精神的观念，它承认这个社会中的任何观念，因而它与任何一种观念作用，其结果等于被作用观念（恒等元条件）。

其二，任意两种观念作用的结果得到第三种观念，所得观念也是该社会中的一种可能的观念（封闭性条件）。

其三，每一种观念都可能存在一种相反的观念（逆元素），此两种观念作用等于恒等元（恒等元承认它们的对立统一）观念（可逆元条件）。

其四，任意三种观念在一定条件下作用，满足结合律条件。

由此可见，各种社会观念组成了社会群，所以我们就可以研究社会的群表示，即研究由社会观念组成的社会群元素在社会的希尔伯特空间中对应算符的映像。[③] 群论的无穷威力可以使我们想起 E. T. 贝尔的一句话："无论在什么地方，只要能应用群论，就能从一切纷乱与混淆中立刻结晶出简洁与和谐。"[④] 因而，我们可以期待，在由各种矛盾和奇异现象所构成的复杂社会中，只要我们有效地应用"群论"这种"近世科学思想的出色的新工具"，就可能从社会的"一切纷乱与混淆中立刻结晶出简洁与和谐"的社会规律，从而深化我们对中国共产党执政规律、社会主义建设规律和人类

---

① 李德昌：《社会科学与自然科学内在融合的理性探析》，《西安交通大学学报》（社会科学版）2003 年第 1 期，第 93 ~ 95 页。

② 李德昌、赵兰华、梁莉：《文化场与南北对话》，《理论月刊》2002 年第 7 期，第 34 ~ 35 页。

③ 熊钰庆、何宝鹏：《群论与高等量子力学导论》，广东科技出版社，1991，第 215 页。

④ 吴文俊主编《世界著名科学家传记》，科学出版社，1994，第 119 页。

社会发展规律的认识。

事实上，纵观物质世界和人类社会的发展历程，我们可以发现势科学理论的科学意义还在于它从更抽象的层次上揭示了人类文明发展的符号逻辑和美好前景。根据现代科学发展的最新成就可以肯定地说，我们生活在一个由场、能量、物质、信息、意识五种基质组成的多元进化的世界上。人类作为自然界长期演化发展的产物，从自己的感性意识和感性需要出发，逐步地认识自然、利用自然和改造自然，创造了自己的物质文明和精神文明。古代人类第一次文明开始于整体直觉，认识了简单的能量形式（$E = Fs = mas$），并且学会了利用简单的自然能（如水车推磨、帆船航海），使人类从大自然的束缚中解放出来；到了近代，人类第二次文明开始于逻辑分析，认识了力（$F = ma$），并且学会了利用人工力（牛顿力学为机器大工业的建立奠定了理论基础），产生了工业文明，使人类从繁重的体力消耗中解放出来；20世纪50年代以来，人类第三次文明将整体直觉与逻辑分析结合，认识了势（$a = \mathrm{d}v/\mathrm{d}s$），即导数的本质——信息，也就是认识了信息的物理直观和几何直观，并且制造出计算机、创造了互联网、破解了 DNA，真正进入了信息文明时代，使人类有希望从复杂的文化纠缠和思想困惑中解放出来。

能量→物质→信息，一次比一次抽象，一次比一次深刻。可见，人类获得自由解放的逻辑过程，就是一个不断通过智慧性抽象，从复杂走向简单的势科学过程，并遵循信息动力学的原理。[①] 所以，我们要自觉遵循人类社会发展规律，正确认识世界和中国发展大势，勇于承担时代责任和历史使命，向世界积极传递对人类文明走向的中国判断。

2023 年 9 月 27 日于科大世纪花园

---

① 李德昌：《信息人教育学——势科学与教育动力学》，科学出版社，2011，第 6~7 页。

目 录
CONTENTS

第一篇　管理动力学理论基础

第三篇　基于管理信息势的应用研究

第一篇

管理动力学理论基础

第一章　势科学与信息动力学[*]

第一节　势概念

信息的抽象性使得对信息及其相互作用的研究受到了限制。我们之所以应用"势"来研究信息及其相互作用，是因为"势"具有文化的直观性，而且是传统文化的一个核心概念，人们常常使用各种有关"势"的词语来形容某种生活和实践的成功过程。例如，势如破竹、势均力敌、势不可当、势不两立、势在必行、势所必然、势成骑虎、人多势众、声势浩大、有钱有势、有权有势、因势利导、气势磅礴、气势汹汹、蓄势待发、弱势群体、仗势欺人、大势已去、狗仗人势、虚张声势、审时度势、造势、乘势、任势、用势、走势、趋势、形势、姿势、态势、架势、势必、势头、势力……

老子提出的"道生之、德蓄之、物形之、势成之"，较为完整地刻画了组织成长与发展过程的内在逻辑——干什么事都要有个道理再干，即"道生之"；干什么事都要遵守行业规范和职业道德，即"德蓄之"；干什么事都要积累了资源和物质后才能干，即"物形之"；但即使以上条件都具备，能否成功还在于"势"，即"势成之"。但什么是"势"，老子没有定义。即使《孙子兵法》的"势篇"深刻阐述了营造势在军事对垒中的重要作用，但详细阅读全文我们也可能并不能明确知道究竟什么是"势"。

自然科学中也有许多势的概念，电势、位势、化学势、量子势、规范势等。宇宙暴涨是由真空势推动的，量子势是量子化的根本缘由，化学势和生物势是化学反应和生物成长的动力之源，信息势则是人才成长、组织

---

* 本章部分内容曾以《势科学理论的普适性与科学意义——信息人社会与势科学理论研究之二》为题载于《阅江学刊》2011 年第 3 期，收入本章时作了扩充与删改。

创新和社会发展的动力。综合传统文化与自然科学各种有关势的内涵，发现势的本质意义为系统元素构建的某种"梯度"，由此可以给出势的逻辑定义：势＝差别÷距离＝差别×联系（见图1－1）。可见，势即梯度，即斜率，即导数，即比例（"即"表达剔除现象差别推进到本质联系的极限过程，下同）。老子说"势成之"，毕达哥拉斯说"万物皆比例"。研究势的产生与运行机制的科学叫作势科学。

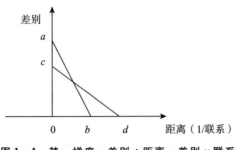

图1－1　势＝梯度＝差别÷距离＝差别×联系

实际上，有关自然世界的问题，便是物质相互作用的问题，即"力"的问题；有关人类社会学的问题，便是信息相互作用的问题，根本上是信息的概念问题。根据维纳的定义，信息即负熵，即有序。有序就可以按照大小排列起来，产生一种趋势，形成一个斜率，即导数，即势。可见，信息的概念与势的概念是完全一致的。所以，在本书中，许多地方用信息势的概念代替势的概念。有关信息概念的详细阐述，详见本书第二章中。

第二节　文学艺术势

一　写作文与求导数

如果有人告诉您"写作文就是求导"，您可能不把他当成疯子也会把他当成神经病，因为，说求导与写作文是一回事，这的确在势科学理论提出之前是难以想象的。势科学理论蕴含了写作文的求导机制：首先，设定一个主题，然后，围绕主题展开，展开的程度与主题差别越大而又与主题联系得越紧（差别×联系＝差别÷距离，即比例，即导数），文学信息势就越大，即该作文的文学信息量就越大，导数值就越大。

好的文学作品或小说为什么能如此打动读者，在一定程度上说是因为这些文学作品或小说造就了信息强势，它们常常将生活中最世俗的和最向往的景象紧密联系起来，将最细腻的和最狂暴的情节紧密联系起来，将最软弱的和最强悍的人物个性紧密联系起来。法国著名哲学家、社会学家、人类学家和政治评论家埃德加·莫兰指出："是在小说、影片、诗歌里，人类展现了他的渺小和悲剧性的伟大，时常与失败、犯错误和变疯狂的危险相伴。是在我们的主角的死亡中我们自己尝受了第一次死亡的经验。"① "在街上遇到流浪者感到厌恶的人，会在电影中以他的整个身心同情流浪汉卓别林。在日常生活中我们所见的在形体上或精神上的悲惨现象几乎无动于衷，但是在阅读小说或观看电影时我们会感到同情、怜悯和天良发现"②，"文学的隐喻建立了相距遥远和十分不同的现实之间的类比的关联，使人能够对它带来的解读产生强烈的感受。隐喻通过产生类比波克服了事物之间的非连续性和隔离"③，由此将现实中人们联系不起来的事物，在文学中紧密联系起来，营造了文学的信息强势，使人们为之而折服、感动和激情荡漾。

写作如果总是能够"既在情理之中，又在意料之外"，则将构建最大的导数值，从而产生最大的信息量，营造最大的信息势。

《水浒传》将一百零八将，巨大差别的个性化人物，紧密凝聚在梁山上，生产文学信息量，营造文学信息势。一百零八将一个个都是个性化的，而且个性化之间构成对称性张力：一方面是宋江，一方面是武松；一方面是林冲，一方面是李逵；……如此大的对称性差别的个性化人物在"打富济贫，替天行道"的思想和精神的统率下集聚在水泊梁山，其势浩大令人振奋。实际上《水浒传》中的一百零八将构成一个具有数学群结构的组织泛群，对称性人物构成可逆元，"打富济贫，替天行道"的思想和精神是恒等元。这样就产生了极其丰富的信息量，营造了强大的信息势。

西方文化自然造势的本质特征也常常表现在他们的文艺作品中，例如，

---

① 〔法〕埃德加·莫兰：《复杂性理论与教育问题》，陈一壮译，北京大学出版社，2004，第 9 页。

② 〔法〕埃德加·莫兰：《复杂性理论与教育问题》，陈一壮译，北京大学出版社，2004，第 135～136 页。

③ 〔法〕埃德加·莫兰：《复杂性理论与教育问题》，陈一壮译，北京大学出版社，2004，第 178 页。

在西方的小说和电影中塑造的各种侠：在生活中是普普通通的人，在特殊场合就是戴着面具的侠。一方面将"人"和"侠"的差别对立，另一方面又将二者由同一个人紧密联系起来，造就着一种文学情境中的势。

二　诗词和成语导数值最大

同样，一首好的诗词，总是要在联系中创造差别或从差别中寻找联系来营造"诗势"。李白的诗"飞流直下三千尺，疑是银河落九天"通过飞流"直下"描写了一个无比陡峭的梯度，营造了大势，在这个意义上，写诗就是求导。再看，"黄河之水天上来，奔流到海不复回"通过黄河之水将天地之差联系起来，而且"不复回"还描述了势不可逆的科学机制。

诗词创作讲究对仗，即科学中的对称，差别最大联系最紧，是营造诗势的重要路径。联系——字数相等，词性相同，语法结构相当；差别——平仄相反，意义相反（或相关）。例如：

晓战随金鼓，宵眠抱玉鞍。（李白）

遥怜小儿女，未解忆长安。（杜甫）

无可奈何花落去，似曾相识燕归来。（晏殊）

三十功名尘与土，八千里路云和月。（岳飞）

才下眉头，却上心头。（李清照）

野火烧不尽，春风吹又生。（白居易）

山重水复疑无路，柳暗花明又一村。（陆游）

因荷（何）而得藕（偶），有杏（幸）不须梅（媒）。

常德德山山有德，长沙沙水水无沙。（毛泽东）

五岭逶迤腾细浪，乌蒙磅礴走泥丸。（毛泽东）

无边落木萧萧下，不尽长江滚滚来。（杜甫）

缥缈巫山女，归来七八年。（白居易）

殷勤湘水曲，留在十三弦。（白居易）

成语是中国语言文化的精华。中国成语魅力如此之大的原因在哪里？在于除去源于历史故事、神话故事、寓言故事的成语，很多中国成语的构成符合差别大联系紧的势科学原理，其信息量大，势大。比如，欢天喜地、此起彼伏、否极泰来、乐极生悲、喜极而泣、开天辟地、顶天立地，这都是差别大联系紧，相反相成，势很大。有相反的，还有相对的，如海阔天空、咫尺天涯、天南地北、天南海北、南辕北辙、虎踞龙盘、腥风血雨、月黑风高、柳暗花明、废寝忘食、飞天遁地、前赴后继、山盟海誓、海枯石烂、惊涛骇浪、电光火石、刀山火海、天怒人怨等，举不胜举。

其实，歇后语、谚语也有很多类似情况。如果从势科学角度去学习中国成语，必将事半功倍。

三　审美从导数开始

笔者在西安交通大学"学而讲坛"的一次讲座，题目就叫《审美从导数开始》，而对势科学理论进行研究的想法正是在给本科生和研究生讲授48学时的公共选修课"科学与艺术及乐器演奏"的过程中萌生的。

好的艺术为什么具有持久的生命力，就在于好的艺术造就的是艺术信息强势，而且常常用差别最大的对称性元素或对称性的描述方法来营造强势。著名的《清明上河图》，画中有那么多人物，个个都不一样，但其描绘的生活场景则将所有的人联系起来，少了哪一个都不行，《清明上河图》所描绘的鲜明的人物个性差别和统一的时代背景和文化生活，营造了宏大的艺术气势，动人心弦。

一部好的交响乐，其快板和慢板之间常常既具有明显的节奏差别，同时又具有紧密的旋律联系，而且在寓意方面，也常常将反叛和顺从、痛苦和幸福紧密联系起来。埃德加·莫兰指出，"贝多芬在他最后的弦乐四重奏中，不可分离地把表示压抑不住的反叛之情的'muss es sein？'（德语：它必须是这样吗？）和表示不可抗拒的力量的顺从的'es muss sein！'（德语：它必须是这样！）连接起来"[1]。

同样，舞蹈艺术的美在于舞蹈演员将巨大差别的肢体动作随着音乐的节奏和旋律紧密联系起来，构建了视觉结构和形体寓意上的信息强势。

著名画家吴冠中"风筝不断线"的艺术信念，从本质上说明了艺术创作的内在机制——将差别紧密联系起来的势科学机制。

---

[1] 〔法〕埃德加·莫兰：《复杂性理论与教育问题》，陈一壮译，北京大学出版社，2004，第131页。

《阿凡达 1》电影的火爆号称为电影史上的"文艺复兴",使得 30 多年之前看电影一票难求的场景再次呈现。《阿凡达 1》无疑生产了前所未有的电影艺术信息量,其基本原理却十分简单,通过视觉要素之间的差别 × 联系,营造强大的视觉艺术信息势。

第一,野蛮与文明的差别与联系(原始纳美人与文明现代人的基因耦合生产出阿凡达),过去与未来的差别与联系,虚幻与现实的差别与联系(纳美的勇士骑着空中飞禽 IKRAN 与人类的战斗机对抗),这些差别与联系由一个现代高科技制成的"对接设备"营造出来。

第二,生活与科学的差别与联系,简单与复杂的差别与联系,直白现实与高深概念("能量的借用与归还"的理论物理概念及分子生物学理论的"突触"概念等)的差别与联系。

第三,动物与植物的差别与联系(潘多拉星球上丰富而神奇的生态景观),凡境与仙境的差别与联系(逼真的飞流瀑布、漂浮云中的山峦、似含羞草的粉红植物、旋转飞行的"蜥蜴"、夜间发光的森林,似水母般在空气中游动的树种),人与动物的差别与联系(人的形象与动物形象的结合,人性与动物性的结合)。

第四,将语言的联系和心灵的联系用看得见的纽带联系起来,包括动物性的辫子和植物性的花絮,由此,营造了前所未有的形象信息量和视觉艺术信息势。

第五,3D 的全方位空间效果使人们身临其境,极大地强化了"意识"与"生活"的差别与联系,生产了丰富的信息量,营造了强大的信息势,实现了使人们感到心灵震撼的效果。

第六,健康人与残疾人的差别联系,在健康人把持的社会,突出一个残疾人的伟大和崇高。

第七,宗教与科学之间的差别和联系,最先进的科技与最原始的宗教的"互动"营造出强大的信息势,一方面是圣树的崇高,一方面是科技的强大;一方面是上帝的掌控,一方面是科技的威力;一方面是神性的公平,一方面是人性的贪欲(要将"野蛮人"移居,占领他们的地盘以获取超导矿石)。科学并没有战胜宗教,倒是上帝显示了公平,在最后的博弈中圣母显灵帮助了纳美人,体现了与科学价值观对称的宗教价值观。

所以,艺术创作的重要路径就是生产丰富的艺术信息量,营造强大的艺术信息势，其基本的逻辑机制就是导数的机制，即势科学的机制。

第三节　经济管理势

经济追求相同投入下的产出最大或相同产出下的投入最小，产出最大就是后一时间点与前一时间点间的差别最大，投入最小就是路径最短联系最紧。因而经济发展的动力机制就是在生产过程中不断营造经济生产中的信息势。

管理是沟通的过程。沟通的目标是使差别很大的元素紧密地联系起来，组织中成员的个性化差别越大，通过沟通联系得越紧，凝聚力越强，组织势就越大，竞争力就越好，管理就越有效。

管理是激励的过程。激励是使组织成员感受到未来与现在的巨大差别，可以通过自己的努力联系起来，激励越有效，成员的内在信息势就越大，积极性就越高，工作就越努力，管理就越有效。

所以沟通是对组织求导，使组织关系产生梯度，营造组织发展的动力机制；激励是对个人求导，使个人意识产生梯度，营造个人成长的动力机制；决策则是对路径变分，选择一条最短的路径达到目标。组织和个人的成长过程，就是在不断求导营造信息强势中的积分过程。

势科学对于沟通和激励机制的这种本质上的理论抽象，概括了以往管理学及心理学的种种研究结论，例如，美国心理学家弗隆（Victor H. Vroom）在他的《工作与激励》中提出的期望值理论，实际上表达的就是一种激励信息势。他认为某一活动对某人的激励作用（激发力量）取决于他能得到结果的全部预期价值（效价）乘以他认为达成该结果的期望概率（期望值），即：

$$M = VE$$

其中，V——效价，指达成目标后对于满足个人需要其价值的大小，即未来目标与现在处境之价值差别。

E——期望值，是根据以往的经验进行的主观判断，一定行为能导致某种结果的概率，即价值差别之间的内在联系，目标结果出现的概率越大，目标价值就越容易实现，价值差别之间的路径就越短、联系就越紧。

M——激发力量，指调动一个人的积极性，激发人的内部潜力的强度，就是我们所说的激励信息势。

由此可见，期望值理论只不过是势科学理论的一种应用。势科学理论在本质上概括和包含着期望值理论。

制度管理是管理学研究的一个重要方面。制度管理本质上就是以线性的格式化方式营造一种组织信息势，制度要求不同的人们遵守同一种规定，就是用同一种格式化的规范将"不同"的人们紧密"联系"起来。

文化管理是信息量最大而作用量最小的最经济的管理，是管理追求的理想。文化是人类生活中最具有格式化效应的元素，组织文化可以将个性化"差别"很大的组织元素在价值观和意识形态上紧密"联系"起来，组织成员的个性化程度越高，组织文化的凝聚力越大，组织文化营造的势就越大，文化管理就越有效。

"团队建设"是现代组织管理学意义上的名词，一个团队，其组成人员"个性化"程度越高，对称性素质越好，业务上"联系"得越紧密，意识上"凝聚"得越坚固，团队的信息势就越大。

"虚拟企业"是将市场空间距离"差别"很大的各种业务，以核心技术为统帅紧密地"联系"（组合）起来。所以，虚拟企业在企业的发展史上营造了最大的经营信息势——不办工厂就可以出名牌。

组织的成长过程即管理过程是一个信息相互作用的动力学过程，因而管理的本质就是在不同的管理层次和不同的管理阶段有效营造管理信息势。

一 组织结构信息势

所谓组织结构信息势，即由不同的组织成员组成的组织结构包含的信息量和信息势。所以，营造组织结构信息势就是要将"差别"很大的个性化人才紧密"联系"起来，用良好的企业文化将具有各种专业能力的人凝聚在一起，为共同的企业目标而奋斗。随着信息化的深入推进，社会组织中组织要素的差别越来越大，但组织结构从职能式、项目部到矩阵式、基于流程的组织结构及网络式的组织结构发展，使组织中成员联系得越来越紧，从而使组织的结构信息势越来越强，有力应对了信息化催生的各种不确定性。从领导到职员的向度来看，在由于势的运行机制，领导与职员的差别越来越大的情况下，组织的扁平化发展显然是营造组织结构信息势的重要途径，因为组织的扁平化有利于减少信息传递距离的增加引起的信息摩擦，进而有利于减少信息消减情况的发生，使领导与职员联系得更紧，营造越来越强的组织信息势，更好地应对管理过程中的不确定性。

从组织中人员的个性化结构向度来看，组织要求的成员个性化不能是任意的个性化，组织应是基于势科学理论基础的组织建构原则——"差别中寻求联系，联系中彰显差别"来"挑选搭配"组织成员的个性化，这样的组织结构实际上是对组织信息势求极值——追求最大的组织信息势推导出来的，其标准模型将是一个具有内在对称性的、符合数学群结构的组织群。[①]

二　产品价值信息势

所谓产品价值信息势，即产品包含的有效信息量——简称产品的"性价比"，性能质量越好，价格越低，产品具有的信息量就越大，信息势就越强，就越具有竞争力。

在产品的性价比中，"性"是性能质量（价值信息），即产品的功能质量，功能质量越好的产品，其内在价值就越大。如果以纵坐标表示产品的性能质量（价值信息），如图 1－2 所示，产品性能质量越好，在纵轴上的位置就越高。"价"是价格，即货币信息，如果以横坐标表示价格（货币信息），则该产品在横轴上离原点的距离就越近。由图 1－2 可见，在经济信息空间中，产品价值信息势就是产品的价值信息与产品的货币信息之比，就是能提供给消费者的服务"差别"（产品性能越好产生的服务差别就越大）和该产品与消费者的"距离"（产品价格越低，距离消费者越近，与消费者的联系越紧）之比，就是产品的"价值梯度"，本质上符合"势"的基本定义，服务"差别"很大的产品如果能够通过最小的货币信息（即花最少的货币信息）与消费者紧密"联系"起来，这个产品就具有最大的价值和最好的竞争力。畅销的节能产品正是如此，各种多功能集成的产品也是如此。而过去单纯称为高质量的产品，无非是使用很长的时间而质量不变，本质上就是用"一如既往"的功能服务将大跨度的时间"差别"紧密"联系"起来。在势科学的视域中，产品质量的本质是产品包含的"服务信息量"，产品的质量越好，性价比越高，产品的服务信息量就越大，产品价值

---

① 李德昌：《信息人社会学》，科学出版社，2007，第 10 页。

信息势就越大，就越具有竞争力。

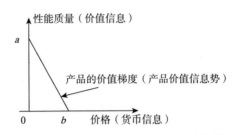

图 1 - 2　产品的价值信息势（产品的价值梯度）

三　市场营销信息势

所谓市场营销信息势，即经营市场的主体具有的有效信息量即其在市场上的知名程度。营造市场有效信息势的过程，就是打造企业形象和产品品牌的过程，是在产品信息势基础上依靠各种媒体的宣传将"差别"巨大的消费者"联系"起来的过程。铺天盖地的广告带给了人们不少信息噪声，然而在信息化时代，这是精明的商家营造信息强势的重要手段，利用各种媒体的宣传可以有力地将"差别"很大的客户"联系"在自己的周围。而且按照势科学的基本原理，这些媒体的个性化差别要大，对称性程度要高。例如应该既有视频的，又有音频的；既有文字的，又有图像的；既有全局格式化的，又有局域针对性的……这也正是对称化管理在广告产业中的具体应用。在此基础上，宣传的内容越集中，越精练，意义的联系就越紧密，效果就越好，营造的声势就越大。

组织结构信息势、产品价值信息势和市场营销信息势之间具有内在的关联性，一方面，强劲的组织结构信息势可以有效地推动产品价值信息势与市场营销信息势的建立，而产品价值信息势越强大，市场营销信息势的建立就越容易。另一方面，市场营销信息势与产品价值信息势又潜移默化地影响着组织文化，从而役使着组织结构信息势。

四　管理方法信息势

所谓管理方法信息势，即管理方法的差别与联系所产生的管理信息量和管理信息势，管理方法差别越大，联系越紧，管理方法具有的信息量就越大，信息势就越强。而差别最大联系最紧的管理方法是对称的管理方法，所以，营造管理方法信息势的最好路径就是采用对称化管理。例如，制度管理与文化管理差别很大，但可能因都围绕着组织目标而联系很紧，所以，在明确的达成共识的组织目标的统率下而紧密联系起来的制度管理与文化管理就营造了极大的管理方法信息势。

一个真正有"势"的企业，在利用各种管理方法和路径建立基于管理方法的管理信息势的同时，必须在更广的视野中，利用"差别最大又联系最紧"的相反相成的对称性机制来营造管理信息势。例如，只有在外部将客户真正作为自己的合作伙伴，使"差别"巨大的，甚或相反相成的（即对称的）生产者与消费者紧密"联系"起来，在内部让员工充分参与决策和管理，将决策者与行动者真正统一起来，才能在更大的范围内营造管理信息强势。

对称的概念既简单又复杂。对称的科学定义是"变换以后的不变性"，所以，将左右换一下，主体没变，就是对称。对称这一定义，对于管理学研究同样具有重要的意义，例如，保持统一的组织文化价值观和组织目标，根据管理实践而灵活变通地运用各种有效的管理方法，就是对称化管理。这一机制通常被企业家称为随机应变，在数学中则是"协变导数"，在科学中叫作"等效变换"，在势科学理论的管理学研究中，则被称为"局域对称化管理"。

五　信息势中的管理决策

管理史上，西蒙认为管理就是决策，但决策的本质是选择。世界万物在选择中诞生、成长、发展，而选择的基础是信息或信息势。

要在一堆粉末混合物中，选择出金属粉末，是一件非常困难的事，但如果在混合粉末中建立一个磁势（磁场），金属粉末即刻就可以被选择出来。化工分离过程，也是通过搅拌的均匀化和格式化营造一种溶解梯度信息势，从而将有效成分"选择"出来。

利用计算机搜索来帮助决策，已成为信息化时代人们学习和决策的重要手段，这是因为计算机营造了前所未有的信息强势。它通过程序语言将各种对象抽象为可进行逻辑计算的"比特"，将"差别"巨大的事物在信息层面上"紧密"联系起来。随着软件技术的不断发展，计算机创造的信息势越来越强，帮助选择和决策的功能越来越大。

其实，我们生活中熟悉的许多选择或决策都是在某种信息势场中进行的：要在一群优秀的管理者中选择一个最优秀的，或者在一组好的决策方案中选择一个最好的方案，决策者必须具有足够的管理信息势（管理知识），才能判断哪个更好。就像要在许多现代技术中选择一种最好的技术，必须将这些技术放在一个足够强的科学信息势场中才能做到，这也就是通常进行的专家鉴定。

文明的发展史证明，人类理性的觉醒激发了情感信息势。一般来说，情感信息势产生对于科学的选择（科学产生于对事物进行抽象的激情），科学信息势产生对于技术的选择（技术发展的水平决定于科学发展的程度），技术信息势产生对于经济的选择（发展什么样的经济及经济发展的水平决定于当时技术的水平），经济信息势产生对于文化的选择（经济的发展改变人们的文化生活和民风民俗），文化信息势又影响情感的选择。

由于信息在运行中实际的自由链接速度总是快于人类对其进行整合的速度，也就是说，实际运行的信息势总是大于一个社会、组织或个人所营造的信息势（结构性的信息不对称），所以，现代科学和管理不但不能进行完全准确的选择，而且现代科学和管理的选择越来越面临时代的挑战，准确选择人才和知识成为管理决策难题。

第四节　情感势

如果有人说"爱就是求导"，在势科学理论提出之前大概会被认为是狂热之言。势科学理论则使这种狂热之言成为"言之有理"。"爱"是一种情感势，情感势是一种情感梯度，是人在认识事物时感受到的事物在联系中的差别或差别中的联系，差别越大联系越紧密，情感梯度就越大，情感势就越大，导数值就越大。在学习中，如果在差别很大的问题中找到内在的联系和统一，就会产生强大的情感梯度或情感势。学习过程就是在情感势的推动下，人类对事物的不断思考，不断产生意识的过程，意识的积累形成"意识流"。正像在物质势（力）的作用下，变形是"位移流"积累的结果；在情感势作用下，知识是"意识流"积累的结果。一个均匀圆筒，在受到足够大压力时，就会发生非线性变形；一个理性人，在情感势足够大时，思维就会产生非线性分岔，外在宏观上表现为知识的创新。

关于意识流，著名的物理学家和思想家戴维·玻姆指出，"一个人可以感受到'意识流'的流动感觉，这种感觉与对一般物质运动的流动感觉没什么不同"，"某种意义上，流（flow）先于可被认为是在这流中形成和消失的'事物'的流，人们或许通过考察'意识流'能够说明这里所指的东西。意识流是不能精确定义的，但它明显先于可视为在意识流中形成和消失的、确定的思想和理念形式，就像涟漪、波浪和漩涡是在流动的溪流中形成和消失的一样。跟溪流中的这些运动模式的产生与消失一样，有些思想多少以稳定的方式产生与消失，而其他思想是瞬息即逝的"，"智力的基础必定存在于未规定的和未知的流之中，这种流也是所有可定义的物质形式的基础。因此，基于任何知识分支是不可能对智力加以推断和说明的。智力的起源比任何可知的、能够描述它的序更深层、更内在"，"实际上，必须领会可定义的物质形式的序，借助于它我们会有希望去领会智力"。① "……当接收机对无线电波上的信号敏感时，它自身的内部电流（被转换成声波）的运动之序便与电波的信号之序相同，从而接收机起的作用是把一个起源于其自身的结构水平之外的有意义的序带到其自身的结构水平上来。于是，人们可以提出：在智力感知中，大脑和神经系统直接对普遍的未知的流中存在的序作出反应，这种流不能归结为任何可知结构来定义的东西。因此，智力和物质过程共有一个单一的起源，它最终是那普遍流的未知总体。在某种意义上说，这意味着通常称为精神和物质的东西都是从这普遍流中抽象出来的，这两者应视为这一整体运动内部的两个不同且相对自主的序。……能够造就精神与物质之间的全面和谐或相称的是对智力感知作出反应的思想。"②

正像无线电波与接收机的作用一样，当受教育者对他所接收的信息敏感时，自身内部的意识流的运动之序便与外界信息的信息之序相同，从而学习过程起的作用是把一个外部信息的有意义的序带到学习者自身的知识结构水平上来。

除了知识信息势可以激励情感势，按照六维信息人分析，货币信息势、权力信息势、艺术信息势、虚拟信息势同样可以激励情感势。如一个小孩

---

① 〔美〕戴维·玻姆：《整体性与隐缠序：卷展中的宇宙与意识》，洪定国、张桂权、查有梁译，上海科技教育出版社，2004，第12、62~63页。
② 〔美〕戴维·玻姆：《整体性与隐缠序：卷展中的宇宙与意识》，洪定国、张桂权、查有梁译，上海科技教育出版社，2004，第62~63页。

也可能会因为某种艺术信息势的激励产生努力奋进的学习情感；一个小孩在网上玩耍竟成为"黑客"高手，无疑是虚拟信息势激励的结果。由于"对称性支配相互作用"，所以各种信息势激励的情感信息势，与原势比较是一种差别最大联系最紧的反势，正像在一个导体两边受到外电势的激励作用时，在导体内部就建立起一个反电势，电势与反电势大小相等，方向相反。同样，知识信息势的梯度方向是从复杂到简单、从高层次到低层次，而其激励的情感势的梯度方向总是从简单到复杂、从抽象到具体、从低层次到高层次；货币信息势和权力信息势激励的小孩奋进学习的情感势，与原来货币信息势和权力信息势势场的梯度方向比较显然是一种反势；艺术信息势与虚拟信息势激励的情感势同样是一种反势。

在物理环境中出现电反势，其重要的条件是该物体是"导体"，导体的基本特征是其内部具有应对外界条件变化的"自由电荷"；而在信息人环境中出现信息反势，其重要的条件是该对象是"理性人"，理性人的基本特征是具有应对外界条件变化的"自由情荷"。在具有金属结构的物质环境中才能产生自由电荷，在具有民主氛围的文化环境中才能生成"自由情荷"（一个家庭给予小孩的自由、鼓励、尊重是培育小孩自由情荷的重要条件，而封建家长制的文化环境就会极大地压抑自由情荷的产生而不利于小孩的成长）。从自由情荷到情感势的形成过程，在教育的宏观情境中常常表现为：一旦受到某种信息势的激励，处于自由状态下的无序的"情荷"就立即相互协同，从而一致有序的运动趋势显示某种"情势"，产生某种奋进的"激情"。在这里，自然状态下"非理性"的、无序的"自由情荷"在某种激励约束下的一致行动表达为"理性"，是"对称性支配相互作用"规律在更高层次上的体现。

第五节　科学技术势

从牛顿定律到麦克斯韦方程，从量子力学的波函数到相对论的场方程，都是由导数和偏导数（某种斜率和梯度）构建的方程，即势函数。自然科学活动就是"找势"，找到自然世界中各种层次上的势结构。

如果自然科学是找势，那么一个实际的工艺技术过程就是造势。例如制药过程中药物溶液的萃取过程，是一种典型的搅拌与分离一体化的工艺过程。这一过程是如此直观，以致人们几乎从来不会提出疑问，为什么目的是分离，而过程和手段却必须是搅拌，它的逻辑机制是什么？实际上，搅拌的直接效果是均匀化、格式化，是一个去除隔阂的融会贯通过程，用社会科学的语言说就是自由化、民主化和制度化，也就是通过搅拌使混合药物内部分子之间产生一种内在的紧密联系。就在建立起这种联系的同时，药物组分之间溶解的不饱和度被催生了（联系扩大差别），即形成了溶解的梯度"差别"。联系与差别的统一建构了萃取过程的"势函数"。

所以，所谓技术势，就是将各种"差别"巨大的物质形态，通过各种工艺技术使其相互转化而紧密"联系"起来营造的信息势。技术的每一次进步，都是一次实际的路径变分，都标志着新技术比旧技术通过更短的路径构建了原料与产品之间的紧密联系，从而转换为使用价值更高的产品，都标志着人类发现或创造了一种新的技术势函数。

第六节　教育文化势

如果科学要"找势"，那么，教育则必须"演势"、"找势"和"造势"。现代教育与传统教育的最大差别在于传统教育基本上固植于演势，就是将科学找到的宇宙物质系统在不同层次上的势结构（势函数）演示给学生，所谓的"传道、授业、解惑"以及"学以致用"正是传统教育演势的真实写照。现代教育的复杂性充分体现在演势、找势和造势的复杂叠加中。"演势"是教育的基本传承功能；"找势"是指现代教育必须进行科学研究；"造势"则是现代教育区别于传统教育最突出的特征，它不再拘泥于知识点的教学，而是在教育过程中将差别巨大的各种教育内容在课堂、教材、课程结构和专业结构中紧密联系起来营造教育信息强势。演势注重记忆，找势注重发现，造势注重创新。在传统社会中，几乎是学什么用什么而且用一辈子，所以，爱不爱无所谓，机械的传承和记忆就大都已足够。在信息化时代中，学习者所处的是一个处处需要创新的社会，因而学习过程必须要在大的情感势推动下，使情感势与意识流的作用发生非平衡相变和非线性分岔，才能产生智慧达到创新，因而就需要教育在每个环节中营造信息强势从而激励情感强势——营造学习和创新的动力机制。

实际上，一个民族的教育势往往根植于其文化势。就科普著作而言，无论是《可怕的对称——现代物理学中美的探索》还是《夸克与美洲豹——简单性和复杂性的奇遇》以及《时间简史》都是将差别很大的问题联系起来营造文化和教育信息强势。从更深层面上看，一个社会越民主，越崇尚个性化，这个社会中要素的差别就越大，而且，民主化与个性化必将使其成员在渴望"平等相处规则"的统一诉求中联系得更紧。

按照势概念的逻辑定义，科学是对自然求导，经营是对市场求导，管理是对环境、组织及其成员求导，而教育则是对思维求导。求导必须保证函数的连续性，自然演化是天然连续的，所以"可导"；市场的连续性在于法律的规范性和市场信息流传导的宏观连续性（一处的价格变动可以波及其他处），从而经营才能对市场求导；环境、组织及人才的可导性在于国家政策的连续性、管理制度的连续性以及人才职业规划的连续性，从而管理才可以对环境、组织及成员求导；教育的可导性在于受教育者思维的连续性和知识结构的融会贯通。

"连续"这一问题，不仅是势科学理论的基础，而且是自然和人类演化发展的重要机制。刘树坤在《世纪讲坛》演讲时指出：长江筑坝造成了长江的节点性，破坏了长江水域的连续性，……河流堤坝不断升高，造成了绝缘，带来了生态的孤立性，成为水危机的根源。同样，社会生态也需要连续，试想，如果全球化的规则不连续，一个国家的政策法规不连续，人类现代社会秩序将无从谈起，更谈不上有序发展。

第七节 势科学与信息动力学理论的科学性

势科学与信息动力学理论的科学性表现在以下方面。

第一，宇宙和社会的演化和发展镶嵌了"熵"与"势"两种机制。按照熵的机制，宇宙将越来越无序最终走向死寂。按照势的机制，世界将越来越有序从而推动创新和发展。势科学理论通过"势"概念的逻辑定义，揭示了"信息"的本质意义，从而可以在势的运行机制即信息的相互作用机制基础上科学地演绎教育、管理以及社会科学的内在逻辑，为社会科学的科学化研究奠定逻辑基础。

第二，势科学理论研究的科学性还在于其系统性，即对"人—社会—教育和管理"的系统性研究。"信息人"假设是势科学理论研究的逻辑起点，从"六维信息人"研究到"六维信息势"研究，以致最后到纳入二维综合信息势（空间信息势与时间信息势）的八维信息势研究，形成一个系统的逻辑体系。

第三，势科学理论符合科学评价的八个标准：①新颖性；②创造性；③自洽性；④包容性；⑤简明性；⑥实践可检验性；⑦可预见性；⑧悖反性。

势科学理论的"新颖性"和"创造性"显而易见。就"自洽性"而言，势科学理论是一个完整的逻辑体系，不存在自相矛盾。对于"包容性"，势科学理论最大限度地继承、包容和统摄了以往各种学科领域的已有理论，例如就势科学理论定义的"信息力" $F = fMA$ 而言，完全包容了牛顿定律所定义的物质力 $F = ma$，即在物质环境的确定性状态下，风险系数 f 退化为1，情感阻尼 M 退化为物质阻尼 m，信息势 A 退化为物质势 a，信息力 $F = fMA$ 还原到物质力 $F = ma$。管理信息势理论还很好地包容了美国心理学家弗隆（Victor H. Vroom）提出的期望值理论。势科学理论甚至在"心理和情感理解"的意义上产生了与宗教的沟通和融合。对于"简明性"来说，势科学始终围绕一个机制（势增原理），两个要素（差别、联系），三个定理（加速发展定理、创新性定理、对称和谐定理），三个概念（势、对称、群）阐述管理学、教育学以及社会科学的内容，简明性不由分说。对于"实践可检验性"而言，看看"有势"（有效信息）演讲和"无势"（无效信息）演讲的实际效果，也一目了然。[①] 实际上，每一个时空点上，人们的行动都在不断验证着势科学理论的有效性。

"可预见性"是所有能够称得上"科学"的研究的基本特征，自然科学的可预见性不由分说，势科学的可预见性也显而易见，根据势增原理，哑铃型社会、个性化机制、恐怖活动、社会的无知化等社会现象，都在逻辑演绎。

"悖反性"是严密科学的基本要求，势科学与信息动力学理论的悖论显然存在，例如，根据信息量最大的动力学机制要求进行的课堂教学，最后淘汰掉的可能就是优秀的教师；势增原理可以推演出对称性，然而对称性的定义本身就包含了势增原理；等等。

---

① 马立荣、肖洪钧：《知识工作者的激励机制设计》，《大连理工大学学报》（社会科学版）2001年第1期，第25~28页。

第二章　基于信息的管理原理

第一节　信息量与信息势

一　信息概念及"能·力·信息"的符号逻辑

"势"的概念揭示了"信息"的本质。管理及人才成长、组织创新和社会发展，其本质是应对不确定性，而确定性与不确定性在根本上是信息的相互作用问题，如果主体占有的信息量大于环境对象的信息量，则主体的行动过程是确定的，否则，就存在不确定性。但人们对于什么是主体具有的信息量和更加基本的"什么是信息"，却是仁者见仁，智者见智，没有达成共识。其根本原因在于，当人们处于过去未分化的、信息不能充分作用的传统社会时，没有丰富的信息实践，就难以在高度抽象的层次上理解信息的意义从而把握信息的概念，[①] 以致尽管维纳给出了信息的符号表达，但当人们问他"信息究竟是什么？"时，他回答说，"信息就是信息，既不是能量，也不是物质"，给出了一个完全没有信息的答案，可见，维纳并不是超时代的，他也没有理解信息的本质意义。

能量的概念定义用 mas 表达（力 am 乘以距离 s 即功），力的概念定义用 ma 来表达，所以，力的概念比能量的概念更加具有普适性，信息概念显然更加具有广泛性和普适性。其实本质上，信息的定义是可以用能量或力的定义中的一个字母表达，即用 a 来表达。a 即加速度，即速度的导数，即斜率，即比例，即梯度，即差别 ÷ 距离 = 差别 × 联系 = 势。所以，在势科

---

① 毫无疑问，对于概念意义的理解，是科学研究的逻辑起点。牛顿发现了微积分，但也并没有理解微积分概念的社会学意义，倒是恩格斯在《自然辩证法》中指出"未必再有什么象十七世纪下半叶微积分的发明那样被看作人类精神的最高胜利了"。

学理论基础上，挖掘导数概念与信息概念的内在联系，是揭示信息概念本质的逻辑途径。

在论证能量与信息的关系时，美国学者李高门尼迪斯指出"在产生和改变形态的特点和结构时，信息的作用是基本的。只有信息才是自然界的基本产品；能量和物理定律可从信息方面引申出来，并得到充分解释"①。由此可见，虽然李高门尼迪斯并没有给出能量与信息内在关系的详细论述，但意识到了信息与能量之间的深刻联系以及信息概念对于阐述能量本质的重要作用。

按照控制论，信息表达为负熵，负熵意味着熵减，即意味着有序。由此，我国学者沙莲香给出了一个较为接近信息本质的类似定义："信息是物质和能量在时间、空间上具有一定意义的图象（像）集合或符号序列。"②其实不光是物质和能量，事物和问题在时间和空间上具有一定意义的图像集合或符号序列同样形成信息，只不过它们分属于不同向度和不同层次而已。由此可见，信息的问题归结成了"有序"的问题。

有序的问题，对于组织而言，就是组织结构的问题，组织的有序程度不一样，表达的是组织的结构层次不一样，而"结构决定功能"（耗散结构原理），功能决定效益，恰恰是管理的基本机制。有序的问题对于个体而言，就是知识结构的问题，个体知识的有序程度不一样，表达的是个体知识结构的层次不一样，而同样，知识的结构决定知识的功能，最后表现为个体处理问题的效率和能力。

毋庸置疑，有序是数学乃至科学研究的本质，但什么是有序，无论是科学还是数学都没有确切的定义。狭义上或直观上考察有序，元素按照大小排起来即"有序"，由此将得到一个"坡"的直观，即一个梯度的直观，可见，有序即梯度，即势，即差别×联系。广义上考察有序，某系统或集合的有序，决定于两个要素，其一是元素之间的差别，其二是元素之间的联系，没有差别就谈不上有序，没有联系就不存在有序，所以，有序的表达就只能是"差别×联系"，因为只有"×"的作用关系才能表达任一要素

---

① 〔美〕A. P. 李高门尼迪斯：《信息概念与信息动力学》，蒋端方译，《国外情报科学》1990年第1期。

② 沙莲香：《传播学》，中国人民大学出版社，1990。

为零，有序即信息为零的逻辑内涵。所以，信息即负熵，即有序，即差别
×联系＝差别÷距离，可见，信息即有序，即梯度，即斜率，即导数，即
势——信息量与信息势是等价的。由此可见，能量的功表达式 mas 中的 a，
即加速度，即速度的导数，就是信息的符号表达。为什么信息成为现代社
会发展的根本动力，就在于信息本质上具有导数的内涵，而导数则是一切
发展变化的动力学模型（微分方程理论的核心）。

博伊索特指出，信息"通过使每单位的功消耗的资源最小化，同时，
如果它们是无生命的系统，使完成特定活动所需要做的功的数量最小化，
或者如果它们是有生命的系统，使实现其目标所需要做的功的数量最小化，
系统以此实现自我维持。在保证其自我维持和生存的过程中，系统通过以
信息逐步地——但有时则是跳跃式地替换物质资源，实现发展和演化"[①]。
实际上，正是因为能量 mas 中包含了以 a，即以信息为核心的要素，增加 a
即信息才能使生产每单位的功消耗的资源最小化，才能够使"系统通过以
信息逐步地——但有时则是跳跃式地替换物质资源，实现发展和演化"。

"信息＝差别×联系"的定义，可以从一个图像的像素显而易见地得到
实证：图像的清晰度决定于图像的信息量，所谓清晰度高的图像，就是构
成图像的扫描要素点之间差别大联系紧的图像，1兆信息量的图像之所以看
起来清晰，因为要素之间差别大联系紧。只有0.1兆信息量的图像，要素之
间的差别较小，联系也不太紧，所以有些模糊。信息量更小的图像，如只
有0.01兆信息量，要素之间几乎没差别没联系，则完全模糊根本看不清
（见图2-1、图2-2、图2-3）。一般来说，图像信息量越大，图像要素之
间的差别越大联系越紧，图像就越容易被认识，识别图像的细节就越容易，
越轻松。

二 信息概念的历史溯源

我国著名学者钟义信对信息的概念意义作了梳理。他认为，维纳有关
信息的定义"信息就是信息，既不是能量，也不是物质"，虽然没有指出信
息究竟是什么，但在本体论层次上区分了信息与能量和物质。香农则从认识

图 2 - 1　1 兆信息量图像

图 2 - 2　0.1 兆信息量图像

图 2 - 3　0.01 兆信息量图像

论层次上给出了信息的定义"信息就是能够消除有关不确定性的东西"。① 从势科学理论的视角来看，信息为什么能够消除认识的不确定性，就在于信息是认识对象集合要素的"差别×联系"，认识对象的确定性是由这些要素

———————

① 钟义信：《社会动力学与信息化理论》，广东教育出版社，2007。

之间的差别和联系来规定的。显然，我们有关信息概念的定义与香农的理解也是一致的，主体之所以得到信息就能够消除不确定性，正是知道了对象系统要素之间的"差别"和"联系"。

钟义信在文献中梳理了 22 种有关信息的定义。其中"信息是负熵"和"信息是有序性的度量"，与本书给出的定义在本质上是一致的，但我们的定义在基于"差别"与"联系"的本体论层次上具体阐述了什么是负熵、什么是有序。

定义"信息是事物相互联系的方式"和"信息是事物之间的差异"指出了"联系"与"差别"在信息概念中的重要性，但遗憾的是，前者忽略了差别，后者则没顾及联系，由此而不能表达信息的本质。因为很显然，只有联系而没有差别的要素集合（或系统）是无法构建有序的，而只有差别没有联系的要素集合（或系统），则肯定是乱七八糟的、无序的。

在钟义信梳理的信息概念中，另一个有意义的定义是"信息是一种关系"。关系，显然是中国文化中重要的概念之一。但什么是关系，关系的本质是什么，则不得而知。以往的人文社会科学，将关系当成文化研究，不在概念意义上进行定义。实际上，梳理关系概念的科学内涵，决定关系的两个基本要素就是"差别"和"联系"，特别是在人们日常所说的社会关系中，如果社会中的两个要素之间没有差别，完全一样，就不会有什么来往，因而就不可能有什么联系，而如果两个要素之间没有联系，那就根本上不存在关系。所以，关系本质上就是要素之间的差别×联系。所以，在揭示关系的本质之后，"信息是一种关系"的定义，也在一定意义上揭示了信息的本质。

另一个比较有意义的定义是"信息是系统的复杂性"。复，一般指"重复""反复""嵌套式自相似"。所以，"复"表达的是系统要素之间的"联系性"。杂，则表达系统要素之间的不同，即要素之间的差异性。所以，如果要给"复杂"下一个综合的、逻辑的定义的话，"复杂"在本质上就是"差别×联系"。所以，可以说，系统越复杂，具有的信息量越大。

"信息是系统组织程度的度量"的定义也是一个不错的定义，显然，系统中要素差别越大，联系越紧，系统就越有序，系统的组织程度就越高。但遗憾的是，该定义没有说明什么叫"组织程度"。

"信息是选择的自由度"，这在本质上与香农给出的"信息就是能够消除有关不确定性的东西"是一致的，因为有一种确定性，就有一种行动的自由度。

此外，"信息是知识的原料""信息是知识"，这些定义阐述的是信息与知识的关系，"信息的有序才是知识"，因而，知识是更高有序层次上的信息。

钟义信在文献中梳理的最后一个定义"信息就是力或能量"，看起来与我们给出的概念大相径庭，但本质上可能具有某种一致性。考察"信息"与"力"和"能量"的逻辑关系，能量 $=mas$，其中，a 即加速度，即速度的导数，即差别 $\div$ 距离 = 差别 $\times$ 联系，即信息。所以，信息 $a=$ 能量 $/ms$。可见，在能量的概念中，在有能量出现的场合，按照符号的逻辑关系，信息可以阐述为"单位物质（质量 m）单位空间（距离 s）携带的能量"。这里所说的"空间"或"距离"，不是限定在物质空间，而是广义的信息空间。又因为力 $=ma$，所以，信息 $a=$ 力 $/m$。可见，在力的概念中，在有力出现的情况下，信息是"单位物质（质量 m）所携带的力"。这里的物质或质量，也不是限定在物质世界的物质或质量，因为质量在能量即"做功的积累"中，扮演的是粘性即阻尼的角色，质量越大，粘性越大，越难以推动。所以，在基于势科学理论的信息力学概念中，物质和质量的意义是广义的粘性或阻尼。一个人对于信息的粘性越大，即阻尼越大，面对同样的信息，受力就越大。[1]

由此可见，对照维纳所说的，"信息就是信息，既不是能量，也不是物质"，我们在厘清信息与能量和力之间的关系之后，则在本体论层次上可以说，信息不但就是信息，而且，信息在一定意义上说可能既是能量，又是力。因为 $a=$ 能量 $/ms$，$a=$ 力 $/m$，所以，我们可以说，信息既是单位物质（质量 m）、单位空间（距离 s）中的能量，又是单位物质（质量 m）中的力。实际上，信息的单位也是用能量表达的，即：

$$1 \text{ 比特} = k \ln 2 \text{ 焦耳/开尔文} = 1.38 \times 10^{-23} \text{ 焦耳/开尔文(J/K)}$$

所以，提高单位物质、单位空间中信息的生产效率，是提高能量生产和力的生产的根本路径。信息化时代，不是一个不使用能量和力的时代，

---

[1] 李德昌：《信息人教育学——势科学与教育动力学》，科学出版社，2011。

而是一个可以通过生产信息，在节省物质资源的同时有效地生产力和生产能量的时代。由此才能满足信息化社会更多领域对能量和力的更大的需求。

由此可见，具有揭示信息本质意义的有关信息的定义，都可以囊括于"信息等于集合或系统（事物或问题）要素的差别×联系"这一定义中。

钟义信指出，"划分概念层次的依据是约束条件。没有约束条件的概念层次是最高的层次，实际就是本体论层次；如果唯一的约束条件是'存在认识主体'，这个概念层次就是认识论层次"①。显然，信息＝差别×联系的定义，并不要求有认识主体存在，是基于本体论的最高层次的定义。

钟义信曾经分别基于本体论和认识论给出了信息概念的定义，他指出，"某个事物的本体论信息，就是这个事物关于自身运动状态及其变化方式的自我表述"，"某个主体关于某个事物的认识论信息，就是这个主体关于该事物的运动状态及其变化方式的形式、含义和价值的表述"。② 这些定义的重要意义在于区分了绝对信息和相对信息。实际上，所谓的本体论信息，其实就是事物的"绝对信息"，和认识主体无关。所谓的认识论信息，实际上就是与主体的认识能力有关的"相对信息"，本质上是事物具有的信息量与主体原有的信息量之间的差别×联系（将在后文的论证中阐述）。在相对信息中，钟义信所说的有关运动状态及其变化方式的"形式、含义和价值"，实际上是与认识主体有关的不同意识向度、不同意识层次上的相对信息。

钟义信有关信息概念的论述，对于推动信息科学的发展具有重要的意义。在此基础上，如果我们进一步研究定义中的三个重要概念"运动状态"、"变化方式"和"表述"，则可以发现，"表述"是一个拟人化的词，可能是不必要的，客观事物所具有的信息量无所谓表述与不表述，都是客观存在的；对于"运动状态"而言，事物在每一个时刻的运动状态都不一样，迄今为止，唯一能够刻画运动的就是导数，而导数显然也不是一个运动的概念，而是静止的概念——在一个时间点上的差别÷距离，即差别×联系。实际上，人类是把握不了运动的，人类在刻画任何一个事物时，无论它是静止的，还是运动的，都得首先"命令"它静止，然后在每一个静止的时间截面中刻画，最后再将时间联系起来。人们在实践中的行动，也

---

① 钟义信：《社会动力学与信息化理论》，广东教育出版社，2007。
② 钟义信：《社会动力学与信息化理论》，广东教育出版社，2007。

正是这样完成的，无论是过去的模拟电影还是现代的数字电影，都是这样的。而每一个静止截面事物的状态，则是由构成事物的要素之间的"差别"和"联系"决定的。所以，事物要素之间的差别×联系，才能表征该事物在此时此刻所具有的真正的信息。

对于"变化方式"而言，任何变化方式都是由状态的运动体现的，而状态按照什么样的方式运动，则是由事物内部要素的"差别×联系"和该事物与外部其他事物之间的"差别×联系"来决定的，这涉及有关事物的内部信息和外部信息。

薛定谔在其《生命是什么》一书中，批判了那种扩大相对信息，进而认为信息是什么的反映、显示、映像等的观点。他指出，"如果你站在我旁边看同一棵树，树也设法把一个映像投入到您的知觉。然而，你看到的是你的树，我看到的是我的树，而我们对这棵树是什么却一无所知。像这种夸大的言论，在康德那里得到了淋漓尽致的表现，由此他是要负主要责任的。对于以为知觉是一个单数名词的观念来说，所谓映像之类的说法是荒谬的，在这个世界上显然只有一棵树"①。信息概念困惑的本质在于人们常常将相对信息与绝对信息混淆，即一说到信息，就与主体的感觉联系起来。

信息无疑已经成为信息化社会的生产力，所以信息的定义，必须能够让人们知道如何生产"信息"。如果只说信息是什么的显示、表征或反映，则我们永远也不可能知道如何生产信息，信息化社会的发展就只能是盲目的和无效率的。

三 信息概念的科学意义与管理学价值

对于信息概念的理解，考验着人类的抽象能力和认识智慧，一方面，需要本体论层次上的深刻揭示；另一方面，需要社会充分的信息化实践。以研究信息相互作用机制为目标的势科学理论，正是在这样的背景下发展起来的。一方面，现代科学的发展极大地提升了人类的抽象思维能力；另一方面，以计算机网络技术为核心的社会信息化带来了充分的信息化实践。

实际上，我们有关信息的定义既具有高度抽象性，又具有内在的科学

---

① 〔奥〕薛定谔：《生命是什么》，吉喆译，哈尔滨出版社，2021。

逻辑性。其一，该定义包含的两个要素"差别"与"联系"，恰恰是哲学本体论的两个基本向度，基于本体论的信息认识，是人类信息认识发生的基本路径。例如，我们看到放在桌子上的杯子，我们说得到了有关杯子的信息。但实际上，我们之所以能够从这个信息认识到它是杯子，是因为杯子与桌子不一样，杯子与地板不一样，就是说，实际上我们是在杯子与地板和桌子等事物的比较中发现杯子与其他事物之间的"差别"与"联系"从而来界定和认识该杯子的。而且，是与我们原来具有的有关杯子的知识信息的"差别"与"联系"的比较中来认识该杯子的。如果我们原来没有杯子的知识，就只能知道它是与桌子和地板等不一样的事物或东西，而无法判断它是杯子。进一步，如果我们只有玻璃的知识，而没有铁或瓷的知识，那我们也就只能认识桌子上放置的玻璃杯子，而无法认识放置在桌子上的铁杯子和瓷杯子是什么样的杯子。其二，该定义在本质上将信息与导数统一起来，而导数则既是现代科学的核心工具，又是动力学机制的基本模型（微分方程的核心），所以，我们有关信息的定义，就既能立足于本体论而具有了哲学抽象的坚实基础，又嵌合于现代科学而具有科学实证的逻辑内涵，并且与维纳和香农有关信息的科学符号表述一致（维纳和香农的表述相差一个符号，只不过表达两人从相反的视角描述而已，就像我们平常所说的"有钱"与"欠债"相差一个符号一样简单）。

"信息＝差别×联系"定义的科学性，还在于它的形式化表达的简单美，没有任何描述和想象的成分，也没有任何约束条件。既像牛顿定律给出的力的表达 $F = ma$，也像张量表达的麦克斯韦方程，甚至量子力学的波函数和相对论的场方程也如出一辙——所有这些最重要的定律，都是由"两个要素一个机制"所构成。就像盖尔曼在比较围棋和象棋的复杂性（信息量）时所说的：象棋的变化之所以没有围棋复杂，是因为象棋的结构太"复杂"，车马炮士象各走各的路，制度太多，要素联系不紧，所以包含的信息量不大；而围棋之所以具有近乎无限的变化路径而表现出无限的复杂性，在于围棋的结构最简单，两个要素一个机制，即"黑子白子"和"一个布棋机制"。[①] 所以，能够最具有概括性而包含最大信息量的结

---

① 〔美〕盖尔曼：《夸克与美洲豹——简单性和复杂性的奇遇》，杨建邺、李湘莲等译，湖南科学技术出版社，2000。

构模型，就是"两个要素一个机制"。很显然，一个要素不可能有机制，而三个要素则不是最简单的。我们有关信息的定义正是如此。"差别"与"联系"两个要素，"差别×联系"（差别促进联系，联系扩大差别——势增原理）一个机制。只有概念本身具有最大的信息量，才能用此概念来阐述其他具有不同信息量的对象。就像计算机结构必须具有最大的信息量，计算机才能解决其他包含不同信息量的一切需要解决的问题。而计算机之所以能够解决几乎所有复杂的、具有巨大信息量的问题，就在它的结构模型最简单——"两个要素一个机制"，即"0－1"要素和"一个格式化的计算制度"。

信息等于"差别×联系"的定义，其最重要的科学意义和价值，还在于明确地给出了如何生产"信息"，使得信息的生产具有了可操作性，从而也就为信息化社会有效地生产信息奠定了逻辑基础。例如，无论是社会的系统或集合，组织的系统或集合，还是个人知识的系统或集合，生产最大的信息量，营造最大的信息势的根本路径就是：当元素之间的差别不变的时候，加强联系，当元素之间的联系不变的时候，彰显差别。例如，社会的民主化可以有力地推动社会个体的个性化，使得社会中的元素差别更大，而民主化社会又使得社会个体之间可以充分交流而联系得更紧，所以，民主化社会才能生产更大的社会信息量，营造更大的社会信息势；组织的成员个性化差别越大，如果组织的制度和文化能够使组织成员联系得更紧，组织就能够生产更大的信息量，营造更大的信息势，组织就更具有竞争力；个体具有的跨学科知识差别越大，联系得越紧，即个体能够将差别巨大的跨学科知识融会贯通，个体的知识结构具有的信息量就最大，个体参与社会的竞争力就更强。

具有本体论基础和科学性价值的信息定义，可以使我们在差别与联系的高度抽象意义上理解一切事物（系统）和问题的信息。只不过在具体的认识过程中，还需要分清系统的内部信息和外部信息。一般来说，一个系统（对象）的内部信息即系统内部要素之间的差别×联系，外部信息即系统与外部事物之间的差别×联系。系统内部要素之间差别越大联系越紧，系统的内部信息量就越大；系统与外部事物的差别越大联系越紧，系统具有的外部信息量就越大。系统的内部信息一般体现为系统的内在竞争能力，即通常所说的知识资本和资产资本。系统的外部信息一般体现为系统的外部竞争能力，即通常所说的社会资本或资源。例如，社会个体具有的资产越多，可以折算为货币的信息量越大，内在竞争力就越强；个体与社会其他个体的差别越大联系越紧，社会关系信息量越大，该社会个体的外部竞争力就越强。一般来说，对于一个开放系统而言，内部信息与外部信息总是在遵循着信息的作用机制中互动彰显：内部信息量有助于产生外部信息量，外部信息量有助于建构内部信息量。

对于组织管理而言，人类实际上用两种方法来生产组织信息量，其一，在可以明确规定的层次和领域，用制度将具有不同诉求的人们联系起来生产组织信息量。其二，在无法明确规定的层次和领域，用文化将不同的价值观凝聚起来生产组织信息量。实际上，制度经济学将人为规则叫作外在制度，而将文化叫作内在制度。[①] 而一个制度好坏的判断标准就是制度包含的信息。许文彬在研究制度经济学时指出，"信息与制度是同一枚硬币的正反两面"[②]。制度之所以可以与信息等同，就在于制度的本质是将不同个体联系起来，衡量制度好坏的计算模型，就是制度要素的"差别×联系"，差别越大的个体，通过制度联系得越紧，该制度就越好。

从经济学的视角来看，制度信息对于管理的意义在于，在交易费用不太高的层次和领域，可以用市场和制度进行管理，而在交易费用很高的层次和领域，则需要利用宗法式的文化来管理。随着外部市场化程度的提高，市场交易费用的不断降低，过去需要内部进行的组织管理任务，可能转化为外部化运营。"例如，采用外包制或临时雇佣制的发展趋势，就表明了现代公司中的许多任务被交给了市场治理形式。然而，在交易费用保持很高水平的那些方面，与战略联盟和组织间网络相关联的宗族形式仍将是首选的方案。"[③]

---

① 〔德〕柯武刚、史漫飞：《制度经济学——社会秩序与公共政策》，韩朝华译，商务印书馆，2008。

② 许文彬：《信息、制度与制度变迁》，《学术月刊》2010年第7期，第78~86页。

③ 〔英〕马克斯·H.博伊索特：《知识资产：在信息经济中赢得竞争优势》，张群群、陈北译，上海人民出版社，2005。

第二节 绝对信息与相对信息及其信息
概念的科学性评价

一 信息误导与绝对信息和相对信息

信息概念的许多描述性定义，带来了信息意义理解的偏差，使人们平时有关信息的理解有时甚至完全与信息的真正意义背道而驰，从而将没有信息量的"噪声"和"废话"当成信息。例如，某些信息哲学家将信息定义为"什么什么的反映、显示、表征"等，这种脱离本体论而在唯象学层次上对于信息概念的描述，使得废话和噪声都成了信息。而在"信息＝差别×联系"的定义中，废话和噪声都将被剔除，因为，废话是那些循环重复的没有差别的内容，差别为零，信息量为零；而噪声是那些乱七八糟毫无联系的内容，联系为零，信息量为零。有关信息与噪声或废话的区别，美国学者 A. P. 李高门尼迪斯指出"'形态'，作为通过看得见的某种媒介物而表现出来的能被识别的有序的产物，为活的有机体所感知，或为此目的而专门设计的无生命的机器所感知。从观察者的观点来考察形态，如被感知的'形态'能告诉观察者某些东西，该形态就带来某些'信息'；或者它作为来源于时空世界里的大量在统计学上毫无关联的刺激物所显示出来的某种东西而被分辨出来，我们也是可以观察到的，但如果它不告诉任何东西，那么也就不会带来信息"[①]。由此可见，噪声和废话也是可以被分辨出来，并且可以被观察到的，但因为它们不能告诉观察者任何东西，所以不是信息。

但是，在过去那些不正确的信息定义下，人们常常将对自己没有信息量的内容，当作信息量最大的内容。例如，有人说，这本书或这个演讲非常好，信息量很大，所以记不住。而实际上，为什么记不住，正说明这本书或这个演讲对于受众来说可能根本就没有信息。

"我们能够认识的范围"中的信息，实际上指的是相对信息。在给出信

---

① 〔美〕A. P. 李高门尼迪斯：《信息概念与信息动力学》，蒋端方译，《国外情报科学》1990年第1期。

息概念的科学定义时，一个重要的问题就是界定绝对信息即客观信息和相对信息即主观信息。绝对信息，即对象本身具有的信息（包括对象的内部信息和外部信息）。相对信息，即对象信息与主体信息之间的"差别×联系"，也就是在对象具有的全部信息中主体能够认识的，而且主体感到对于自己有价值的那一部分对象信息。在日常生活中，我们常常说"得到了某事物的信息"，实际上，我们得到的就是某事物的相对信息，即某事物所具有的信息中与我们作为观察者原有的信息有关的信息，具体说，就是某事物所具有的信息与我们原有的信息之间具有"差别"和"联系"的那部分信息，与我们原来的信息没有差别的信息和与我们原来的信息没有联系的某事物的信息，我们要么视而不见，要么无法看见，当然也无从获得。"因此，一个儿童在看到一个大的 DNA 分子或一个复杂的数学表达式时，可以说他看到了，并非杂乱无章的'形态'，但是除了有一个纯朴观念它是某种东西外，并没有收到任何信息。"① 因为对他来说没有意义，与他原来具有的信息毫无联系。

再如，某主体收到了两封来信，一封是某商学院的录取通知书，另一封是某公司的产品广告。显然，前者对于该主体来说，不但能够被认识，而且具有重要的价值意义，即和某主体原有的信息差别大联系紧，所以具有极大的信息量。而后者，虽然也能被该主体识别，但对于该主体没有价值和意义，而且还给带来了不必要的麻烦和时间上的损失，所以只能是噪声而不可能成为信息。

在势科学理论给出信息的科学定义之前，还有一个较为能够揭示信息本质意义的定义，是信息经济学给出的，"信息是传递中的知识差"②。所谓的"知识差"，显然就是我们有关信息定义中的"要素差别"，这里的知识，只是一种特殊的要素。而所谓"传递中的"，则表达着变化着的"距离"的意义，所以传递中的知识差，即运动中的知识差，即变化着的距离中的知识差，省略"知识"二字，即差别÷距离，即差别×联系，本质说的是相对信息量。但不足之处在于，该定义将信息概念局限于传递中，无法概括

---

① 〔美〕A. P. 李高门尼迪斯：《信息概念与信息动力学》，蒋端方译，《国外情报科学》1990年第 1 期。

② 陈禹：《信息经济学教程》，清华大学出版社，1998。

绝对信息量，一个系统具有的绝对信息量，是不依赖于传递和不传递的。系统要素之间的差别×联系以及系统与其他事物之间的"差别×联系"，就表达系统具有的信息量，和传递不传递无关。例如，一个相片包含的信息量，与是否传递无关。包含同样信息量的相片，不同的人观看，清晰度和审美价值不一样，这是与每一个人自己的视觉和原有的概念及审美知识有关的信息量，即相对信息量。

经济学号称社会科学中的"帝国主义"，其研究是比较逻辑化的。但实际上，经济学研究的核心概念"交易费用"，其本质是信息的概念，要素之间的交易费用越多，组成要素的系统信息量越少；要素之间的交易费用越少，要素之间的联系越紧，要素构建的信息量越多，组织系统的竞争力越好。经济学研究为什么至今不能具有很好的预见性，就在于经济学常常采用就事论事的概念。博伊索特指出，"交易费用视角提供的是一种非常狭隘的观点，这种观点在很大程度上是由于正统的经济学家们长期以来没有能力提出恰如其分的信息概念"①。

二　信息要素及其信息概念的科学性评价

概念的普适性与科学性程度，决定于构成概念要素的层次，概念要素的抽象层次越高，概念的普适性与科学性程度越好。本书给出的信息概念要素"差别"与"联系"，显然是基于本体论层次上的抽象，使得有关信息的管理学研究与哲学研究产生了内在机制上的融合，由此，信息概念在这样的定义中，具有了广泛的普适性与逻辑的科学性。在本书的信息定义中，还需要强调的是，"差别"和"联系"两个要素的作用关系一定是"×"，而不能是"＋"或"－"，否则，就可能得出十分荒谬的结论而产生误导。假如社会个体的知识信息量等于他的知识要素的"差别＋联系"，那么，人们就可以不管知识要素之间的联系，而只追求知识之间的差别。但实际上，毫无联系的杂乱无章的知识只能成为教条而无法建构能力、方法和智慧，而且无联系的知识越多可能会越无能。这正是传统不正确的信息定义给现代学生带来的学习困惑，总以为自己大学毕业，学到了很多知识，但到社

① 〔英〕马克斯·H. 博伊索特：《知识资产：在信息经济中赢得竞争优势》，张群群、陈北译，上海人民出版社，2005。

会实践中一试，常常碰壁。因为实际上，零乱而没有融会贯通的知识是没有"知识信息量"的知识，因而就不具有应对"实践不确定性"的功能。此外，在这样的定义下人们也可以不管知识之间的差别，只追求知识之间的联系，最后将得到类同的知识，即没有知识信息量的知识，也无法应对实践的不确定性。同样，就组织结构而言，如果只顾成员差别而不管成员联系，组织就可能完全失去竞争力；而如果只管联系不管差别，组织成员同质化，也无法建构组织的信息量，组织同样将失去竞争力。很显然，个人的知识竞争力（竞争势）在于个体知识的差别×联系，组织的社会竞争力（竞争势）在于组织成员个性化构建的差别×联系。本质上都是个体和组织具有的信息量，即信息势。

信息概念的误导，除了使人们将废话和噪声当成信息外，还使一些著名学者将信息当作冗余。冗余的本义是"多余的、重复或者啰唆内容"，而日本著名学者竹内弘高和野中郁次郎则将组织里"有关业务活动、管理职责和整个企业方面的信息有意图的重叠"叫作冗余。有意图的信息共享或重叠，是组织中个体加强联系的必要条件，是组织建构信息要素"联系"的有效路径，和毫无用处的多余的啰唆的"冗余"完全相反。然而，信息概念不正确的定义使得他们无法对信息与冗余做出清晰的界定。竹内弘高和野中郁次郎继续说到，"分享冗余的信息，可以促进暗默知识的共享。在这个意义上，信息的冗余有加速创造知识过程的作用"，"所以，信息冗余起到层级制度与非层级体制之间交换的层级作用"。[①] 实际上，多余的、啰唆的内容只会使人们感到烦躁，甚至厌恶，由此而影响沟通和交流，更不可能促进知识的创造和加强层级制度与非层级体制之间的联系。竹内弘高和野中郁次郎甚至将组织成员在不同岗位之间的轮换，以促进个体知识在差异性构建张力中的融会贯通，从而增加知识信息量的过程，当作"导入冗余"的过程，他们指出"组织导入冗余的另一方式是策略性的人事轮调，这种轮岗制度从多种角度帮助组织成员加深对业务活动的理解。这种轮调也是每个员工拥有多种能力和信息的来源。个体所持有的跨不同部门的冗

[①] 〔日〕竹内弘高、野中郁次郎：《知识创造的螺旋：知识管理理论与案例研究》，李萌译，知识产权出版社，2006。

余信息有助于组织扩大创造知识的能力"①。可见，竹内弘高和野中郁次郎显然是将构建信息的过程当成了增加冗余的过程，将信息的概念与冗余的概念完全混淆了。

有关信息的定义的科学性评价，王浣尘指出："如果在定性的概念上不澄清，那么在定量的计算中就会含混而迷失方向。计算公式越弄越复杂，事物的本质越来越含糊，复杂的定量过程掩盖了清晰的定性本质。定性与定量之间产生了'人为的鸿沟'，南辕北辙，事与愿违。"② 以往有关信息定量研究的计算复杂和应用局限，正是信息概念定性研究的不清晰所致。牛顿力学之所以成为一个真正的科学定律，就在于定性的清晰性，使得定量计算与定性概念完全一致。

毫无疑问，能量、力、信息，是人类历史上三个极其重要的概念。今天的人们吃得好、穿得好，就在于可以有效地利用能量，有效地使用力，从而不断提升生产的效率。然而，在物质生活越来越好的同时，意识和思想的困惑却未曾减少，精神的烦躁有增无减，就在于进入信息社会以后，信息日益成为社会生活的主导内容，而信息的概念却不清楚，加上某些信息哲学家对于信息概念的非科学定义，使得信息的误导充塞在社会的方方面面，对于管理实践的最大影响，是管理者在这种信息概念的误导下，往往将没有信息量的废话和噪声当成信息，这使管理的理论研究和实践都面临困惑和挑战。在势科学理论基础上重新考察信息的本质意义，给出信息概念的科学定义，揭示信息相互作用的内在机制，将有利于管理学研究范式的变革。

第三节　管理动力学过程的绩效函数

——管理学原理

在势科学理论的信息概念基础上，可以给出管理的基本原理，"管理过程信息量最大作用量最小"，管理的绩效函数可以表达为：

① 〔日〕竹内弘高、野中郁次郎：《知识创造的螺旋：知识管理理论与案例研究》，李萌译，知识产权出版社，2006。
② 王浣尘：《信息距离与信息》，科学出版社，2007。

$$G = f(dg \times cg)$$

G 为管理的绩效函数；dg 为管理要素之差别；cg 为管理要素之联系。

对于制度管理而言，好制度就是能够将差别最大的不同成员联系起来的制度。所谓文化管理，即有一个核心价值观，可以将所有差别巨大的组织成员凝聚起来；所谓战略管理，即将未来与现在的巨大差别通过一个战略规划联系起来。前已述及，沟通是对组织求导，激励是对个体求导，决策是对路径变分，其本质都是将差别最大的管理要素联系起来。而且管理的绩效函数，还给出了如何沟通的基本指导原则，即在沟通中既要追求联系，又要彰显差别。

就法约尔提出的管理五大职能"计划、组织、指挥、协调和控制"来说，每一项职能的实施都要基于要素之间的差别×联系。计划需要将未来与现在的巨大"差别"联系起来，将组织现有的各种"差别"巨大的资源联系起来；组织和指挥的首要任务就是将"差别"巨大的个性化成员紧密联系起来，而且领导人的综合信息势越大，组织和指挥的效率就越高；协调更是直白的差别×联系，联系得越紧协调得就越好；控制，只有将"差别"巨大的各种问题和要素及人员紧密联系起来才能进行有效的控制。由此可见，五大管理职能的实施过程，就是在"差别"中寻求"联系"的过程，就是在组织管理中营造信息势的过程。

2007 年诺贝尔经济学奖获得者马斯金所阐述的一个管理学者们耳熟能详的所谓"分蛋糕"问题，也是在管理中常常遇到的、对于管理者往往具有挑战意义的问题，实际上是一个典型的营造最大信息势的管理机制。甲、乙两人合买了一块蛋糕分着吃，如何分才能使两人都满意，是管理学的一个难题。一种方案是请一个道德最好的人来分，能够主持公道。但道德好的人要是技术不好把蛋糕切歪了怎么办？所以，另一种方案是请一个技术最好的人来分，但技术最好的人要是不能主持公道切歪了怎么办？看来似乎最好的方案就是请一个既道德好又技术好的人来分就能解决问题，且不说如此完美的人很难找，即使找到了这样的人，人们往往也"这山望着那山高"，即使这个人切得再公道，人们觉得对方拿走的那块更大又怎么办？所以，机制设计理论提出，"让甲、乙两个人中的一个切，另一个先拿"，这就是博弈论计算出的最好的分配机制，这种分配之所以成功的根本原因就在于营造了一个最大的管理信息势。甲、乙两人分一块蛋糕，是对立的，即差别最大。切蛋糕的一方——先行动者——行动的时候（切蛋糕的时候）总是想着后行动者（先拿蛋糕的人）的行动——"万一自己切不均对方就可能把大的拿走了"，由此产生了最紧密的联系——先行动者总是想着后行动者的行动。可见，机制设计理论实际上设计的管理方案营造了一个差别最大联系最紧的管理信息势，从而完美地解决了这个管理学难题。但是，在势科学理论的视域中，这样的分配方案就是显而易见的（差别×联系），用不着博弈论复杂的计算。博弈论发展得如此强势，但对于企业家和领导来说，很多时候派不上什么用场，领导和企业家遇到许多问题时往往需要当机立断，对于管理而言，博弈论只是一个复杂的数学工具，不能作为管理的基本理论，在一定程度上是因为博弈论的概念抽象度不够。

第三章　信息作用机制与管理动力学
求解的理论模型

第一节　势科学与信息动力学原理
——势增原理

作为一种科学，不但要有一个科学的概念，而且必须揭示一种科学的机制，这种机制一般是以某种公理形式表述的。对应孤立系统的熵增原理，势科学与信息动力学揭示了开放系统的势增原理，即信息相互作用机制——"差别促进联系，联系扩大差别"。

公理是无法也无须证明的，我们可以举一些例子帮助理解。原始社会人类不会种庄稼，以狩猎为生。起先，在狩猎中，每一个人都一样，既做弓又射箭。随着人口增加，人们产生了联系，一起狩猎时发现，某一个人的弓做得好，而另一个人的箭射得准，由此两人商议，一个多做些弓，另一个则多射些箭，进而擅长做弓的人做弓的机会增加了，弓做得越来越好，擅长射箭的人射箭的机会增加了，箭射得越来越准，最后擅长做弓的人不再射箭，擅长射箭的人也不再做弓，由此两人差别最大而完全不一样了，但联系最紧而谁也离不开谁了。实际上所有的分工都是信息相互作用机制的必然结果，即"势增原理"的必然结果。

有关势增原理的进一步阐述，我们将在"基于管理信息势的分工与创新"等章节详细给出。

在势增原理基础上，我们可以得到势科学与信息动力学理论的三个基本定律。

定律一（加速发展定律）：由于差别促进联系、联系扩大差别，所以，势的增长趋势不变，简称"势趋"不变，宇宙加速膨胀，社会加速发展。

定律二（创新性定律）：势的稳定增长达到某种临界值，系统就发生非平衡相变和非线性分岔，从而衍生出各种素质、创新和风险。

定律三（对称和谐定律）：势的成长极限产生对称，对称形成数学结构的群，无干扰的物质势作用形成物质群，所以宇宙和谐，无干涉的信息势作用形成素质群、组织群及社会群，从而推动素质和谐、组织和谐及社会和谐。

势增原理对于科学研究的重要贡献之一在于在给定系统边界的条件下导出了对称性原理。在物理学的研究中，光速太快，一秒钟 30 万公里，粒子之间的作用来不及观察就已经对称了，所以，看起来粒子都是一对一飞出来的。但在信息作用过程中，如在分工过程中，信息相互作用导致对称性产生的机制可以被明显地观察到。

在管理学的研究中，作为研究对象的系统，一般是开放的，对称性机制是管理学研究的重要机制。许多情况下基于对称性研究的选择和决策，能达到事半功倍的效果。

第二节 管理动力学研究的逻辑基础与信息势作用的张量求解

一 信息人的对称性及其信息势的共轭复空间测度

人性假设历来都是管理学研究的逻辑基础，经济学的"理性经济人"假设是一维的，无法揭示信息化社会信息人的本质特征。信息人同样是理性的，但不再是只具有"经济理性"，即不再是仅仅追求经济利益最大化，而是追求"综合信息"最大化，所以，不是不理性了，而是更理性了。信息人的综合信息追求可以近似简化为八维信息向度，即"货币、权力、知识"和"情感、艺术、虚拟抽象"六维基本信息向度和"空间信息、时间信息"二维综合信息向度。六维基本信息向度和二维综合信息向度则分别构成六维基本信息势与二维综合信息势。

仔细考察六维基本信息势，可以发现前三维和后三维具有完全不同的特征，前三维是显化的、有限可测的，后三维是默化的、难以测度的，构成两两对称的显势信息与潜势信息，这与势增原理导致对称性的作用机制吻合。对于二维综合信息势"空间信息"和"时间信息"而言，由于空间信息是相对可把握的（几乎人人都感到大房间比小房间好、生活的自由度越多越好），成为显化信息。而时间信息一不小心就流失，加之时间信息具有二重对称性——当你快乐时，时间就是快乐，当你忧愁时，时间就是忧愁。所以，时间信息是潜化信息。可见，时间信息和空间信息也是对称的。所以，在八维信息中，货币、权力、知识、空间是四维显化信息，称为显势；情感、艺术、虚拟抽象、时间是四维潜在信息，称为潜势。

显势与潜势构成复势，显势与潜势的对称性，在数学上与徐飞等提出的"管理二象对偶"理论中所说的"实象"和"虚象"的"二象"对偶完全一致。[①] 其复势的测度必须在共轭复空间中进行，即：

$$|P| = \sqrt{(X+iQ)(X-iQ)} = \sqrt{X^2+Q^2} \qquad (3-1)$$

其中，$|P|$——复势，表达组织或个人"显势"与"潜势"耦合作用的复合信息势。

X——显势，表达组织或个人的显化能力。信息人的显势由"货币信息、权力信息、知识信息和空间信息"组成。组织的显势由"可计算的资金、资产（货币信息势），行业中的话语权（权力信息势），技术信息即学历构成及专利技术等（知识信息势），组织多元化战略（空间信息势）组成"。

iQ——潜势，表达组织或个人的潜在能力。信息人潜势由"情感信息、艺术信息、虚拟抽象信息和时间信息"组成。组织潜势由"成员个性结构（情感信息势）、组织文化（艺术信息势）、并购能力和品牌战略等（虚拟抽象信息势）、组织与时俱进的能力（时间信息势）组成"。

由式（3-1）可知，组织或个人的潜势必须是对称的（即 $+iQ$ 和 $-iQ$ 的对称），其复势 $|P|$ 才能取得最大值，进而形成组织结构强势和信息人管理素质强势。这是复势共轭的基本特征，也就是徐飞等提出的复杂系统的"复合二象性"。

构建组织潜势中组织成员个性结构的对称性就是要在组织中"既培养刻苦钻研的，又培养灵活变通的；既培养擅长研发的，又培养擅长管理的；既培养擅长生产的，又培养擅长营销的；既需要'唱红脸'的，也需要

---

① 徐飞、高隆昌：《二象对偶空间与管理学二象论——管理科学基础探索》，科学出版社，2005；高隆昌、李伟：《管理二象对偶论初探》，《管理学报》2009 年第 6 期，第 718～721 页。

'唱白脸'的"等。

构建组织潜势中组织文化的对称性则必须在组织中营造和谐的诸多要素，如"既有严格的纪律，又有足够的自由；既有规范的制度，又有充分的民主；既能很好执行，又能主动发挥；既有严肃的行动，又有浪漫的气氛"等。

构建组织潜势中并购能力和品牌战略的对称性则需要"既能靠财力兼并，又能靠情感融合；既能用话语权整合，又能有艺术性执行；既依靠品牌统一，又实施跨文化管理"等。

构建信息人潜势中情感信息的对称性必须养成"既充满自信，又谦虚待人；既激情浪漫，又沉着冷静；既灵活变通，又刻苦钻研；既有独立冒险精神，又有广泛社会交往"等的品格。

构建信息人艺术信息的对称性必须坚持"既追求高雅，又入乡随俗；既欣赏他人，又愉悦自身；既简洁明快，又风趣幽默"等。

构建虚拟抽象信息的对称性必须坚持"既能总结归纳，又能逻辑模拟；既能善于抽象，又能驾驭经验；既能浮想联翩，又能把握直觉"等。

二 管理信息势的张量求解

在管理动力学研究中，信息人的四维显势用 X_1、X_2、X_3、X_4 表示，四维潜势用 iQ_1、iQ_2、iQ_3、iQ_4 表示，则信息人八维信息势之间的对称性作用机制可以用张量求解：

$$\delta_{ij} = X_i Q_j = \begin{Bmatrix} \delta_{11} & \delta_{12} & \delta_{13} & \delta_{14} \\ \delta_{21} & \delta_{22} & \delta_{23} & \delta_{24} \\ \delta_{31} & \delta_{32} & \delta_{33} & \delta_{34} \\ \delta_{41} & \delta_{42} & \delta_{43} & \delta_{44} \end{Bmatrix} \tag{3-2}$$

其中，$i = 1, 2, 3, 4$；$j = 1, 2, 3, 4$。

式（3-2）中，四维显势与四维潜势的正对称作用由主对角线上的分量 $\delta_{11} = X_1 \times iQ_1$，$\delta_{22} = X_2 \times iQ_2$，$\delta_{33} = X_3 \times iQ_3$，$\delta_{44} = X_4 \times iQ_4$ 来求解。

$\delta_{11} = X_1 \times iQ_1$ 表达货币信息势与情感信息势的作用机制，其管理学意义是"情感把握货币、货币激励情感"，即人们常常所称的"薪酬管理"，"薪"即"钱"，"酬"即"情感"。管理必须一方面坚持多劳多得——经济刺激，另一方面关注情感培育。

$\delta_{22} = X_2 \times iQ_2$ 表达权力信息势与艺术信息势的作用机制，其管理学意义是"艺术实现权力——管理技巧推动形成执行力，权力激励艺术——权力越大越需讲究管理艺术"。

$\delta_{33} = X_3 \times iQ_3$ 表达知识信息势与虚拟抽象信息势的作用机制，其管理学意义是"抽象提升知识，知识依赖抽象"。当社会知识量很少时，例如传统社会，可以就事论事，学会一种知识就学会一种操作，而且可以操作一辈子。而在社会知识量爆炸性增长的现代社会，正如托夫勒所说，知识就是力量早已过时，成为力量的是"知识的知识，即方法"。人们必须将知识进行抽象得到"方法"，才能应对信息化社会处处存在的一个个鲜活的任务，而非传统社会一成不变的操作。

$\delta_{44} = X_4 \times iQ_4$ 表达空间信息势与时间信息势的作用机制，其管理学意义则在于，一方面管理的成功需要"天时"，另一方面管理的成功又需要"地利"，同时阐明管理中"成长和发展的空间与时间的对称性转化机制"。一个实例是，政府在无偿地出让土地引进技术、吸引投资等项目时所坚持的"用发展的空间换取发展的时间"。郑德高指出，"很多城市为吸引投资，采取'零地价'或成本价的方式出让工业用地，这使得中国工业用地的地租曲线非常水平化"。他还指出，"在中国人多地少的情况下，如何促进工业的有效集聚，把简单的工业化过程变成工业化与城市化共同发展，把好的工业势能转化为城市综合发展势能，苏州新加坡工业园区提供了一个由工业区逐渐发展转变成一个城市新区的好案例"①。可惜的是，他用了"势能"的概念，而不是用"势"的概念，使本来具有科学的逻辑化的研究，变成了一个物理学的比喻。

"显势"与"潜势"的总体作用机制是"显势靠潜势来驾驭，潜势靠显势来激励"。潜势与显势的互动作用形成"知识创造的螺旋"，推动着个人和组织的成长。

其余张量分量 δ_{ij} 则表达信息人六维信息势在管理过程中各种斜对称相互作用。势科学理论的重要任务之一，就是结合信息人的时代特征详细刻画每一个管理张量分量所表达的管理学意义。也就是解读出 δ_{ij} 中所包含的

---

① 况蕙孙、白铭复：《物理学中的群论方法》，国防科技大学出版社，1985，第12～59页。

管理信息（例如，不仅货币激励情感，权力和知识都是激励情感的核心要素），即真正在逻辑层面上求解管理过程的势函数。管理的复杂性及管理的全部内容将囊括在一个简单的管理信息势的张量表达中，即：

$$P = \sum \delta_{ij} \qquad\qquad (3-3)$$

其中，$i = 1，2，3，4$；$j = 1，2，3，4$。

由此，势科学与管理动力学理论将为现代管理学的复杂性研究奠定抽象而有力的张量研究的逻辑基础，为管理学及社会科学研究的科学化开辟有效利用现代数学的路径。

第三节　管理和谐的对称性本质与群论模型

首先，一个标准的和谐模型，必须能够囊括从宇宙到社会的各种各样的和谐特征或表象。

考察"和谐"的自然属性，应该注意四种和谐的自然表象。其一，"有序"呈现的和谐，如自然数有序呈现的和谐；其二，平稳的运动呈现的和谐，例如机器平稳运行呈现的和谐；其三，世界万物相辅相成，既相互竞争，又相互依赖呈现的和谐；其四，具有相同元素的集合构成的和谐，诸如全同粒子的和谐、晶体结构的和谐以及日常生活中地板砖构成的和谐和自给自足的传统社会"万众一心"的和谐等。实际上，以上四种不同的和谐表象具有统一的内在逻辑本质，就是数学的"群"结构。前三种和谐结构是数学的变换群结构，第四种和谐结构是数学的置换群结构。所以，群结构是和谐的数学模型，囊括了所有的和谐表象。自然数的和谐和宇宙万物的和谐是静态的群结构和谐，机器平稳运行的和谐是动态的群结构和谐。

其次，一个标准的和谐模型必须能够逻辑地演绎出来。

数学的群结构可以在势科学理论的基础上演绎出来。按照势科学原理第一定律和第三定律，势的运行机制是差别促进联系，联系扩大差别，最后达到差别最大即相反，联系最紧即相同，既相反又相同就叫相反相成即对称，所以对称势最大。而对称或泛对称元素构成具有数学结构的群或泛群，稳定和谐的宇宙世界形成粒子群、分子点群、晶体空间群和星系泛群，生存下来有竞争力而且和谐相处的生物形成植物泛群、动物泛群，有竞争力的和谐而稳定的社会形态构成组织泛群、社会泛群、管理泛群及人才的素质泛群等。[①]

由此可见，我们从归纳和演绎两个向度得到同一个结论：数学结构的群是营造和谐强势的标准模型。

一 和谐机制的数学模型——群

在数学上，给定一个集合，$G \equiv \{E, A, B, C, D, \cdots\}$，该集合满足四个条件，即恒等元、封闭性、可逆元和结合律，就组成一个"群"。

G 中存在单位元素 $E \in G$，使得对任何 $A \in G$，有 $E \cdot A = A \cdot E = A$，$E$ 叫作单位元或恒等元。

G 中任意两元素 A 和 B 作用得到的元素仍属于 G，即如果 A，$B \in G$，则 $A \cdot B = C \in G$ $B \cdot A = D \in G$（$C \neq D$），其中符号"·"表示两元素的作用，既可以是乘也可以是加，此条件叫作群的封闭性。

对任意元素 $A \in G$，存在唯一元素 $B \in G$，使得 $A \cdot B = B \cdot A = E$，$A$ 叫作 B 的逆，B 也叫作 A 的逆。

群元素的组合法则满足结合律，即对于任意 A，B，$C \in G$，有 $A \cdot (B \cdot C) = (A \cdot B) \cdot C$。

根据以上定义，自然数（0，1，2，3，4，$\cdots$；-1，-2，-3，-4，$\cdots$）的加法作用形成群，0 是恒等元。0 加任何数等于任何数（恒等元条件），相对应的正数和负数相加等于 0（可逆元条件），任意两自然数相加还是一个自然数（封闭性条件），任意三个自然数相加不分先后顺序（结合律条件）。

由此可见，能够和谐的秩序不是一般的秩序，而是必须具有对称性结构的"成群"的秩序。自然数以及实数的和谐，正是由于它们具有正数与负数之间的对称性结构而在加法或乘法作用中成群。

"对称"，简单说就是变换以后的不变性。如图 3 - 1 所示，轮子旋转任一角度，其位置形态没有变，所以相对这个旋转变换的不变性就叫对称，使轮子保持对称的变换叫作对称变换。轮子以任意小角度的旋转变换与逆

[①] 况薰孙、白铭复：《物理学中的群论方法》，国防科技大学出版社，1985，第 12 ~ 59 页；李德昌：《信息化社会的逻辑结构——社会群》，《理论界》2005 年第 2 期，第 110 页。

变换（反转）分别用 a^1，a^2，a^3，a^4，…和 a^{-1}，a^{-2}，a^{-3}，a^{-4}，…表示，轮子原始位置用 E（恒等元）表示。恒等元和以上所有变换元 a^i 组成对称变换群，满足群的四个条件。①恒等元条件，$E + a^i = a^i + E = a^i$；②可逆元条件，$a^i + a^{-i} = a^{-i} + a^i = E$；③封闭性条件，$a^i + a^j = a^j + a^i = a^r$ （$i \neq j \neq r$）；④结合律条件，$(a^i + a^j) + a^r = a^i + (a^j + a^r)$。

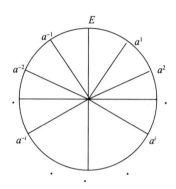

图 3 - 1　轮子和谐运动的旋转不变性数学群模型

轮子可以平稳和谐旋转就在于轮子的旋转过程实现了一个无限阶变换群。一个质量分布均匀的轮子（就像一个公平的社会），虽然沿半径方向上每一点处，由于相对位置不同，所受的离心力不一样（就像在一个公平的社会中，每一个人所处的社会位置不一样，对社会的贡献不一样，每个人得到的分配资源就不一样），但在同一半径的圆周上不同点处，所受离心力却是一样的（就像在公平社会中，具有同样贡献的人所得到的分配资源是一样的）。如果轮子质量分布是不均匀的（就像社会中的分配是不公平的一样），轮子在运动中就会产生振动，产生不和谐。

在自然界，除了轮子这种平稳运动的动态和谐群结构以外，更加普遍的是各种各样的静态和谐群结构。宇宙和谐的本质在于建构了不同层次上的物质群；社会和谐的有效路径就在于建构各种各样的社会泛群。[①]

2005 年徐飞和高隆昌在《二象对偶空间与管理学二象论——管理科学基础探索》中也应用数学的逻辑符号给出了社会群的表述：例如，一个市场范畴内的企业集合（记为 X）中，出于竞争的目的，需要进行资产重组

---

① 况蕙孙、白铭复：《物理学中的群论方法》，国防科技大学出版社，1985，第 12~59 页；李德昌：《信息化社会的逻辑结构——社会群》，《理论界》2005 年第 2 期，第 110 页。

活动。若把任意二企业 x_i，$x_j \in X$ 间的组合叫作一种运算（记为"·"），则有 $x_i \cdot x_j = x_k$ 仍属于 X，即仍有 $x_k \in X$。这时，若进一步界定 0 元素为破产企业，x_i 的逆元素为 x_i^{-1}，满足 $x_i \cdot x_i^{-1} = 0$（失败组合），则按照"群"的定义，X 即是一个群，记为 $(X，·)$。

这里需要强调的是，将恒等元定义为 0 元素即破产企业，需要进一步明确集合中元素的作用是乘法作用还是加法作用。因为在一个群中，不但任意两个可逆元作用等于恒等元，而且恒等元与任一元素作用等于该元素，而这里的符号"·"容易让人理解为乘法运算，这样 0 元素与任一元素作用则等于 0，即 $0 \cdot x_i = 0$。所以，如果是乘法作用，则应该将 1 元素即政府界定为恒等元，这样在企业群中就存在这样的作用（运算），$x_i \cdot x_i^{-1} = 1$；$1 \cdot x_1 = = x_1$。任意两个可逆元企业作用等于恒等元政府，即实现政府的目标；政府与任一企业作用等于该企业，即政府支持该企业的生产活动。当然，如果从社会群的角度来表达企业不适当重组的演化过程，则企业的重组作用应该用加法定义。在加法定义下，$x_i + x_i^{-1} = 0$；$0 + x_i = x_i$。两个企业的不适当组合会导致破产，而破产企业（消失的企业）与任一企业作用等于该企业（也不影响该企业）。这样才与实际情况吻合。

徐飞和高隆昌进一步指出："又若设任一企业 $x_i \in X$ 的发展过程为连续集合（记为 $\{x_i(t)\}$），并定义 $x_i(t) = x_i(0 + t) = x_{i0}(t) = x_{it}(0)$，则易知，$x_i$ 满足 $x_i(t_1 + t_2) = x_{it1}(t_2) = x_{iti}(0) + x_{it2}(0)$。这时，再加上（界定）0 元素 $x_i(0) = x_{i0}$，$Vt \geqslant 0$，则说 $\{x_i(t)\}$ 构成一个'连续半群（又叫李群）'。之所以叫半群，是因为它的轨道不可逆。当然，如果若将其映到实轴上去考察，则也可成为连续群，只是考察的空间已不同。"[①] 由此可见，一个企业的和谐可持续发展过程就构成一个连续群。

二　社会和谐的人格不变性模型——社会泛群

完全规整的群只在数学意义上存在，数学要求的那种严格精确性——没有大小的点，没有粗细的线和没有薄厚的面，在现存的物质世界中是找不到的，因而物质世界和人类社会实际存在的群是泛化的群。例如在物理

[①]　徐飞、高隆昌：《二象对偶空间与管理学二象论——管理科学基础探索》，科学出版社，2005，第 9、218 页。

学中，对应质子和中子的 SU（2）群就是一个泛化的群，中子（940）和质子（938）的质量实际上不完全相等。从基本粒子到晶体结构以及不同物质层次上的各种群在不断泛化到生物层次和人类社会，群的泛化程度越来越大，以致人们必须深入仔细研究才能找到对象之间存在的群结构。而认识泛化事物的本质、在泛化的复杂事物中抽象出内在规律，正是人类智力成熟的集中体现。笔者曾看到，一个刚会说话的小孩指着外国人叫动物，这显然是小孩智力不成熟而不能认识泛化事物的典型表现。

现代社会的和谐分维有四个，即分工、财富、职位和能力，四个分维产生四种对称性极化，即能力的大小、分工的优劣、财富的多少、职位的高低。按照群的基本结构，构建一个和谐的社会必须以能力的大小为直径画圆，其余各维张力点要落在这个圆周上，就是说分工的优劣、财富的多少、职位的高低、能力的大小八个点在同一个圆周上，就能保证各种差别造成的社会张力相同，社会在运行中（轮子在旋转中）就能平稳而不发生振动，表现为和谐（见图 3-2）。

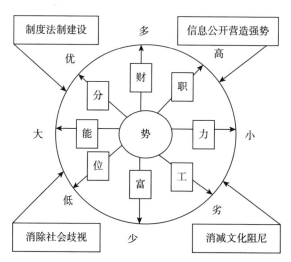

图 3-2　社会和谐的人格不变性数学泛群模型

构建这样的和谐群模型，第一，要求制度和法制既是健全的又是刚性的。所谓健全的是指制度和法制能够打破行业垄断，杜绝各种灰色收入并保证财富的公平分配。所谓刚性的是指社会在运行中（轮子在旋转中）能够抵抗各种权力的干扰和消减文化的阻尼，保持圆的均匀对称性而不发生椭圆度变形。不然，权力干扰制度和法规，社会的和谐模型（旋转的轮子）就会变形，运行就会产生振动而不和谐。

第二，要在社会的整体层面上消除社会歧视，即处在各分维张力端点上的对象没有社会歧视，具体说就是要消除社会上存在的能力歧视、贫富歧视、分工歧视和职位歧视。分工的优劣、职位的高低、财富的多少、能力的大小都不会形成人格的差别。这样一来，这个结构旋转 180 度以后，或者分别以能力、财富、分工和职位为平面的四个反射变换以后，各分维张力端点位置互换，但由于不存在各种社会歧视，保持了人格不变性，群结构就不变。至于旋转 45 度以后，职位的高和低落在了能力的大和小两点，同样由于社会不存在歧视，职位高的不会看不起能力小的，能力大的也不会看不起职位低的，平等相处同样维持了社会结构和人格的不变性。本质上，没有歧视就是保持"人格"的不变性，只有"人格"的不变性才能维持社会结构的不变性，社会才能具有和谐性和稳定性。而保持人格不变性的社会结构实际上就是一个 24 阶的旋转变换群，即以 45 度及其倍数的正反 16 个旋转变换和分别以能力、财富、分工和职位为平面的 8 个反射变换。本质上，"和谐性"是由"不变性"主导的，正像光速的不变性主导着物质世界运动的和谐性，人格不变性才能主导人类社会运动的和谐性——总统没有更多的优越感，而扫马路的人也照样自信，正是人格不变呈现的和谐景象。

第三，要在社会的文化结构层面上消减文化阻尼。杜绝"抱团"陋习，从根本上推进社会的"个性化"进程。"抱团"破坏和谐的直观例子是在洗衣机中，当我们洗完衣服将要甩干的时候，总是要将衣服一个个抖开（成为个性化的）。

第四，要在政府主导的各个层面上信息公开。就是说社会在每一个时期产生的信息量都能等强度而没有阻尼地、不产生消减地作用到社会的每一个成员。这就要坚持信息公开和"透明"，公开和透明的信息才能将差别巨大的个人和个人、个人和政府联系起来，真正构建信息强势，从根本上既推进社会的个性化进程，又抑制腐败及一切不规范的行为。当信息是完全公开和透明时，冲突和摩擦就会自动消除（就像盖尔曼所说的，当所有的作用都被屏蔽之后，就可以完全看见粒子群的和谐世界）。在分工方面，要真正做到机会均等，竞争公平，也必须要信息公开和透明。信息公开和透明是构建信息强势推动社会结构成群而和谐的根本动力。

数学可以证明真理，也可以推导出真理，但许多重要的真理都是靠个人悟性和集体智慧得到的。关于构建和谐社会的二十个字"民主法治、公平正义、诚信友爱、充满活力、安定有序"[1]，揭示了社会和谐的群机制，概括了实现社会和谐的途径、条件和目标状态。"民主法治"是社会元素个性化的基本条件，因而是社会成群的基本条件。只有推进民主，才可能弘扬个性；只有完善法治，才能维护个性化成长的环境。"公平正义"是保持社会和谐群模型中各分维极化张力的均衡和一致，是保持社会群旋转变换的对称性、不变性的基本条件。只有坚持公平正义，才能抑制腐败，才能打破行业垄断，才能实现教育公平，才能缩小贫富差别。"诚信友爱"是保持社会和谐群模型中以各分维为基础的反射变换的不变性，即保持"人格"不变性的基础，只有诚信友爱，才能消除贫富歧视、职位歧视、分工歧视和文化歧视。"充满活力"就是要信息公开，是社会和谐群实现的动力机制。只有保持活力、信息公开，信息才能充分发挥作用，社会才能具有畅通的流动机制，社会集合中各要素才能具有明确的发展方向，各种资源才能得到合理利用，各种不对称因素才能在不断互动中达到对称而实现和谐。信息越是公开、流动越是畅通、作用越是自由充分，形成的信息场就越连续，信息势就越大，信息作用效果就越强烈，社会元素的联系就越紧密，对称性就越好，泛群就越规整，社会就越和谐。而"安定有序"则表达和谐社会的目标状态。

随着信息化的推进，社会和谐群模型中的能力差别会不断增加，各分维的对称性张力也会不断增加。因而贫富差别、职位差别、分工差别、文化差别、美与丑、雅与俗的差别会不断增加，但只要保持这些张力一致，使各维的对称性极点处在同一个圆周上，而且没有社会歧视和文化阻尼，保持社会人格的不变性，社会群就能成立，社会就会和谐。

当然，信息人社会的整体和谐从结构层次上看，还依赖于组织、家庭以及信息人素质的和谐。[2]但无论哪一个层次上的和谐，其基本的和谐结构

---

[1]　中共中央文献研究室编《十六大以来重要文献选编（中）》，中央文献出版社，2006，第1101页。

[2]　李德昌：《信息人管理学——势科学与管理动力学》，中国社会科学出版社，2015，第156页。

都符合数学意义上的群结构。

仔细考察社会主义核心价值观的本质内涵，显然存在内在的对称性机制，公民与国家的对称性构成社会，公民是具有差别的个体，国家使其联系起来；民主与法治的对称性建构国家，民主强调个性差别，法治使其联系起来；敬业与诚信的对称性成为公民的基本素质，敬业体现为职业精神，诚信将具有不同职业的人们联系起来（见图 3-3）。而自由、平等、公正、和谐是民主的二级变量，友善、爱国是诚信的二级变量，富强、文明是敬业与法治和其他要素的综合变量等。

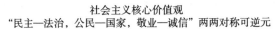

社会主义核心价值观
"民主—法治，公民—国家，敬业—诚信" 两两对称可逆元

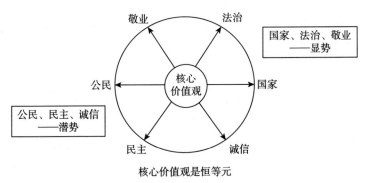

图 3-3　社会主义核心价值观的数学模型——六维对称的群论模型

第四节　人才成长的对称化和谐素质

基于势科学与信息动力学理论的人才成长机制，必须关注和落实到教育教学中，教育过程显然也是信息相互作用过程，因而人才成长规律同样遵循势增原理，有关对称化教育的主要内容，参见《信息人教育学——势科学与教育动力学》。德智体美是对称化素质，德与智对称，体与美对称，形成可逆元，"爱"是恒等元，由此构建的传统社会以爱为恒等元的四维对称的五阶素质泛群形成具有丰富信息量、强大信息势的和谐素质（见图 3-4）。

在现代社会的急剧信息化过程中，各维信息势的积累达到了临界值，从而产生相变与分岔，使得传统的四维素质激化为现代的八维素质，传统素质的四维对称激化为现代素质的八维对称，即"德"激化为"为善"与

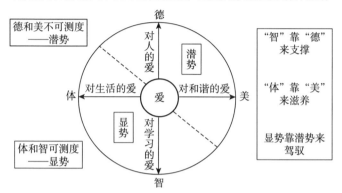

图 3－4　传统社会以爱为恒等元的四维对称的五阶素质泛群

"进取"的对称；"智"激化为"理论"与"实践"的对称；"体"激化为"身体强壮"与"心理健康"的对称；"美"激化为"追求高雅"与"入乡随俗"的对称。由此，传统素质以爱为恒等元的五阶素质泛群激化为现代素质以爱为恒等元的九阶素质泛群，传统素质的低维对称和谐转化现代素质的高维对称和谐，包含的信息量更大、信息势更强（见图 3－5）。

图 3－5　现代社会以爱为恒等元的八维对称的九阶素质泛群

第五节　对称化管理的不同向度与管理理论的群论模型

按照势科学与信息动力学理论，深入研究管理过程不同阶段、不同层次上建构管理信息势的基本路径，可以发现，个体与组织的对称，分工与创新的对称，制度与文化的对称，战略与细节的对称，领导与沟通的对称，运营与创业的对称将是管理过程营造管理信息势的有效路径，在逻辑上将由以管理目标为恒等元的十二维对称的十三阶管理群论模型来概括（见图3-6）。

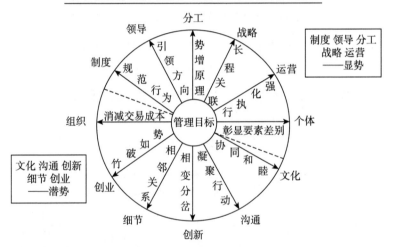

图3-6　以管理目标为恒等元的十二维对称的十三阶管理群论模型

图3-6表达的具体内容将在第二篇中给出详尽分析。

管理的对称性机制

第四章 组织与人

组织是管理的基本职能之一。泰罗认为，管理的主要目的是使雇主取得最大财富，同时使每位员工也能够取得最大的收益。[①] 梅西认为，管理是使相互联系群体的所有行为指向共同奋斗目标的过程。[②] 卡斯特认为，"管理是社会过程，组织是社会系统。通过它，大量互无关系的资源得以结合成为一个实现预定目标的总体"[③]。那么，从势科学的角度看，究竟什么是组织？组织如何进行设计？如何才能发挥组织中每一个人的作用进而实现组织的目标呢？

第一节 基于管理信息势的组织基本内涵

一 组织的基本含义

究竟什么是组织？笔者认为，可以从静态与动态两个方面来理解：静态方面，指组织结构，即反映人、职位、任务以及它们之间的特定关系的网络；动态方面，指维持与变革组织结构，以完成组织目标的过程。因此，企业组织结构是企业全体职工为实现企业目标，在管理工作中进行分工协作，共同决策，在职务范围、责任、权利方面所形成的体系。

从势科学的角度，可以提出组织的如下定义：所谓组织，是一群存在性格、技能等差别的人围绕共同目标这个恒等元，按照集合要求的"独立性、相容性、完备性"规则和开放系统势增原理运行程序所构成的具有数

---

① 〔美〕斯蒂芬·P. 罗宾斯：《管理学》，黄卫伟、孙建敏等译，中国人民大学出版社，1997。

② 〔美〕斯蒂芬·P. 罗宾斯：《管理学》，黄卫伟、孙建敏等译，中国人民大学出版社，1997。

③ 〔美〕W. H. 纽曼、小 C. E. 萨默：《管理过程——概念、行为和实践》，李柱流、金雅珍、徐吉贵译，中国社会科学出版社，1995。

学群特征的一种责权结构安排和人事安排，其目的在于保证组织群体形成最大的信息势，有效促进共同目标的实现。

二 组织产生的原因

人类产生至今，经历了封闭的自然社会、物质社会，直到现在的信息社会。人类的发展史，就是不断消减时空阻尼、增强彼此接触和联系的历史。在信息社会里，信息人是人的最基本特征。人在生活中不断追求最大的综合信息势。那么，怎样才能取得最大的综合信息势呢？根据势科学的原理，势＝差别×联系，要想取得最大的综合信息势，一方面人必须扩大与他人的差别，即努力提升自己的专业化水平；另一方面人又必须加强与他人的联系。而要想与他人联系最紧密，必须使人与人之间的市场距离为零。因为人与人之间通过市场交易建立起来的关系，可能是一次性的，最多是伙伴关系。一方对另一方没有任何约束力，双方的合作关系随时可能结束。而要使双方能够紧密结合、密切联系，必须使双方在一个共同体内，必须有一个共同的目标和双方都必须遵守的制度和规则，有序的联系才能得到保障和实现。这样，组织就应运而生。从这个意义来讲，组织能够比市场拥有更大的信息势。

如果没有组织，市场中单个人之间的交易将会存在巨大的成本，组织的基本任务是将这些交易成本内部化，以致在组织内部实现交易成本最低，从而提升整个社会市场的运行效率。科斯认为，在社会经济运行中，组织最重要的约束变量包括交易成本，企业这种组织就是为了节约交易成本产生的，阿尔钦和德姆塞茨在题为《生产、信息成本和经济组织》的论文中，指出组织的本质体现在对团队生产方式的采用，而采用团队生产方式的条件是团队生产的产出大于各成员单独产出的总和且增值额足以弥补团队的监督成本。

实际上，不同差别的人通过组织这个载体分工协作，专业化水平越来越高，成员之间差别越来越大，同时又联系得越来越紧，组织营造的势也越来越大。在一个组织体内，不同的人按照分工不同，专心从事自己的专业化工作，把它做得越来越好，不用考虑自己的劳动价值能否在市场上实现，因为组织为每一位成员设计劳动报酬体系。这样，在一个组织内部，搞营销的越来越熟悉市场和消费者，搞人事的越来越精通人力资源管理和薪酬设计，当领导的协调能力和管理水平越来越高，做员工的越来越熟悉操作技能。而且，由于不同的人在一个组织内部，相互之间信息交流频繁，这种跨专业、跨部门、跨学科的交流，扩充了人们的信息量，甚至在交流的基础上产生了新的信息。搞营销的知道了产品设计者的设计思路，领导知道了员工的操作方法。这样搞营销的在进行市场调研和消费者走访时，可以把产品设计思路告诉消费者，观察消费者反应，进一步深化对消费者需求的研究；领导知道员工的操作方法后会更加了解员工，从而进一步提高企业的管理水平。

三　组织的要素

组织作为一种相对稳定的结构，是由两个或两个以上的人组成的有特定目标和一定资源并保持某种权责结构的群体，必须具备以下要素。

一是必须有一个共同的目标，把共同目标作为恒等元。组织目标是指一个组织要达到的主要目的，每一个组织都是围绕一定的目标建立起来的，目标是一个组织的最重要的要素，是组织的恒等元。组织内所有的资源都要围绕这个恒等元进行合理配置。无论组织成员的个人目标有多不同，但是组织内必然会有一个为所有组织成员所能够共同接受的目标。组织目标就是组织的宗旨或纲领，它说明建立这个组织的目的。不同组织有不同的目标。组织目标是区分组织职能、性质等最显著的标志。每一个组织都要把明确组织目标作为组织的首要任务。组织目标实际上就是组织成员希望共同达到的势。因为组织的势越大，其影响力越强，每一位成员就越能获得更多的信息。组织目标对组织的所有成员的行为起着指导作用。

二是由具有一定差异、具有对称性的人员所组成。组织成员是组织存在和发展的基础，是组织活动开展的先决条件。因为组织中的一切工作都要人去做。组织可以说是特定成员的结合。"特定"就是有特殊的要求，不是任何一个人都可以成为某种组织的成员。不同组织对其成员有不同的具体要求，比如对知识、经验、能力等的要求，不满足相应的要求，一般不能成为该组织的成员。组织要注重选拔差别大的、具有对称性的人作为成员，以使组织向着更加优化的方向发展。在共同目标这个恒等元的指引下，成员之间相互配合发挥自己的优势，组织就会更加和谐。此外，组织成员的积极活动是组织存在和发展的关键。只有全体成员积极活动，组织目标才能得以实现。

三是必须要进行统一指挥，有一个团队成员公认的领导核心。统一指挥是任何组织达到共同目标的必要条件。行船要有人掌舵，演奏要有人指挥，打仗更要有人指挥。统一指挥的目的就是加强成员之间的联系，促进共同目标的实现。组织成员之间差别大，需要借助统一指挥这个纽带，促进成员之间的紧密联系。统一指挥就是要把这种联系进行综合和凝聚，从而实现势增。领导就是组织的恒等元。有了领导这个恒等元，组织就能够把互有差别的各种要素有序组合起来，向同一目标前进。诺曼底登陆战役取得胜利的一个重要原因就是统一指挥，不论美国军队、英国军队，还是其他国家参战的部队，不论陆军、海军还是空军，都由欧洲盟军最高统帅部统一指挥，打破了国与国之间的界限，也打破了三军司令各自指挥的惯例。如果缺乏统一指挥，必然没有统一步调，那就不能起到管理的作用了。

四是成员之间在差别基础上的分工合作。组织目标是组织内单个成员无法实现的，必须由全体成员分工合作才能共同完成。为什么组织内成员要分工合作呢？这是因为分工合作可以提高工作效率。分工产生差别，分工越深化差别越大，从而成员之间联系得越紧密。而达成这种紧密联系的途径就是在分工基础上协作。18世纪时，英国的经济学家亚当·斯密就提出了这个观点。他曾用制针业的例子来说明分工合作能提高效率：无分工合作时，一个工人每天最多只能生产20枚针，分工协作后，一个工人平均每天可生产48000枚针。

第二节　组织六维信息势

组织作为一个由不同的人共同组成的群体，它也具有自己的信息势。具体来说，组织有以下六种信息势。

一　货币信息势

货币是财富的象征。对一个组织来说，拥有的货币越多，意味着该组织的效益越好、利润越大，该组织对社会的影响力和吸引力越大，货币信息势越大。胡润全球富豪排行榜和福布斯全球富豪排行榜每年发布的全球富豪排名和世界五百强企业排名就是以组织所拥有的资产、销售额和利润为依据。货币信息势越大，组织就越能运用货币手段对社会施加影响。比如通过重大投资项目的实施，对社会的产业结构产生影响；通过赞助社会公益项目，扩大组织的影响力和提高自身知名度。

不仅如此，如果一个组织的货币信息势强大，还会吸引技能更高的专业化人才加入该组织，这些人员之间的差别更大。根据势＝差别×联系，人员之间差别越大，在联系不变的情况下，营造的势就越大，进而，这些高技能专业化人才的加入会进一步加强组织的货币信息势。

因此，组织的货币信息势对组织的外部环境会产生重要影响，也会对内部环境的变化产生重要影响。组织的货币信息势越大，对外部环境的影响力越大，组织的发展环境就越优良；同时组织的货币信息势越大，组织的内部成员素质会更高，组织的专业化水平也就更高，组织的内部治理也会更加有效，组织发展也会更加协调。

二　权力信息势

权力是制度规则赋予的。权力越大，占有的信息量越多。马克斯·韦伯指出，"权力代表着在一定条件下、在既定的社会关系下没有任何障碍地可以贯彻自己意志的能力"[1]。福柯提出，"权力的根本是所有力量的要素集合体"[2]。乔·萨托利提出，"权力是凭借法定的暴力进行的命令。权力，通常和强制与惩罚相关"[3]。总之，权力是人与人之间的一种特殊影响力，是一些人对另一些人造成他所希望和预定影响的能力，或者是一个人或许多人的行为使另一个人或其他许多人的行为发生改变的一种能力。在信息人社会，将权力理解为一种话语权，可能更加接近权力的信息本质。

一个组织的权力信息势越大，意味着该组织的社会影响力越大。人们越愿意与该组织产生联系。一般而言，企业类的组织权力信息势普遍较弱，因为企业的信息势主要是依赖公平交易的原则，通过优质的产品来吸引消费者；而一些政府组织的权力信息势就比较大，因为法律赋予了这些组织

---

① 〔德〕马克斯·韦伯：《社会科学方法论》，杨富斌译，华夏出版社，1999。
② 《权力的眼睛——福柯访谈录》，严锋译，上海人民出版社，1997。
③ 〔美〕乔·萨托利：《民主新论》，冯克利、阎克文译，东方出版社，1998。

特定的公权力。从时空视角看，权力信息势是一种空间信息势。组织的权力越大，影响的人和组织就越多，联系的人和组织就越多。该组织与其他组织的差别越明显，信息势就越大。

三　知识信息势

知识是人们关于自然界、社会规律的理论总结和经验积累。在哲学中，关于知识的研究叫作认识论，20世纪50年代，迈克尔·波兰尼提出了知识的隐性维度。知识的获取涉及许多复杂的过程：感觉、交流、推理。知识也可以看成构成人类智慧的最根本的因素，知识具有一致性、公允性，知识真伪的判断标准是逻辑，而非立场。罗伯特·格兰特指出，"什么是知识"这个问题激发了世界上众多伟大思想家的兴趣。从类型学看，知识可分为简单知识和复杂知识、独有知识和共有知识、具体知识和抽象知识、显性知识和隐性知识等。[①]

从势科学的角度看，一个组织拥有的知识越多，其信息量越多，在社会上越具有优势。一个组织的知识占有量与其他组织相比越多，组织的信息势就越大，这可以分为两种情况。一是组织本身重视知识的生产、积累和应用，带来了知识信息势的增加。比如一些大型企业重视技术研发，所生产的产品和提供的服务知识技术含量高，从而赢得了消费者的喜爱，提高了消费者的忠诚度，加强了与消费者的联系，使组织的知识信息势增加。二是一些知识型组织由于本身就是知识的生产者和传播者，也吸引了社会公众的关注，加强了与社会的联系。比如一些科研机构和高等院校，本身就是知识的产出者，这些机构由于产出的知识越来越多、越来越高端，也对社会产生了较大的影响，具有较强的知识信息势。

四　情感信息势

情感作为态度的主要组成部分，其与态度系统中的内在体验、导向性具有较强的一致性，是态度基于生理的较为丰富、相对不变的心理反应和内在感受。情感涵盖两个维度，道德感和价值感，更详细的表述为幸福和仇恨、喜欢和厌恶、美感和丑感等。《心理学大辞典》中提出，"情感是人

---

① 〔美〕罗伯特·格兰特：《公司战略管理》，胡挺、张海峰译，光明日报出版社，2004。

对客观事物是否满足自己的需要而产生的心理感受"。同时大多数普通心理学课程也提出,"情绪和情感均为态度的主要内容,当然情绪更多的是个体基本需求欲望上的内心感受,情感则更偏向于社会需求欲望上的感受体验"。因此,情感是由生活现象与人的心理共同决定的,而不能单独由某一方来定。情感是人对现实的一种比较固定的态度,它表现在与人的个性、道德经验等有关的各种体验之中。

组织的情感信息势体现在组织对内部员工的关心关怀和对组织外的弱势群体和突发事件的处理上。一个组织如果对自己的员工非常关心和体贴,当员工遇到困难和问题时,能够伸出关爱之手,员工就会非常感激,从而会以更加积极的态度工作。态度越积极,与企业的联系就越紧密;专业化和熟练化程度就越高,个人差别就越大,从而组织的势就越大。比如许多企业在员工的生日进行祝贺、对困难员工进行帮扶、在"三八"妇女节开展关爱妇女的种种活动等,这些都是营造情感势的重要体现。对组织外的弱势群体进行帮扶和积极应对突发事件,也会给外界留下组织注重回报社会的印象,从而给组织长远发展营造一个良好的外部环境。比如企业积极响应国家精准扶贫战略,为贫困群众送温暖等活动会提升企业的美誉度,从而增进社会公众与企业的联系,增加企业的情感信息势。

五　艺术信息势

艺术是人类审美活动中的一种高级、特殊的形态。所谓审美,一般意义上讲,就是用感觉器官体验客观事物和自然现象产生的心理上愉悦的感受。更详细地说,它是指人在社会实践过程中所产生的和外界客观事物的一种特殊的内在联系。人和客观事物主要有三类不同的联系:一是逻辑的认知联系;二是道德的规范联系;三是审美的外在联系。审美的外在联系表现为合规性和合目的性的协调一致,表现出自由的特点。艺术审美和一般审美具有较大的差别,主要原因在于审美对象之间的差异,艺术审美对象是具有生动鲜活特点的艺术作品,有别于其他一般的具体的客观事物。一般审美是对现实客观事物的反映,而艺术审美则是对客观事物的再加工,把客观事物中美好的东西进行再创造,达到使人的感官比直接体验客观事物更加愉悦的效果。人们欣赏艺术美,是因为艺术美可以给人带来一种精神上的愉悦、享受,在人的精神领域会产生"润物细无声"的作用。它不是有形物品，不可能像具体事物那样具有真正的实用价值，如画上的水果不能吃、美妙的音乐不能当山泉喝等。

所以作为艺术，必须要有美的品质，具备审美价值的艺术品，必须体现真善美的和谐有序和统一，把以审美功能为条件的其他功能展现出来。

组织的艺术信息势体现在组织的管理者采用高超的管理技巧将差别巨大的管理理念、管理环境、管理目标、管理对象联系在一起，营造一种和谐舒心的组织文化，并着力让这种文化内化于心，让员工自觉地为管理目标而努力。

六　虚拟信息势

虚拟是指与事实情况不一致或者不完全一致的情况，个人拟想出来的或者是由高科技打造的并非真实存在的事物。操作系统中所谓的"虚拟"，是指通过某种技术把一个客观存在的物理实体变为虚拟物。物理实体是客观存在的，而通过科技虚拟的事物，则是现实生活中不存在的，是用户主观意识的反映物。因此用于展现虚拟的科学技术，就叫作虚拟现实技术。比如在 VIS 中运用了各种不同的虚拟现实技术，如用来实现虚拟的各种处理机、虚拟专用设备、百度云、阿里云等。

对组织而言，虚拟信息势体现在两个方面。一是组织结构本身的虚拟化。为了应对竞争的需要，以完成任务为目标组织而成的虚拟组织，在任务到来时，迅速组织相关资源，集中精力于工作任务；在任务完成后，组织迅速解散。这样能够最大限度地降低管理成本和运营成本。二是组织的资源网络化。组织通过互联网这个虚拟的载体，可以实现远程资源的调用和配置，这样就把差别很大的资源联系起来，从而营造较强的信息势。如医院的远程问诊、学校的网络教学等就是如此。这也是一些互联网大型企业成为当前我国经济发展的重要引擎的原因。

第三节　基于管理信息势的组织对称

一　对称是客观事物发展的必然规律

对称性是我们观察和了解自然现象和社会现象过程中必然出现的。对称性可以看作一个变换，发生这个变换后，事物在外形上仍然保持不变。在自然界和社会复杂多样的进化过程中，进化的多样性表现出各式各样的对称性。物理学有两种性质相异的对称性：一种是系统或者客观现象的对称性，另外一种是物理规律自身的对称性。物理规律自身的对称性是指经过一定的操作后，物理规律的形式保持不变。因此，物理规律的对称性又称为不变性。

对称性意味着事物在各种变换条件下的不变性。由事物的不变性，我们可以得到一种不变量，叫守恒量。比如空间旋转对称，它的角动量必定是守恒的；空间平移对称对应于动量守恒，电荷共轭对称对应于电量守恒，如此等等。诺特定理指出，在一个缺乏对称性的空间，物理定律也经常处于变动状态。所以物理学家开始逐渐形成一种思维模式：如果寻找到了一种新的对称性，就开始去发现对应的守恒定律；同样，如果探究出了一条守恒定律，也一定能把存在的对称性找出来。

在科学理论中，对称性涉及两个概念：变换和不变性。麦卡里斯特说："一个结构在一定的变换下是对称的，只要该变换能够使该结构保持不变。"① 每一个变换不变性都含有两个基本关系式，即不变量与变换式。在科学发展的常规阶段，不变量与变换式是互相适应的，它们共同构成某种变换不变性。从某种程度上看，也是二律背反定律的具体体现。二律背反，出自希腊文 antinomi，是指规律中产生的矛盾，即存在着相互联系的、两种客观事物的运动规律之间的互相排异现象。从康德的哲学观点看，二律背反是指对同一个客观事物或存在问题所形成的各种观点或理论虽然各自都能自圆其说，但是彼此之间却存在着相互矛盾的现象，又被称为二律背驰。

研究纯粹理性的二律背反在康德哲学的理论框架中具有重要意义，它促使康德对绝对理性进行批评和反思，不仅探寻到以前形而上学落入困境的根本原因，并且发现了解决问题的主要路径。康德把二律背反作为根植于人类理性追寻无条件的事物的心理倾向，所以二律背反是必然发生的。他采用的解决方案是把无条件者看作道德信仰的目标，而不是作为认识对象的本质。虽然他对二律背反的认识不完全是积极的，但是不得不说的

---

① 〔英〕詹姆斯·W. 麦卡里斯特：《美与科学革命》，李为译，吉林人民出版社，2002。

是，他确实发现了理性的内在冲突的客观性，因此，这个理论对黑格尔的辩证法产生了重大的、长远的影响。在科学研究的过程中，经常会发现一些新的不变量和新的变换式，它们往往与旧的不变量或变换式产生尖锐的矛盾。

科学研究的一个重要任务就是运用新的变换不变性来逐渐替代旧的变换不变性。变换不变性方法的实质在于发现不变量和变换式之间的深刻矛盾，运用持续增变换不变性来处理两者之间的矛盾和冲突，进而达到改善旧理论、演化新理论的最终目的。传统的对称性简单地说就是：从不同角度看某个事物都是一样的。相对性原理就是对称性的一种描述和反映。没有这种对称性，我们的科学理论，不要说"美丽"，就是存在都会变得艰难。比如空间和时间的对称性，使我们的实验室可以建立在任何地点，实验可以在任何时间做，实验结果不会被影响。我们无法想象实验结果与实验的时间和地点有关，会给物理学带来什么灾难。在量子理论中，对称性包括局域对称性和整体对称性。

现代物理学理论研究要把发现不变性，寻求变换式及适用范围作为目标。在发现洛伦兹变换不变性之后，物理学界逐渐认识到变换不变性概念和物理学对称性概念的内在联系，以及变换不变性方法对现代物理学发展的极端重要性。可以说，现代物理学的每一次重大进展，从狭义相对论、广义相对论、量子力学、量子场论到规范场理论，都是以变换不变性思想为模线发展起来的。狄拉克更是指出，理论物理学进一步前进的方向是继续扩大变换不变性。目前，物理学已经建立了将定域同位旋对称性与对称性自发破缺相结合的弱电统一理论，正在向更进一步的大统一理论目标迈进。而从整体对称性到局域对称性的深入，是达到这一目标的最有希望的探索方向。虽然本格森推断不变量存在的观点是非常错误的，但是不变性原理作为认识自然界的重要理论确实是非常成功的。爱因斯坦就是运用不变性原理发现了狭义相对论，从而打开了现代物理学发展的新思路。所以，同样是诺贝尔奖获得者的杨振宁对不变性原理也十分垂青，把不变性原理改造为"对称支配作用原理"，并且把它作为现代物理学尤其是量子力学的重要原理加以重视，甚至把它视为 21 世纪物理学最重要的一个原理之一。物理对称性如表 4-1 所示。

表 4 - 1 物理对称性

不可观测量	数学变换	守恒定律
绝对位置	空间位移 $r + \Delta r$	动量守恒
绝对时间	空间平移 $t + \Delta t$	能量守恒
绝对空间方向	转动 $r \rightarrow r$	角动量守恒
绝对的左和右	空间反演 $r \rightarrow -r$	宇称守恒（P）
绝对的电荷正负	电荷反演 $e \rightarrow -e$	电荷共轭（守恒）（C）
绝对的时间方向	时间反演 $t \rightarrow -t$	时间反演（守恒）（T）
全同粒子	置换	玻色 - 费米统计
状态的绝对位相	规范 $\Psi \rightarrow e^{iq\theta}\Psi$	相空间转动电荷不变

如果按照规范场论的观点，具备规范对称性的群是规范场发生作用的最核心的要素。规范场论认为，对称性可以分为不同的类别。①全域对称性。假如一个对称性的外表在不同时空点是不变的，就称为全域对称性。②局域对称性。假如一个对称性的外表在不同时空点会发生变化，就叫局域对称性。③外部对称性。假如相关可观察变量在本质上是属于外部时间和空间的，就称为外部对称性。④内禀对称性。假如相关可观察变量在本质上是属于内部时间和空间的，就称为内禀对称性。基于科学哲学的思路我们可以看出，规范不变性体现的是，现实世界的物理事件常常独立于我们所思考的理论框架，也就是说，物理学定律具备非常深刻的内在不变性。

二 组织的整体对称

实际上，按照势科学与信息动力学的基本原理，社会只不过是自然的映像，所以，和现代物理学一样，组织同样存在着对称。组织的对称是指组织的组成要素之间存在着变换之后的不变性。一个组织要想正常运转，必须具备一些基本的要素，这些要素之间相互作用、互相协调，在组织目标的推动下，促进组织不断地向前发展。组织的基本要素包括组织的制度和文化、组织的目标和规划、组织的人和物质、组织的结构和职能等。这些要素只有对称，组织才能正常运转，才能处于稳定状态。根据势增原理，只有对称，要素之间的差别才能最大，联系才能最紧，组织的信息势才能达到最大。组织的对称主要体现为：制度和文化的对称、人和物质资源的对称。

组织的制度和文化存在着对称性。组织的制度是对组织发展的最基本的硬性约束。组织制度的作用在于规范组织中人的各种行为，使人按照组织既定的目标活动。组织的文化是组织运行的黏合剂，它是组织在运行过程中长期形成的理念、精神和风气。

组织的人和物质资源存在着对称。首先是组织的人内部的对称。组织的发展离不开人，离不开各种各样有专业技能的人，这些人之间存在差别，但在组织内部又存在密切的联系，这些人之间比如领导和员工、营销人员和生产人员、财务人员和人力资源管理人员之间也形成了对称关系，这些对称关系的存在，使得人的信息势保持着较高的水平。其次是组织物质资源内部的对称。组织的物质资源包括货币资源和实物资源。货币资源是组织发展的基本保障，缺乏货币资源，组织就会缺失流动性和灵活性，面对外部环境发生变化时，就不能有效应对，甚至可能破产或解体。实物资源包括组织发展的空间和设施，实物资源是组织发展的重要支柱。没有实物资源，组织就不能有效地从事再生产，就不能为组织创造更多的货币，从而组织发展会日趋萎缩。所以，组织的货币资源和实物资源之间形成了对称。最后是组织的人和物质资源之间的对称。人是物质资源的操控者、运用者，没有人，物质资源就失去了其应有的价值；没有物质资源，人再聪明也难以发挥作用。

组织中各种要素对称还必须有一个恒等元。恒等元就是在一定的时间和空间范围内，其他要素虽然发生变化，但其保持不变的要素。在组织中，一般来说，组织的目标就是恒等元。也就是说，在一定的时间和空间范围内，组织的目标是不变的。其他要素的变化要始终围绕目标行动。因为组织目标往往代表一个组织长远的发展方向，它在短时间内很难发生变化。各种要素只有围绕组织目标这个恒等元，才能发挥出各自的作用。在恒等元的主导下由对称性要素建构的理想组织，就是一个宏观上具有整体对称性泛群结构的组织。

三　组织的局域性对称

上述所讲的组织对称实际上就是整体对称。整体对称是在一个均匀的信息空间里进行的。随着信息的不断增加，组织各种要素之间产生了强烈的信息不对易，组织的信息空间发生了扭曲，各种要素不再整体对称，这时就需要在一个新的信息空间和时间内把组织转换为局域性对称。局域性对称就是组织的"力"保持在组织的信息空间和时间的变化曲率的切线方向，以获得竞争力和生命力。

局域性对称的本质是组织外部的信息量非常大，组织内的各种要素发生扭曲，原有的对称被打破，要素之间的关系发生了变化，需要在新的环境下为每个要素重新选择坐标系，重新找到新的对称。也正是由于局域对称化管理，过去在管理中作为约束要素出现的时间和空间，能够被随时随地利用，变成了组织的资源。比如，随着市场经济的发展，商品市场由卖方市场转向了买方市场。消费者的市场选择权变成了决定性权力。作为企业的组织，就必须适应市场的变化，转变原来的生产观念、市场营销观念。企业必须以满足消费者需求为核心来组织和生产。企业的要素由原来的营销和生产的对称、人力资源和财务的对称变为生产、人力资源、财务和营销的对称（见图 4 - 1）。

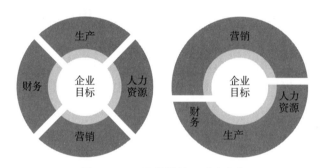

图 4 - 1　现代营销管理对称变化

为使顾客高度满意，现代企业各个职能部门必须进行通力合作，实行整合营销。企业内部的这种协调合作，必须以营销管理为中心，任何脱离营销宗旨和任务的生产管理、财务管理和人力资源管理，无论其经营管理效益有多高，都缺乏实际意义。因为企业经营管理的最根本任务是认识和发现目标市场的顾客需求，然后在此基础上将企业各种资源进行整合管理，最终实现顾客价值的最大化，实现企业价值。

在有效的企业管理空间内，管理就好像是"有形的物理粒子"，文化就好像是"抹平的时空场"，而局域化管理发展到边界无限小的时候，这种"有形物理粒子"的边界就变得难以有效观测，局域化的细微的管理就被全局化的、宏观的文化场所替代，文化的"势"就替代了管理的"力"，成为企业发展的主要成分，管理者须用无形的势场或文化来传递、影响、促进和激励。[①]

把管理理论的"人为主观本质"与文化理论的"社会自然趋同"进行对比，就会发现，管理与文化的对称好比物理粒子与场和波的对称。当代物理学的快速发展，把不变性和协变性、整体对称和局域对称、物理粒子与波和场对立统一起来了。同样，现代管理学的理论的不断完善，也使整体对称化管理（如 X 理论和 Y 理论）和局域对称化管理（如权变理论、虚拟组织、学习型组织）等日趋完善，促进了管理和文化的对称性发展。爱因斯坦等物理学家非常重视客观世界中场的现实性，把物质作为力场中密度最大的一个奇点，同样，现代管理学也对文化在企业发展中的作用高度重视，特别强调文化对企业价值形成的作用，把能够体现文化特质的管理看作最理想的管理模式。

第四节　基于管理信息势的组织结构

组织要想正常运转，必须把各种资源有机组合起来，使组织的各种资源能够充分发挥作用。组织资源的组成方式和相互之间的作用关系，就是组织结构。从势科学的角度看，组织结构表征组织如何充分发挥信息势的作用，使差别较大的组织资源建立起有序的联系，从而使组织的综合信息势的作用得到发挥。组织结构表明组织各部分排列顺序、空间位置、聚散状态、联系方式以及各要素之间的相互作用，是整个管理系统的重要支撑。

一　整体对称情况下组织的结构类型

（一）直线型组织结构

直线型组织结构又称单线型组织结构，是生产不发达的传统社会在整体对称性环境条件下，经历时间最长，也是最为简单的一种组织结构。它的突出特点是组织的职权从组织最上层直达组织基层员工。上下级关系表现为简单的直线关系，也就是"命令－服从"的关系（见图 4－2）。这种

---

① 李德昌：《信息力学与对称化管理》，《西安交通大学学报》（社会科学版）2004 年第 2 期，第 13～19 页。

组织结构的优点是：①结构十分简单，命令集中统一；②责权利关系非常明确；③相互之间联系方便，非常容易适应环境的变化；④各种管理成本比较低。其缺点是：①不利于专业化分工原则的实施；②高层权力过于集中统一，非常容易导致权力被滥用。

图 4 - 2　直线型组织结构

（二）职能型组织结构

职能型组织结构又叫多线型组织结构，是在传统社会生产进步、整体对称性下降时，组织应对环境变化的一种形式，其特点是组织按照各单元的职能分工进行专业化管理，以此来替代直线型组织结构条件下的全能管理者，各个分支单元在各自业务范围内对下属进行直接指挥（见图 4 - 3）。这种组织结构的优点是：①管理工作的分工十分细致；②积极引入相关专家参与管理，减轻了高层管理者的工作负担。其缺点是：①存在多头领导，对组织的集中统一领导和指挥造成妨碍；②各个组织单元相互配合的协调度不高；③过于重视专业化。

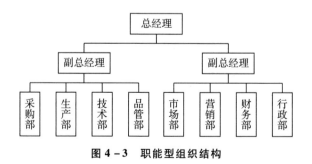

图 4 - 3　职能型组织结构

（三）直线职能型组织结构

直线职能型组织结构是以直线型组织结构为基础，在各级行政领导下，设置相应的职能部门，体现了组织应对环境复杂性变化的结构性变革战略，即在直线型组织结构集中统一指挥的基本原则的前提下，又进一步添加了参谋单元。其优点是既能够充分发挥相关专家参与业务单元管理的重要作用，又有利于组织高层的集中统一领导和指挥（见图4-4）。其缺点是：①每一职能单元分立，不能充分重视信息的横向联系，重复工作较多，导致效率较低；②对职能部门授权把握较难，若职能部门的权力太大，就会对直线指挥系统造成较大的干扰；③职能部门对环境变化的反应不是非常灵敏，应变弹性较小；④可能会增加管理成本，加大管理难度。

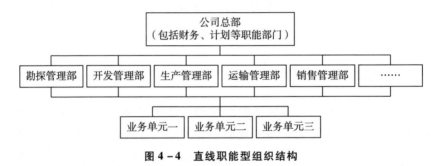

图4-4 直线职能型组织结构

（四）事业部制组织结构

事业部制组织结构是在一个组织内部对具有独立的商品市场、能够承担独立责任的部门实行的一种分权管理的组织模式。事业部制组织结构是欧美、日本大型企业所采用的典型的组织形式，是应对生产进一步分化及个性化的组织形态，是组织结构从整体对称发展到局域对称过程中的中间形态。作为一种典型的分权制的组织形式，我们经常把它称为"联邦分权制"（见图4-5）。

这种组织模式的优点是责权利关系划分得十分明确，对调动组织内部管理人员的积极性具有很强的激励作用。特别是各事业部把利润责任作为工作的核心内容，对公司获取长期稳定的收益起到了重要的保障作用，而且，事业部门从事的独立生产经营活动有利于组织持续培养高级专门管理人才。

其主要缺点在于事业部需要非常多的、业务素质高的专业人员来从事管理；管理机构过多，管理人员所占比重太大；分权对组织高层领导的权

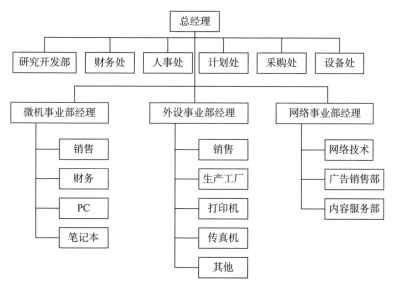

图 4 – 5 事业部制组织结构

力有所削弱，不利于组织高层对事业部进行指挥和控制；事业部相互之间的竞争异常激烈，协调成本很高，非常容易发生内耗。

一个组织运用事业部制组织结构的条件如下：组织具备按照专业化原则区分的基础，并且可以保证不同事业部之间的独立性，各事业部可以成为一个独立的利润中心，能够承担创造利润责任；组织具备管理的运行机制，尽可能减少行政手段的使用；让事业部之间存在适度竞争，保持事业部之间的良性沟通和交流；保持事业部的外部环境处于良好的运行状态，当外部环境恶化时，减少事业部的数量，保障组织顺利正常运转。

二 局域对称性组织结构

（一）矩阵式组织结构

矩阵式组织结构是以专门从事某项业务工作小组的形式来建立组织单元的一种组织形式。新制度经济学的研究发现，目前大多数的经济组织不是完全竞争市场下的纯市场组织，也不是非常单纯的企业层级结构组织，而是在这两种组织之间的中间性组织结构。威廉姆森在《交易费用经济学：契约关系的规则》中提出了交易的特点，即交易具有三种不同程度的具有差别的交易特性（三个关键因素），分别是交易的重复性、潜在的不确定性和固有资产的专用性，与这三种特性互相作用的结构和规制也不完全一样。一个经济组织中三种不同程度的具有差别的交易特性组合，就会产生有差异的经济绩效，每一个经济组织的效率边界都不一样，更高效率的经济组织会被市场机制筛选出来。也就是说，当三个关键因素程度普遍偏低时，最有效率的组织就是市场组织；当三个关键因素程度普遍较高时，最有效率的组织安排就是用企业的等级系统代替市场结构；而当三个关键因素程度处于中间时，包含着三方规制或者双边规制的中间经济组织就是最有效率的组织形式。矩阵式组织结构作为其中重要的一种中间性组织结构，是一种变化了的制度设置，而矩阵式组织作为一种效率较高的企业经济组织，是企业与市场相互竞争又相互融合的产物。它比市场组织稳定得多，同时又比科层组织易于变通，信用程度中等偏高。其资产专用性十分适中，各个分支单元之间既相互合作，又相互竞争；既相互联系，互为依靠，又相互独立（见图 4 - 6）。

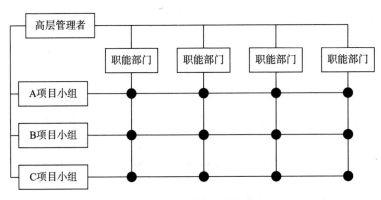

图 4 - 6　矩阵式组织结构

矩阵式组织结构的优点是各个单元相互之间的横向联系得到了加强，各职能部门之间互相脱节、互不联系的现象得到了有效的改善，专业管理人员和各种专用设备得到了十分充足的利用，灵活性大大提高。当一项工作任务完成时，组织单元即宣告结束，人力、物力和财力能够得到充分利用，效率大大提高；各种各类专业人员在一个组织内部共同协作，为完成一项工作共同努力，为了共同的工作目标互相协作，相互激励，形成工作思路，相互之间能够学到对方优点。其缺点是组织成员在组织内部的位置经常变动，临时工作的思想严重，责任心有待加强，人员受多重指挥，一旦发生事故，责任很难厘清。

（二）多维制立体组织结构

多维制立体组织结构，又名立体组织结构，它的建立基础是矩阵式组织结构。1967 年，美国道－科宁化学工业公司根据企业发展的情况创立了这种组织结构。该公司在矩阵式组织结构的基础上建立了计划成本中心、产品利润中心、区域利润中心，如果考虑时间维度，这就形成了四维立体结构。这种组织结构要求部门之间协调有序，因为其组织单元相对复杂，成员受多重领导。但其优势是既能够保障组织系统内在的有序性，也能够发挥组织成员的主观能动性，成员作为项目的工作人员，一方面为项目的发展做出自己的贡献，另一方面也受到组织相关职能部门的约束。

多维制立体组织结构的另外一种形式是 H 型组织结构。这种结构是一种多个法人实体集聚的母子联合体制，母子公司之间主要依靠产权这个纽带结合在一起。H 型组织结构主要发生在由横向合并而成立的组织之间，这种结构能够使合并后的各子系统保留自主性和独立性。子公司甚至可以遍布在差距很大的行业，而总公司只需要借助各种专委会和相关职能部门来把握和监控子公司的战略目标和具体行动。这种结构的组织往往自主性很强，相互之间缺乏必要的战略沟通和合作，所以，组织整体目标战略的实施会比较困难。

（三）虚拟组织结构

虚拟组织结构是指临时把人员召集起来，以利用特定的机遇，待目标完成后随即解散的一种临时组织。虚拟组织结构，也称为网络型组织，虚拟组织结构只有精干的核心机构，是以契约关系的建立和维持为基础，依靠外部机构开展制造、销售或其他重要业务经营活动的组织结构形式（见图 4 - 7）。

灵活性是虚拟组织最突出的特点之一。虚拟组织的适应性非常强，具备适应不同内部组织系统、秩序、规则的能力。虚拟组织是以商业机会为契机，把各种核心资源整合在一起的统一组合体。这些核心资源往往分布在非常具体的组织中，它的作用就是在商业机会到来时，把各种类型的组

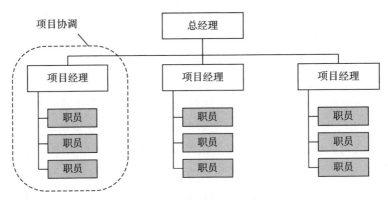

图 4 - 7 虚拟组织结构

注：灰框表示参与项目活动的职员。

织集中起来完成一项重要的工作。一旦机会窗口关闭，虚拟组织就自行消失。所以，虚拟组织存在的时间是不确定的。

核心能力和资源是虚拟组织存在的主要保障。虚拟组织存在的主要价值在于能够全面整合各个互不相关组织的核心能力和资源，从而减少时间、降低费用和化解风险，提高服务水平。

信息社会的到来为组建这样一种特别的工作团队提供了充分的条件。在既定目标的指引下，把完成一项工作所需要的各种资源整合在一起，同时又不改变每一团体成员的原有的组合方式，这种灵活的组织形式为创业成功提供了更多的可能性。比如组建一个专门科技攻关小组去完成一项重大科研任务，把各部门的科技精英集中在一起共同工作。科研项目一旦完成，通过鉴定，各个成员又可以回到自己的工作单位中去。所以，虚拟组织的整合表现为无形性、无边界性。

此外，虚拟组织中成员之间的相互认同、相互合作是其存在的基础。由于虚拟组织打破了以内部组织制度为前提的组织模式，各成员之间同时保留着自己原有的工作作风，合作中必然会出现各种各样的问题。但是，只要各个成员能够认同他们共同的奋斗目标，为了把握住难得的商业机会而相互合作，那么，他们必然会在合作中互相信任，产生一种很强的互相依赖关系。否则，这些成员就很难取得成功，也无法赢得市场的青睐。

从实践来看，有些组织自身拥有强大的核心竞争力，拥有核心的技术和专利，在进行虚拟组织的组建过程中，就会对其他成员产生非常大的吸引力。这样，虚拟组织的协调就变得非常简单。比如，清华大学凭借强大的科研实力，在和其他高校合作项目时，可以将其他高校的科研人员紧密地联系在一起，组建起强大的科研团队，因为清华大学的实力，成员之间协调起来就容易得多，这样也能保证项目得以迅速、高质量完成。

第五节　基于管理信息势的组织和谐

组织和谐作为一种理论在组织领域的运用，要解决三个问题：组织作为一个系统在正常运转过程中，是否存在一个强有力的机制使该系统能够达到均衡与和谐？假如这个机制存在，该机制的运行机理是什么？它的运转是否可以促进预期组织目标的实现，进而实现组织信息势的最大化？

一　组织和谐及其表示

组织和谐，实际上就是指组织系统内部各组成部分如组织结构、组织理念以及组织与其他外部环境的关系等都处于和谐状态，从而使组织正常运转，实现提高效益的目的。若用标量函数 H 来表示，其数学表达式为：

$$H = h[h(n), h(w)] \tag{4-1}$$

其中 H 代表组织的整体和谐度，$h(n)$ 代表组织的内部和谐度，$h(w)$ 代表组织的外部和谐度。H 值越大，组织内外部各种要素的和谐程度就越高。那么"组织和谐"的重要意义在于什么呢？从福利经济学的角度看，假如组织达到和谐，组织的效应必然会放大，产生"整体大于部分之和"的效果，因而可以实现组织的帕累托改进。用数学公式表达：

$$TP = \sum_i p_i + \Delta p (\Delta p \geqslant 0) \tag{4-2}$$

其中 Δp 即为组织内部、外部及其相互之间总体协调的效应，如果总体和谐，那么 Δp 就大于 0；如果总体不和谐，Δp 就会小于 0。

二　组织和谐机制的客观性分析

那么，组织在运转过程中，是否存在一种促使该系统实现和谐的内在机制？依据和谐管理理论，每一个系统之间及其内部的要素之间都存在一定的关联，都有一种系统目的意义下的和谐机制。借助混沌经济学的理论，组织的运转也是一个动态演化过程，其中每一种要素之间都存在着异常复杂的非线性作用。组织作为一个动力学系统，其运动轨迹最终会如何是一个非常关键的问题。从相空间可以看出，当 $t \to \infty$ 时，假如组织的吸引子是相空间里面的一个特定的、维数为 0 的简单吸引子，那么，组织就能够达到和谐；假如组织的运动产生一定周期的振荡，但是产生了维数是整数的定常吸引子，也可以使系统趋于和谐。但是，假如在相空间里出现的是混沌吸引子，而且所有相点的所有映射都不是其自身，则其周期变为无限，组织就很难稳定，不能达到和谐。组织一旦产生和谐机制，就具备了维持动态协调的内生力量和稳定性、协调性的内在结构，就能保障组织的动态和谐。即使组织的和谐性遇到暂时的破缺，组织也可通过其和谐机制的运作达到新的和谐。

从势科学的角度看，组织和谐其实就是组织在对称的基础上形成一个稳定的群。所谓群，即元素 A，B，C，…组成集合 G，在集合 G 中定义有称为乘法的某种组合运算，如果 G 对该乘法满足以下四个条件，则集合 G 构成群。

封闭性：A，B 为群 G 中的元素，如果 $AB = C$，则 C 也是群 G 中的一个元素。

结合律：群元素相乘满足乘法结合律，如 $ABC =（AB）C = A（BC）$。

恒等元素：群中有且仅有一个恒等元素 E，且有 $EX = XE = X$，其中 X 为群中的任何元素。

逆元素：群中任一元素 X 都有一个逆元素 X^{-1}，且逆元素 X^{-1} 也是该群中的元素，且有 $X \cdot X^{-1} = X^{-1} \cdot X = E$。

从数学的角度看，按一定规则联系起来的任何元素的一个集合，如果满足上述四个条件，就被称为群。群的特征不在于构成群的是何种元素，而在于它们共同遵守着某种规则，这种规则反映了群元素之间的内在联系。对于组织这个群来说，制度和文化、人力和资本、领导和员工等要素的集合构成了群，而且有一个恒等元，就是组织目标。在组织目标的指引下，各种要素不断彰显差别，同时又有组织制度和文化作为联系的手段，不断加强联系。这样差别越来越大，联系越来越紧，当差别最大、联系最紧的时候，各种要素满足结合律，每一个要素对应一个可逆元，组织就达到和谐状态。

从系统论的角度看，由于组织主体面临的"两轨"和"两场"的组合不同，[1] 组织轨迹会有不同的演进路径。系统发展的演进路径是不同因素博弈的结果。因此，组织系统发展在微观上体现为组织系统内部各要素以及内部与外部之间的博弈，在宏观层面上体现为组织从不和谐到和谐的整体运动轨迹。

组织从原始状态进化到和谐状态会有很多路径，那么怎样才能找到最合适的路径呢？

一般组织现状 x^0 都有各种不和谐因素，从 x^0 到和谐状态 x^h 不可能是立刻就能实现的，必须要经历一个演化过程。因此，必须搜寻组织演变的最佳路线及控制其的方法，指导组织从不和谐走向和谐。组织演变其实也是一个状态变化过程，而要实现从不和谐到和谐，必须要遵守一定的规则。席酉民等指出，状态变化必须满足递增性和易控性、可达性和低耗性等四个要件。[2] 在上述条件下，席酉民等提出了状态转移模型，即：

$$\begin{cases} F[x,x,x,\cdots,\vec{f}(x)] = 0 \\ t = t_0 \text{ 时}, x = x^0 \\ q_\lambda(x), 0 \leqslant \lambda_c, \lambda_e \leqslant 1 \end{cases} \quad (4-3)$$

式（4-3）中，$\vec{f}(x)$ 为转移动力，$q_\lambda(x)$ 为以 x 为起点所有满足转移条件的可达状态集，λ_c 和 λ_e 为状态转移过程控制的难易程度和所需代价大小的最小满意值。

从组织内部因素看，组织方式、组织结构等互相产生交互作用，它们中的每个因素都是组织正常运转必不可少的重要组成部分，这些部分交互作用促进组织运转能力的不断提升。所以，组织内部的各子系统对和谐的内生要求，促使组织不断向和谐方向发展。也就是说，由于组织本身具有的促协力场和协同力场，组织在运转中可以在某一点实现组织的内部和谐。从组织系统外部来说，组织系统作为社会再生产的一个重要组成部分，它

---

① 席酉民、韩巍、尚玉钒：《面向复杂性：和谐管理理论的概念、原则及框架》，《管理科学学报》2003 年第 4 期，第 1~8 页。

② 席酉民、肖宏文、王洪涛：《和谐管理理论的提出及其原理的新发展》，《管理学报》2005 年第 1 期。

与生产、分配、消费之间存在着不可分割的紧密联系。组织发展取决于生产，并受分配和消费的制约，同时，组织又是社会再生产过程中的内在构成要素、必要条件和前提，组织是一切社会形态中商品生产的相对独立的阶段。因此，组织系统有自己的外在目的，有可能存在着一种和谐机制使其与生产、分配、消费相互协调、相互合作，从而使整个社会的经济发展实现协调有序运行。

为了进一步证明组织和谐机制的存在可能性，我们可以假设组织为 X，它以价格 p 为中介和外界系统 Y 进行交换，我们能够发现组织与外界是否存在可以实现和谐的帕累托最优。假如同时以 ω 表示维护组织自身运转的价值量，定义组织与外界的超额需求函数是：

$$z(p) = X(p) - Y(p) - \omega \qquad (4-4)$$

如果有价格向量 p 使组织与外界达到一种均衡，则：

$$z(p) = 0 , X(p) - \omega = Y(p) \qquad (4-5)$$

瓦尔拉斯定理指出，在具有生产的一般经济系统中，对于任意的价格向量 $p \in S^{k-1}$，$pz(p) = 0$ 成立。于是，若 $z(p)$ 是 S^{k-1} 上的一个连续函数，而且满足瓦尔拉斯定理，根据布劳威尔不动点定理，如果存在着一个不动点，那么 S^{k-1} 存在着价格 p^*，使得 $z(p^*) = X(p^*) - Y(p^*) - \omega = 0$。这个不动点实际上就是群的恒等元。因此，组织与外界之间一定存在着一种和谐机制。

至于组织内部和谐机制是否存在，我们可以认为组织内部各子单元都有追求自身利益最大化的动机，定义收益函数为 $\pi_j = py_i$，那么组织内部各子单元的和谐条件是：

$$\max \pi_j = py_j$$
$$\text{s. t. } F_j(y_j^1, \cdots, y_j^k) = 0 \qquad (4-6)$$

对此方程进行拉格朗日一阶条件变化，可以得到：

$$p = \lambda \frac{\partial F_j}{\partial y_i}, F_j = 0 \qquad (4-7)$$

各子单元的和谐条件为每一子单元的边际技术替代率等于其要素价格之比。当系统各自的边际替代率等于其要素价格之比时，实际上就是各子系统要素差异达到最大，而联系又最紧，组织各要素形成了一一对称，最终系统达到了和谐。

三　组织和谐的演化机制分析

根据和谐理论，组织系统的和谐运转必须要求组织系统在组织和谐主题的统领下，在促协力场和协同力场的共同作用下，以组织系统的和则与谐则作为控制手段，来保障组织系统的和谐运转（见图 4－8）。[①] 组织系统的促协力场就是影响组织系统的政策法规和制度约束，包括《反不正当竞争法》《产品质量法》等；组织领域的协同力场是指组织系统内部影响组织运行的组织文化、企业精神组织理念等。而组织谐则就是有关优化组织系统设计的制度和规则，组织和则就是组织系统中促使系统成员发挥能动作用的价值理念。组织和则、谐则围绕和谐主题在不同层次间的关联互动就是组织和谐耦合。组织和谐耦合是在和谐主题下对和则、谐则关系的调节。组织和谐，实际上就是指组织系统内部各组成部分如组织结构、组织理念等都处于和谐运转状态，从而达到良性运转，实现提高组织效益的目的。需要指出的是，在组织系统的和谐运转中，组织主体在其中居于重要地位。组织主体是推动组织系统由不和谐向和谐运动的主要推动力，是改变组织和谐主题的主要力量，也是打破组织系统和谐的主要参与者。和谐的价值包含一种系统成员的精神利得的意义，它体现了"和"的思想，对于组织主体来说，组织系统不但为组织成员提供组织渠道、组织商品和组织货币，同时也是组织成员体现自我价值，赢得社会尊重的场所。社会学和心理学的研究表明，人除了生理上的需求外，还有大量的高层次的社会层面的需求，特别是在物质需求能够满足后，对精神需求的追求更加凸显。所以，精神和谐也是组织主体的追求目标之一。

实际上，在势科学与信息动力学的视域中，组织的和谐建构明确而直观，即和谐主题是恒等元，和则与谐则是对称性可逆元，组织的和谐主题，也就是组织泛群的恒等元，一些情况下体现为组织的目标和领导，是现实的具体的，而在更远更高的层次上体现为社会的文明和人类进步，是理想

---

① 席酉民、韩巍、尚玉钒：《面向复杂性：和谐管理理论的概念、原则及框架》，《管理科学学报》2003 年第 4 期，第 1～8 页。

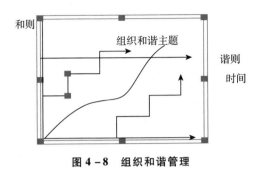

图 4 - 8　组织和谐管理

化的和愿景式的。

具体地讲，从组织系统的内部来说，组织主体是推动组织内部各个子系统和谐发展的决定力量。我们知道，组织主体的经营水平、组织中的商品、组织费用、生产技术水平都会对组织结构、组织方式、组织渠道、组织体制、组织条件等组织子系统产生影响，但是对组织各子系统起直接作用的是组织主体经营能力的变化。只有组织者的经营能力发生变化，也就是说，组织主体对不同商品束的经营发生转化，才会导致组织条件的变化，进而导致组织方式发生改变，从而造成组织结构的变动、组织渠道的变化，最终引起组织效益的变化。组织中商品的变化、组织费用的变化和组织技术水平变化均需通过组织者经营水平的变化而发生作用。当组织主体的效用最大化时，组织系统内部各子系统之间会达到均衡的和谐状态。

在组织主体经营收入既定的情况下，组织主体的效用最大化可以描述为：

$$\max u_i(x_i) \ , \ px_i = p\omega_i + \sum_{j=1}^{m} T_{ij} py_j \qquad (4-8)$$

求解此时的一阶条件，可得：

$$\lambda \frac{\partial u_i}{\partial x_i} = p \ , \ px_i = p\omega_i + \sum_{j=1}^{m} T_{ij} py_j \qquad (4-9)$$

由于 $p = \lambda \dfrac{\partial F_j}{\partial y_i}$，因此，可得 $\dfrac{\partial u_i}{\partial x_i} = \dfrac{\partial F_j}{\partial y_i}$，即当组织者的效用最大化时，各个子系统的利益分配额与组织主体期望的组织额比例相同，组织系统内部各子系统达到均衡和谐状态。

那么当组织系统达到组织和谐时，其效率能否实现最大化？从和谐管理理论的角度看，效率作为和谐的技术价值，它在一定程度上是"谐"的精神的具体体现。和谐体现了组织在既定的投入下产出极大化（或在一定产出下的投入极小化）的一种技术性要求。如果组织的运行是非常有效率的，那么，当其不仅达到了系统本身的和谐，而且也与外部系统和谐共处时，它就可以不断获得外部资源而生存下去。组织系统同样如此，当组织系统达到内外部和谐时，就表明发生内外部交换的组织系统可以使整个市场都达到瓦尔拉斯均衡状态。由福利经济学第一定理可得，假如一个系统处于瓦尔拉斯均衡状态，那么，该系统一定是处于帕累托最优状态。所以，处于和谐的组织一定是处于帕累托最优状态的，此时，组织的输入输出达到最大化（见图4-9）。

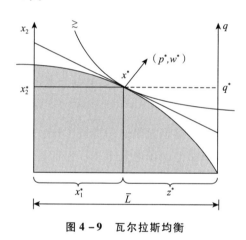

图4-9　瓦尔拉斯均衡

第六节　基于管理信息势的人

一　人的本质变化

什么是人的本质？马克思指出，人的本质是社会关系的总和。自从人类社会存在以来，人们围绕着人的本质提出了各种假说，从最初的"物质人"，发展到"生物人""经济人""社会人"，那么，在信息时代，人的本质究竟是什么？

首先，看看"物质人"。从人的物质结构的本质来看，人是由各种要素构成的物质人。人是由水和其他碳化物组成。从这个意义上讲，人与其他有机和无机物之间没有本质区别。

其次，从"生物人"看，生物人意味着人需要同外界进行物质和能量交换。生物人只有吸收养分、排出废物，才能维持生物体的有机生命。

以上两种假说都是建立在人的生理需要的基础上。纯粹从人作为一个自然界的生物如何生存的角度来考虑。同时这种考虑也是人的其他本质的生理学基础。

对人的本质影响最大的假设无疑是"经济人"假设。经济人也被称为"理性经济人"、"真实人"或"利益人"。这一假设最先由英国经济学家亚当·斯密提出。他认为，人们的动机根植于经济激励，人们争取最大的经济效益。为此，应利用金钱和权力、组织操纵和控制，使员工服从和行动。这种假设源于享乐主义，是在理性主义的影响下于 19 世纪形成的。

这一假设认为，所有人类行为都是为了最大限度地满足他们的利益，并获得经济回报。美国管理学家麦格雷戈在他的《企业的人性面》一书中提出了两种对立的管理理论，其中 X 理论概括了"经济人"假设。其基本观点如下。

其一，大多数人很懒。他们总是试图逃避工作。

其二，大多数人没有野心，不愿意承担任何责任，但愿意被别人引导。

其三，大多数人的个人目标与组织的目标不一致。组织只有运用强制性的、惩罚的方法，才能迫使他们为达到组织的目标而工作。

其四，多数人工作是为了满足基本的需要，只有金钱和地位才能激励他们工作。

其五，人大致可以分为两大类，大多数是符合上述假设的人；另一种是可以自己鼓励自己和能够抑制自身情绪冲动的人，这些人应该负责管理。

基于这一假设，组织的管理方法应当是通过经济奖励使人们达成绩效，保护组织本身，用权力和控制系统引导员工。管理的重点是提高效率，完成任务。这种管理的特点是建立各种严格的工作规则，增加各种规章制度。同时，严惩闲散工人，采用"胡萝卜＋棍棒"政策，泰勒制是基于"经济人"假设的典型代表。

"社会人"假设也是一个影响深远的假说。"社会人"假设的理论基础是人际关系理论。"社会人"假设首先来自梅奥主持的霍桑实验。梅奥认为人是一个有思想、感情和个性的活着的"社会人"。人不是机器，不是动物。作为社会的复合成员，金钱和物质对他们的积极性有着重要的影响，但决定性的因素不是物质上的回报，而是劳动者在工作中发展的人际关系。后来，美国得克萨斯大学的煤矿研究所的研究再次证实了这一点。后者发现，利用先进的长壁采煤技术，煤矿生产效率提高了，但原有工人的社会结合生产效率却有所下降。这两个研究的共同结论是，人们不仅有物质需要，而且有社会需求。

梅奥总结了霍桑实验和其他实验的结果，具体如下。第一，传统管理认为生产效率主要取决于工作方法和工作条件。而霍桑认为，生产效率的提高和降低主要取决于工人的"士气"，士气取决于家庭和社会生活以及企业中的人与人之间的关系。第二，传统的管理只重视组织形式、权力分工、规章制度等"正式群体"问题，而霍桑实验也关注了"非正式群体"。这种无形组织有其特殊的规范，影响着集团成员的行为。第三，霍桑实验提出了领导的重要性。在理解人的逻辑行为时，领导者必须了解非理性行为，倾听和沟通职工的意见，使非正式组织的社会需求与非正式组织的社会需求相平衡。霍桑实验的最大意义在于它让我们注意到，满足人们的社会需求比经济回报更能激励人们。在长期的社会生活中，人们只有在考虑到群体利益的情况下，才能保证个人利益。工业革命和工业合理化的结果使工作本身毫无意义，因此人们可以从工作中的社会关系中寻求意义。员工对同事的社会影响比管理者给予的经济激励控制更为重要。员工的工作效率随着上级能够满足其社会需求的程度的变化而变化。

这种假设导致了一种完全不同于"经济人"假设的管理方式，强调除了要注意工作目标（指标）外，更要注意从事这项工作的人的要求，不仅要重视指挥和监督，更要重视员工之间的关系，培养和形成员工的归属感和整体意识；不仅要注重对个人的奖励，还要注重对集体的奖励。

以上这些假说都从不同角度分析了人的本质，在某种程度上都具有合理性，特别是"经济人"假设和"社会人"假设，对于推动工业革命的发展和技术的进步、对于管理科学理论的成熟和发展，都起到了非常重要的作用。那么，在信息社会，人的本质也相应有了变化，人变成了"信息人"。

社会生产效率的不断提高和物质生活的富裕，促进了人类需求层次的提高，推动了人类本性的嬗变。人类从"物质人"、"生物人"和"社会人"向"信息人"转变，不能用纯粹的"经济理性"将其刻画。从表面上看，人变得越来越复杂，越来越难以捉摸。

无论是人性的存在、精神的存在，还是存在的社会意义的价值，在存在的意义上，它们都不是完全分离和不相关的。在现实中，人的本质、精神和价值在"阶级性"中是统一的。它们统一的基础是什么？不仅三大矩阵——物质、能量和信息构成了我们赖以生存的世界，而且这三大矩阵也成为构成人类自身的基础。当我们说人类是信息符号的先进处理器时，人类的基本特征被高亮显示。正是信息矩阵决定了人是"信息人"，或者说"信息人"是人类的基本符号。同样，信息矩阵的演变所产生的"文化信息矩阵"决定了"阶级特征"的形成和发展。

从人的存在和人的存在的信息交换过程来看，人们可以组织和处理信息的存在，人的信息能力是人类创造力的源泉，是人类理性的重要表现。能力，是人类不同于其他动物的基本特征。维纳是控制论的创始人，研究了信息与人的特征行为之间的关系，并提出了一个著名的观点：信息是不确定性的解决方法。从历史上看，"信息人"的概念首先是由美国学者兰卡斯特提出的。他认为"信息人"在信息社会中起着主导作用。美国图书馆协会（ALA）的"信息素养总统委员会"在 1989 年定义提出：作为信息人，人必须能够认识到信息是什么时候需要的，并且能够找到、评估和使用其所需要的信息。"信息人"假设的重新定位是"信息人"概念的重新抽象，它基于人类自身是一个复杂的"信息系统"的事实。

二 信息人的确定性和不确定性

根据香农的观点，信息是为了消除不确定性。知识越多，工程应用领域的确定性越强，对项目的知识越多，项目的知识越全面，对项目的掌控越好；情感信息越多，人们对你的帮助越大；社会资本越多，你对成功的把握越大。

在信息全球化的背景下，跨越虚拟空间的虚拟能力越大，虚拟信息量越大，全球信息资源利用率越大，做事的成功率越高。同时，科学的发展促进了知识信息的增加，促进了财富信息的增加，增强了权力的信息势，加强了对权力的控制，增强了情感信息势，增加了艺术的丰富性。信息的多维趋势使得信息人的选择越来越多。科学发展得越快，信息人的内在确定性就越少。对于信息人来说，信息量越大，信息空间越大，信息依赖心理越有可能强化。此外，信息维度越多，选择越多，确定性越差。

对于物质人和生物人来说，各种各样的生理战和生物战，无非是为了争夺更大的物质生活空间和生活空间，得到更大的居住地和更多的食物。信息人不仅生活在物质空间和生物空间中，还生活在信息空间中。信息人的最高价值追求是信息自由度。在仔细分析自由的意义之后，我们发现自由包括"自由尺度"和"自由维度"。在当前的六维信息空间中，信息维数越多，自由维度越大，在一定维度上占有的信息越多，自由尺度越大。尤其是在网络时代，"信息人"标志着人们的"自我同一性"有了新的内涵。在传统社会中，人的姓名、性别、年龄、学历、住址、银行信贷等信息往往使人有某种身份，也就是说，使人变成了某个人而不是别人。但是，当人类从物理世界进入人类利用计算机技术创造的虚拟世界时，产生了一种新的自我意识和生存体验，真实的"身份"发生变异。因此，在虚拟空间中，人们可以通过连接许多"世界"来创造一个全新的"自我"。

三 信息人在组织中发挥作用的机制

人是组织中最活跃的因素。作为信息人，如何发挥出最大的作用，促进组织信息势最大呢？这就需要一种机制，把信息人的有效信息整合起来，实现人与人之间、人与物之间联系的最大化，最终达到组织有效运转的目的。

根据势科学的原理，信息人要想发挥自己的作用，首要条件是必须有明确的社会分工。只有分工明确，才能最大限度地彰显人的差别。所以，组织必须明确每一个人的岗位职责，合理界定各自的权利和义务，使每一位组织成员都能够专务一业。比如，要合理界定领导和员工的权利和职责，领导主要的职责是考虑组织全局发展的战略性问题和对重大事情做出决断，因此，领导必须经常研究公司重大战略的发展，确定公司长远目标，把握公司理念，提炼出公司的精神。员工的主要职责是完成领导交办的工作，注重的是操作层面。员工的操作能力越强，工作就越熟练，专业水平就会越来越高。这种明确的分工使领导和员工的差别能够充分展现出来，而且差别越来越大，领导越来越像领导，员工越来越像员工。

其次，组织必须采用合适的方式把信息人紧密联系起来。一是利用组织共同的目标。信息人之间千差万别，组织必须用共同的目标来加强信息人之间的联系，减少信息的不确定性。共同目标是组织中所有信息人的共同利益所在，确定了组织的共同目标，就增加了信息的确定性。二是利用组织的制度。组织的制度是组织对每一位信息人的基本约束。有了组织制度，千差万别的信息人就会自觉地使自己提供的信息能够为组织更有效利用，把无用的、冗杂的信息过滤出去。

最后是组织的文化。组织的文化对信息人发挥主观能动性、提高信息增加值具有重要的作用。组织的文化越健康，组织成员越愿意为组织提供更多的信息，组织的信息势就会越大。

所以，信息人在组织中发挥作用的机制，就是运用组织专业化分工原理，加大信息人的差别，运用组织目标这个恒等元，以制度为约束，以文化为激励，增进信息人之间的联系，减少不确定性，最终达到组织信息势最大化的目的。

四　信息人的平等与和谐

信息人生活在一定的空间和时间里。时间信息取决于信息生命，而六维信息（货币、权力、知识、情感、艺术、虚拟）总是内嵌在等时轴中。一个无情的时间轴创造了一个平等的信息生存基础，包括生命的开始和结束。

这样一种对称机制促进了现代社会不断向更高层次的和谐发展，社会文明的必要基础是全社会完成 IDE 中第三个逻辑符号的抽象，即"潜在"或"信息"的抽象。约束是抽象的，使每一个信息人不再被动地承担各种非理性的信息功能，从而实现第三次文明革命，使社会的"人格"不再束缚于职业，并将职业（信息）分开。正如物理学家狄拉克认为的那样，从宇宙到人类，物质世界的所有不同尺度的结构和形式都依赖于物理的共同常数。这个常数就是协同作用的本质。从这个意义来讲，人格的信息不变量是信息人平等和谐的本质。

参考文献

〔美〕道格拉斯·麦格雷戈：《企业的人性面》，韩卉译，中国人民大学出版社，

2008。

方诗铭、刘修明：《论〈吕氏春秋〉——兼论杂家的出现》，《社会科学》1981 年第 1 期。

〔美〕弗里蒙特·E. 卡斯特、詹姆斯·E. 罗森茨韦克：《组织与管理——系统方法与权变方法》，李柱流、李有锦译，中国社会科学出版社，1985。

李德昌：《管理学基础研究的理性信息人假设与势科学理论》，《管理学报》2010 年第 4 期。

李德昌：《信息人管理学：势科学与管理动力学》，中国社会科学出版社，2015。

〔美〕乔治·埃尔顿·梅奥：《工业文明的社会问题》，机械工业出版社，2016。

杨振宁、曹富田：《爱因斯坦与二十世纪后半叶的物理学》，《世界科学》1983 年第 7 期。

〔英〕詹姆斯·W. 麦卡里斯特：《美与科学革命》，李为译，吉林人民出版社，2002。

Brian R. Beckman, Donald A. Larsen, Beeda LeePawlak, et al. , "The Effect on White Income of Discrimination in Employment," *Journal of Political Economy* 79 (1971).

H. Demsetz, *The Economics of the Business Firm* (Cambridge: The Press Syndicate of the University of Cambridge, 1997).

R. H. Coase, "The Nature of the Firm," *Economics* 4 (1937).

第五章 基于管理信息势的分工与创新

分工理论是现代经济学中一个非常重要的理论，对现代经济学的建立有着非常重要的作用，奠定了经济学大厦的基础。古希腊的柏拉图最早发现了分工在社会福利增进中的意义。斯密在《国富论》中更加系统地指出了分工的内涵、机理和来源。然而随着新古典经济学的崛起，西方经济学更加重视边际效用分析，把市场资源配置优化作为研究重心，把企业作为一个"黑箱"，忽视了企业内部协调分工对经济增长的影响。不仅如此，分工理论反映出的规模递增机理，也与新古典经济学的边际效用递减规律不一致。所以，分工理论在很长时间内没有受到主流经济学家的重视。但分工理论对于经济内生增长研究的重要意义，仍然得到杨格、杨小凯、贝克尔、墨菲等人的高度关注，他们顺着斯密的"分工"思想，继续研究深化，取得了较高的成就。

第一节 不同时期的社会分工理论

一 斯密对"分工"的研究

1776 年，经济学大厦的奠基人、英国最著名的新古典经济学大师亚当·斯密在《国富论》中指出，"劳动生产力最大的增进，以及运用劳动时所表现的更大的熟练、技巧和判断力，似乎都是分工的结果"。这阐明了分工对于人类劳动起到的极为重要的作用。斯密认为，分工是将生产一种制造品所必要的劳动分化为由许多劳动者承担的形式。生产的性质不同、难易程度不同，其生产效率也有不同的差别。对于分工之所以能够提高生产效率，斯密认为主要有三个方面的原因：一是分工使劳动者长时间专注于一项工作，随着时间的推移，其熟练程度会提高，生产技巧会改进，因而可以帮助劳动者尽快完成规定工作量；二是分工减少了工作之间的转换时间，减少了不必要的生产劳动耗费；三是分工使劳动者的精力集中于一物，促进了工具发明。分工带来的生产效率提高，促进了产品数量的极大增加，每个劳动者可以以自己生产的大量产品与其他人的大量产品相交换，带来了社会各阶层的普遍富裕。

　　斯密进而指出，分工来源于人们对交换的基本需要。因为每个人的禀赋不一样，从事每项工作所带来的效益也有较大差别，借助交换，每个人的需求可以得到最大限度满足。正是基于此，分工越来越深化。然而斯密也指出，个人之间禀赋的差别不仅仅是柏拉图指出的"与生俱来"，更多的是来源于后天的习惯、文化与教育，即来源于已经存在的工作差别。所以，分工作为交换的结果，反过来促进了人类的交换活动的完善和提升。斯密继而指出，交换能力大小对分工的程度起着制约作用，分工的程度受到市场大小的制约。市场太小，人们就难以用自己的剩余劳动产品自由交换其他人的剩余劳动产品，分工的激励机制就难以充分发挥。以农村市场为例，农村分工水平比城市分工水平低，农村的市场规模远小于城市。

　　总之，斯密认为分工是劳动效率提高的重要因素，几乎是经济增长的唯一要素；分工作为交换的结果，其发展程度受到人类交换水平大小的制约、场规模大小的限制。尽管柏拉图、配第等人都对"分工"做过论述，但他们都没有斯密论述得这么深刻。斯密首次提出分工是经济发展的推动力，把分工的地位提到一个前所未有的高度。所以熊彼特指出，"不论在（斯密）以前还是以后，没有任何人曾认为分工起到如此重要的作用"。但是斯密的分工理论也有不足，主要在于一是忽视了生产过程可能出现的劳动异化问题，分工虽然能够使劳动者的能力集中到具体一点，促进机械的发明创新，但是也可能造成劳动异化；二是忽略了协调成本问题，斯密虽然认识到分工能够减少工作转换时间，但却把各个个体的独立劳动转换成为一个整体劳动，其协调成本也将增加，这也成为贝克尔和墨菲所研究的问题。尽管如此，斯密的分工理论在经济学的奠基地位仍然是无法撼动的。正是在巨人的肩膀上，后来的学者才能在分工理论上取得一系列进一步深化的研究成果。

二 马歇尔对分工的研究

马歇尔对"分工"的研究主要集中于报酬递增和工业组织形式的理论。边际报酬递减是边际效用论的一个主要观点。但马歇尔另辟蹊径，从工业布局、企业规模生产、企业经营职能等角度研究了"分工"带来的报酬递增原理。马歇尔认为，企业的经济生产活动可以分为外部经济活动和内部经济活动，外部经济活动主要取决于整个产业的总体发展，内部经济活动取决于单个企业的资源运用效率。分工是规模报酬递增的主要原因在于：①大规模工业集中于一个特定区域，通过企业之间的协作、众多辅助行业的形成、熟练技术工人市场的形成等，实现企业的外部经济，从而促进了报酬递增；②企业大规模生产通过"技术的节约""机器的节约""原料的节约"等内部经济形式促进报酬递增；③股份公司和合作社等组织形式对职能分工的促进有利于产生企业家，分散经营风险，实现报酬递增。

同斯密比较，马歇尔突破了两点：一是马歇尔已经把视野扩展到了整个产业的分工，而不仅仅是停留在对单个劳动分工的探究，并且首次提出了"外部经济"的含义；二是马歇尔意识到了企业组织形式对分工、对经济增长的重要影响，这为杨小凯、贝克尔、墨菲等人后来提出的"协调成本"奠定了基础。但由于时代所限，马歇尔最终又回到了静态分析的逻辑框架中，在产业规模和企业能力既定的前提下，外部经济的自然增长成为企业规模扩大的唯一原因，而企业内的分工和技术变化等因素在分析框架中被忽略了。结构变迁、机器使用等因素对经济增长的作用也没有得到重视。

三 杨格对分工的研究

鉴于马歇尔分工理论的局限，英国经济学家杨格进一步对分工理论、报酬递增等进行了深入研究。杨格认为，"劳动分工"和"市场规模"是相互促进的关系，二者呈螺旋式上升。这种上升过程的特点表现为内生均衡的变动，而不是所谓的静态均衡。杨格提出了"迂回生产方式"的内涵。由于分工取决于市场规模的大小，只有当消费者对一种产品的需求非常大时，生产这种产品的中间工序才有可能被专门独立出来；分工对市场规模又有决定作用，因为劳动分工使原料提供者和最终产品消费者之间插入了更多的专业化中介企业，迂回生产的潜在经济增长就由专业化中介企业实现。产业专业化作为报酬递增的重要组成部分，对经济增长有着重要影响。不仅如此，杨格还进一步研究了技术变迁和产业组织变化的作用，把其看作累积变化的最主要来源。这也是阿罗"干中学"理论的具体体现。

四　杨小凯对分工的研究

杨小凯对杨格的分工思想进行了继承和发扬，进而从微观角度研究了分工对经济增长的促进机理。杨小凯指出，分工作为一种制度性和经济组织结构性的安排，涉及个人与个人、组织与组织之间的协调。对于个人来说，最重要的决策是如何选择个人专业化领域，也就是是否做某项工作的判断，专业化使一个人可以专门从事某项专门工作，其在该项专门工作上的劳动效率必然高于非专业化的劳动者，把所有人的专业化经济整合起来就成为分工经济，然后是对市场和企业组织的选择，衡量标准就是产生的交易费用的多少。杨小凯和杨格同样认为经济增长表现为一个动态的发展过程，其增长水平取决于内生的分工能力。分工的演进促进市场规模的扩大，而市场规模的扩大反过来带来了分工的巨大变化。伴随着分工的不断深入，个人的专业化生产经验不断提升，产生了报酬递增，经济的内生增长就此产生。比杨格更进一步的是，杨小凯还研究了交易费用对分工发展水平的重要影响。实际上，交易费用的存在在更深层次上促使人们努力提升产品质量，以便在市场交易中占领先机，所以，交易费用又在另一个层次上成为社会发展中彰显差别的要素。伴随着市场要素的增加，各个单项分工之间的交易费用提高，然而只要劳动分工所带来的经济效益超出了交易费用的增加部分，分工就会有进一步发展的动力。

五　贝克尔和墨菲对分工的研究

贝克尔和墨菲在杨格和杨小凯的基础上，对分工水平和经济增长的关系进行了数学建模。在该模型中，他们增加了协调成本和知识积累等重要的因素变量，来对内生经济增长的原因进行解释。贝克尔和墨菲认为，分工水平不仅仅受市场容量的制约，协调成本和社会知识水平也会对其产生较大的限制。当分工水平存在时，社会一定有一个最优的分工水平。随着社会知识存量持续内生性增加，协调成本减少，分工的进一步演进就会发生。把知识积累的作用作为影响分工水平和交易费用的重要因素，贝克尔、墨菲和杨小凯同样认为，分工水平是经济增长的内生因素，协调成本的多少、知识积累的程度对其具有重要影响。

六　马克思对分工的研究

马克思继承了斯密的劳动价值论，并在此基础上进行了发扬。马克思认为，劳动是分工的本质，"分工"是人们对生产劳动的分割。与斯密所说的"分工来源于交换"完全不同，马克思指出，"交换是分工的结果"。也就是说，马克思始终把劳动价值论放在第一位，认为劳动是人类社会一切社会关系的基础和起点，分工仅仅是劳动的一种外在形式。对于分工的积极作用，马克思大力肯定。他指出一个民族的生产力发展的水平，最明显地表现于该民族分工的发展程度；分工有利于人本质力量的解放，对生产力的发展和历史的进步都有巨大的促进作用。进而，马克思更深入地研究了"分工"的消极作用。马克思并没有空洞谈"分工"，而是进一步深入资本主义生产关系内部，剖析了"分工"可能造成的负面影响。在资本主义生产关系下，由于劳动者和生产资料分离，分工虽然有利于在某个领域的个人特殊技能的熟练，但是也造成个人被局限在某个特定的领域，难以在其他方面得到全面的发展。劳动不再是一种需要，而成为一种个人负担，劳动者逐渐丧失了劳动的兴趣，变成自己劳动的奴役。

从上文可以看到，马克思指出的"分工"的消极作用，和杨格、贝克尔、墨菲等人的"分工扩大增加协调成本"有共同之处。随着分工不断深化细化，个体被更多束缚于更加小的领域里，对劳动的主体地位和对劳动的兴趣逐渐丧失，出现了怠工、搭便车等提高协调成本的现象。贝克尔曾经着重研究了协调成本对分工水平的约束，认为知识积累有利于协调成本的降低，从而对分工水平具有促进作用，然而这仍然停留在宏观层面。马克思从个体的视角出发，研究了"分工"的消极作用，实际上是从微观层次完善了贝克尔关于"协调成本"的理论，提出了借助生产关系的变革来缩小协调成本的路径，这样可以使我们更加深刻和全面地了解"分工"在经济活动中的重要意义。而生产关系的变革，恰恰需要学术界能够在更深层次上通过抽象揭示社会的运行机制和原理，从而需使政府和社会共同体能够在理解社会运行规律的基础上达成更高层次上的统一共识，这个过程可以简单地表述为：最好的认知→普遍的法则→高尚的道德→完全的信任→趋于零的交易费用。

第二节　基于势科学与信息动力学的分工理论

从上述几位经典作家的关于分工理论的研究中可以看出，分工对于人类生产活动具有重要的意义。分工促进了交换，提高了生产效率，降低了生产成本，能够实现规模报酬递增，也是改善社会生产关系的重要工具。但遗憾的是，各位经济学家和社会学家都没有明确指出分工产生的动力学机制是什么，也就是说，分工究竟是如何发生的，支配分工进行的原理是什么，推动分工持续发展的根本机制是什么？还是不得而知。势科学与信息动力学理论给出的势增原理，揭示了社会分工产生的内在机制——"差别促进联系，联系扩大差别"。在自然活动中，最初个体自身的微小差别，导致了最原始的社会初级分工，而最原始的初级分工，又彰显了个体能力的"差别"，随着分工的不断细化，"差别"也进一步扩大，在分工理论发展的进程中，我们也清楚地看到了其中的必然"联系"，分工理论的发展过程同时也是分工信息势的演变过程。"分工"通过推动劳动者技术水平的不断提高和生产熟练程度的不断提高，使生产力得到持续发展，劳动者之间的"差别"不断扩大；与此同时，伴随着生产力的不断发展，"分工"所造成的协调成本也不断增加，然而，借助知识积累和生产关系的改善，协调成本降低，分工进一步发展，从而生产力进一步提高，更为充分的"联系"得以建立，分工在更高层次上进行，在"差别促进联系，联系扩大差别"的势增原理支配下，不断营造不同层次上的社会分工信息势，推动社会的可持续发展。

一　分工的动力学机制——势增原理及其分工结构的群论模型

在势科学与信息动力学的研究中，势增原理表述为：在开放系统的条件下，信息的作用机制，即势的运行机制表现为"差别促进联系，联系扩大差别"。由此，"差别越来越大，联系越来越紧"，成为推动作为开放系统的社会分工发生的动力。而分工又使得社会要素差别继续扩大，联系不断加强，所以，社会信息量不断增加，信息势持续增强。

研究信息相互作用时，通过势增原理，我们可以根据逻辑进行严密的科学推理，在"差别促进联系，联系扩大差别"的作用机制中，差别必将越来越大，联系必将越来越紧，差别最大即相反，联系最紧即相同，既相反又相同，即相反相成，即对称。所以，分工不断按照势增原理持续进行，最后推进到差别最大、联系最紧的对称化程度，以致不同层次上分工的逻辑结构最终常常可以应用数学群论表达。

二 传统社会分工的动力学过程

在原始社会，人口非常少，没有猎手与弓匠之分，所有的猎手都是弓箭制作者，所有的弓箭制作者也都是猎手，统称为猎人。这是由于他们之间的社会来往很少，社会联系松弛，社会关系淡漠，自给自足，从而保持着整体对称，构成一种置换群的社会和谐，就像全同粒子，当然每个人还是具有不同的个性状态，就像全同粒子的每一个都有一个自己的态（自旋）一样。

随着人口密度的增加，人们之间的来往增多，联系加强，在比较中显示出差别，猎人的整体对称破缺，有的猎人射箭的水平高一些，有的猎人弓箭做得稍微好一些。射箭水平高的猎人射猎的效率高，猎物就会有所剩余，弓箭做得好的猎人做弓箭的效率高，弓箭就有所剩余，这种"联系中的差别"形成了交换关系中的势动力，好的弓箭与剩余的猎物的交换使人们联系得更加紧密，产生了相互依赖。在交换的相互依赖中，随着交换程度的增加，差别又不断扩大——射猎水平高的猎人越来越多地从事射猎，从而射猎水平不断提高，以致最后成了纯粹的"猎手"；弓箭做得好的猎人越来越多地做弓箭，从而弓箭制作水平不断提高，以致最后成了纯粹的"弓匠"。就这样在天长日久"联系扩大差别，差别促进联系"的势的运行机制中，自然经济社会中人的置换对称破缺，同时产生了新的对称，即猎手与弓匠的变换对称，猎手与弓匠位置变换（使猎手成为弓匠、弓匠成为猎手），而猎物与箭的交换关系不变（变换以后的不变性叫作对称）。由此，原来所有猎人的置换对称组成的置换和谐群，由于猎人之间交往信息的相互作用而发生猎人之间置换对称的破缺，置换和谐群解体，同时又在作用信息量不断增加、信息势不断增大、信息作用不断强化的过程中产生新的对称——变换对称，从而形成新的变换和谐群（见图 5-1）。

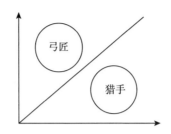

图 5 - 1　原始文明社会的对称性分工

实际上，人类社会分工的每一次进步，都是一次信息相互作用的旧的对称的破缺和新的对称的建立。更加确切地说，在人类的社会关系中，每一次普通商品的交换都是一次"强关系作用"的具体实现，都是一次"差别最大，联系最紧"的具体的对称——变换以后的不变性——将交换商品的双方主体位置变换，交换关系不变（交换价格不变），完全符合对称的逻辑定义。所以，只要人们在生活和交换，对称就是常态。文明发展的趋势是交换更加频繁的趋势，因而也是对称化更加显著的趋势。

农业经济萌芽的初始，在人口数量少而居住又极其分散的情况下，粮食自给自足是生产的基本特征，所有劳作者的生存状况基本一致，既是生产工具的制作者，又是使用者和种植作业者。因而处于一种置换对称组成的置换和谐群中。随着人口的增加和居住的集中，人们之间的联系加强，在共同的工具制作和种植作业中，显示出了差别，有的人工具做得更好更快，工具有了剩余而且更喜欢做工具；有的人耕作更有技巧，粮食产量更高，粮食有了剩余而且更喜欢耕作。人们各自的剩余和爱好推动了农业社会的分工和产品交换，工具与粮食的交换进一步促进了工具制作者技术的提高和专业化，使其成为专门的"工匠"，即真正的手工业者。同时，耕作者的种植技术也进一步成熟，成为纯粹的农民。就这样在交换的信息作用中，原来的置换对称破缺，并且在交换信息量越来越大、信息势不断增加的过程中，手工业者与农民的差别最大而联系又最紧，从而产生了新的变换对称，既讨价还价互相竞争，又相互依赖共同发展。由此，变换对称组成了农业社会的变换和谐群景象。

在工业社会初期的生产中，既需要高的技术提高质量，又需要共同合作提高效率。这时，有的人因为会做而做得更好，有的人因为会说而说得更好。"会做的"技术不断进步，提高了产品质量；"会说的"则承担起

"沟通"的任务，使大家更加协调，促进了生产效率的提高。由此"会做的"更加致力于"做"而且喜欢"做"，技术不断提高，成为真正的技术工人，"会说的"更加致力于"沟通"，而且喜欢沟通，沟通的技巧不断提高，成了纯粹的管理者。由此形成了"生产者"与"管理者"的变换对称，差别最大而又联系最紧，既有利益的互相竞争，又有生存的互相依赖共同发展，形成了工业社会的变换群和谐景象。

随着生产的发展和生活水平的提高，人们的需求增加、分工细化，产生了各种层次上的分工和职业的对称。例如，食物生产者与服饰生产者的对称化发展解决了人们的"吃"和"穿"的对称化需求；建筑业与交通业的对称化发展解决了人们的"住"和"行"的对称化需求；制造业与服务业的对称化发展使人们的生活质量更高；实体经济（生产）与虚拟经济（金融）的对称化发展使社会的生产效率更高……由此，形成了多维变换对称的和谐群景象。

三　信息化社会分工的动力学过程

生产技术的进步不断推动着产品结构的复杂化，而产品结构的复杂化又进一步推动着制造业向服务业转型以及服务业与制造业的对称性发展。很显然，买一个打钉的榔头使用，几乎用不着售后服务，但买一个可以根据身体的需要进行捶背的按摩器，售后服务可能在所难免。同样，买一个传统的指南针，也几乎用不着售后服务，但买一个导航仪，售后服务和导航升级可能会很频繁。由此可见，生产制造技术的进步推动了服务业的发展，而频繁的服务又进一步推动技术的进步，产品生产者在频繁的服务中不断发现产品的缺陷和用户不断发展的需求，从而进一步推动研发新的技术和新的产品设计和制造。由此"制造推动服务、服务提升制造"，形成了制造与服务的对称性发展机制。

生产与服务的对称性发展机制，还体现在生产力的提高推动着服务业的制造化发展。快节奏的现代生活需要服务业格式化、标准化、规范化和规模化，而计算机联网技术和饮食炊具设备的现代化和信息化发展则为此提供了技术支撑，由此使得制造业在柔性化发展中越来越像服务业的同时，服务业也越来越规模化、标准化，越来越像制造业（如超市、麦当劳），生产与服务在一个更高的层次上对称性发展。

服务的发展在使生产者可以迅速了解客户需求的同时，也使得制造与服务联系得更紧，由此推动着制造技术的创新，使得制造与服务的内涵差别更大——制造业更加向"科技化"方向发展，服务业则进一步向"沟通型"演进——服务不再局限于满足客户物质产品的功能性需求，还需进一步满足客户产品使用过程中的心理需求，特别在产品功能还不够全面的情况下，艺术性沟通日益成为服务的重要内容。

不断发展的制造业与服务业在内涵上的深层次差别使制造与服务在形式上联系得更紧，制造业不断向个性化、人性化、柔性化方向发展，嵌入服务的各个环节，制造者需要像服务者一样熟悉沟通技巧。而产品科技内涵的不断变化则要求销售及售后服务更加了解产品的制造过程与产品使用技术，服务者需要像生产者一样了解产品的科技含量。同时，制造越是创新，越注重科技；服务越是创新，越讲究文化沟通。制造与服务在互动作用中，差别越来越大，联系越来越紧，产生了前所未有的对称性依存——不但对称化发展，而且对称化集聚。

四　供应链管理中分工的动力学过程

所谓供应链管理，从势科学的视角看，就是遵循供应链发展过程中分工形成机制。按照势科学理论，供应链是在开放系统的势增原理支配下产生的。可以想见，在最初的原始企业生产中，供应和销售都是由企业自己完成的。企业既是制造商，同时也是采购供应商和产品经销商。在家庭式的作坊企业中，显而易见，生产者除了生产产品，还需要购买材料，同时还需要将产品卖出去，生产者就是采购供应者，也是产品销售者（在自给自足的时代，生产者同时就是消费者）。随着生产规模的扩大和生产人员的增加，人们在相互的联系生产中形成了差别，一些人员"火眼金睛"而更加适合采购供应，一些人员"技术精良"而更加熟悉生产工艺，而还有一些人员则可能更加"能说会道"而擅长销售产品。由此，为了提高效率，企业中开始有了初步的分工，让"火眼金睛"的人员更多地从事采购供应，让"技术精良"的人员更多地从事生产活动，而让"能说会道"擅长销售的人员更多地从事销售工作，从事采购供应的人员越来越熟悉供应市场，销售人员越来越熟悉销售市场，而从事一线生产的人员则更加熟悉生产工艺和生产技术，由此各自的专业能力差别越来越大。而彼此在差别不断扩大的同时，却需要更加协调一致的配合而联系得更紧，在紧密配合的联系中各类人员不断发挥自身特长又使得彼此技术差别越来越大，最终供应和制造、销售和制造开始完全由不同的人员完成。可见，这样的过程是在势的运行机制即势增原理的支配下完成的：差别促进联系，联系就越来越紧，联系扩大差别，差别就越来越大，以至差别最大即相反，联系最紧即相同，既相反又相同即相反相成，即对称。由此产生了以生产为核心的"供应"和"销售"的对称性结构，这种以生产为恒等元，以供应和销售为可逆元的"群结构"，差别最大又联系最紧，具有最大的信息量和最大的信息势，因而极大地增强了企业参与市场竞争的能力。

随着生产复杂化程度的提高，生产内部的要素分化也持续加快，生产中每一个环节本身都越来越专业化，而各个专业化生产环节之间又需要紧密地协调和统筹，这大大增加了企业生产本身的复杂性，从而使企业难以再顾及供应和销售事宜。同时，供应市场和销售市场的扩大使得供应和销售的复杂性也迅速增加，越来越需要内部分工更加细化的专业化组织来有效降低供应和销售各自运行中的交易费用。所以，供应和销售开始与生产脱离，产生了完全独立的专业供应商和专业经销商。这使得生产与供应、生产与销售以及供应与销售之间差别更大，但又联系更紧，以生产为恒等元，形成"供应"与"销售"之间更高层次上的对称性，使得供应链中的各个独立环节在更大的差别中联系得更紧，生产更大的供应链信息量，营造更大的供应链信息势，从而使整个供应链更加具有竞争力，以便在整个行业的竞争中取胜。

让人难以置信的是，供应链本来是针对生产者而言的，然而在信息化催生的激烈竞争中，在开放系统内在嵌套的势增原理的支配下，供应链信息势的增长竟然完全吞没了消费者，使消费者也成为供应链中的重要环节。就这样，供应链管理发展到今天，消费者难以想象地成了产品的设计者。为了及时地了解产品和服务信息，以便及时改进和创新以提高产品的市场竞争力，供应链管理不得不将消费者纳入自己的体系，从而进一步扩大供应链的差别跨度，同时，以产品或服务为核心，将各个差别更大的供应链环节在更大的供应链跨度中紧密联系起来，产生更大的供应链信息量，营造更大的供应链信息势，形成更加强大的市场竞争力。

五　社会变革中的社会分工

在势增原理的推动下，社会的变革从低层次不断向高层次递进，从物质社会发展到了信息社会，信息化的推动、社会生产效率的不断提高和物质生活的丰富，使人类的需求层次不断提高，人类从"物质人""生物人""社会人"演变成"信息人"。

物质人：从人的物质结构本质看，人是物质人。构成人体的所有元素包含在物质世界的元素周期表中，作为物质人，"有信息"与"没信息"一样，活着与死了一样，物质元素没有变。

生物人：从人的有机体新陈代谢的本质看，人是生物人。作为人，"有信息"与"没信息"一样，但活着与死了不一样，因为有机结构发生了改变。生物人依赖于物质营养，需要物质营养维持代谢，由于对物质的需求，人们进行生产乃至争夺，形成人类文明与野蛮对峙的历史，此阶段属于社会分工的第二层次。

社会人：从人作为社会元素之间的联系性质看，人是社会人。人口增加使生物人密度增加、联系加强，从众和趋同使自然人变成了社会人，产生了社会文化、民族精神和宗教信仰。此阶段为社会分工的第三层次，人类社会分工通过长期的实践探索形成了比较系统的相对比较适应社会发展需求的社会分工体制，抽象性特征已经显著显现，属于显性和潜性混合体阶段，在不同发展时期，显性与潜性特征有不同的体现。

大城市在发展过程中不断集聚高技能劳动力，而随着收入水平的不断提高，对于低技能劳动力的需求，特别是对消费型服务业劳动力的需求也会不断增加，生产制造技术的进步推动了服务业的发展，频繁的服务又进一步推动了技术的进步，由此形成了制造和服务的对称性机制。因此，进入城市的人越多，分工越细，劳动者越能够个性化和专业化发展，由此，各个层次上的分工与职业对称得以产生，差别促进联系，而联系又进一步彰显差别，在互动作用中产生更加细化的分工，个人的专门技术越来越熟练，差别越来越大，而且技术的熟练又能促进创新活动的产生，创新进一步提高效率降低生产成本，使得城市消费成本降低，由此吸引更多的人进入城市群体中，这进一步强化了个体之间的联系，联系又进一步促进分工彰显差别。差别越来越大，而联系越来越紧，最终形成对称化的发展推动生产效率的提高，技术的创新以及城市的和谐化发展。

因此，只有推动人口的自由流动，使每一个人都可以发挥自己能力和贡献的制度，才是最能推动平衡和最具有公平价值的制度。在遵循市场经济规律的前提下，政府必须以更加"理性与包容的城市政策"将具有不同利益诉求的人统一起来，促进人口自由流动，扩大职业与分工的差别，增加人力资本的多样性与文化的多元性，从而进一步营造城市发展的强大信息势。

信息人：从信息化时代人类生存的依赖性质看，人是信息人。随着工业的信息化进程，物质生产迅猛发展，以至于在不少地方出现了物质产品的饱和甚至过剩，许多人的信息消费超过了食物消费。信息作用的强化导致的"格式化"（一个规则来规范所有对象）加强，使得社会的局域化不断深化，产生了信息人的彻底个性化。此阶段为社会分工的第四层次，人类从完全感性认识发展到半感性半抽象最终发展到完全抽象认识。

第三节　分工的广度和深度是人类社会进步的根本标志

一　分工的发展

分工是在社会发展一定阶段上产生的。人类社会分工起初只是行为方面的分工，后来由于天赋、需要、偶然性等而出现了自发或自然产生的分工。这种"自然产生"的分工还不是真正意义上的社会分工。真正意义上的社会分工是在原始社会后期出现的。由于人口的增长和生产的进一步发展，出现了三次社会大分工：第一次是农业和畜牧业的分离，形成了专门从事农业或牧业的劳动者；第二次是手工业和农业的分离，出现了专门的工匠和独立的手工业者；第三次是商业的出现，产生了专门从事商业活动的商人。在三次社会大分工的过程中逐渐形成了物质生产劳动和精神生产劳动、体力劳动者和脑力劳动者的分离和对立，"分工只是从物质劳动和精神劳动分离的时候起才真正成为分工"[①]。

---

① 《马克思恩格斯选集》（第1卷），人民出版社，1995，第82页。

社会分工同自然分工的主要区别是：①它不再是按性别和年龄等生理特点、局限于家庭范围内的物质生产劳动的分工，而是按劳动类型和形式在社会范围划分的具有广泛性的劳动分工；②不再是偶然存在的劳动分工，而是具有固定性专业划分的、稳定存在的社会性分工；③是受着私有制、阶级对立制约的社会分工。社会分工突出表现为脑力劳动和体力劳动分别由不同的人担任。在阶级社会中，体力劳动人民被排斥于脑力劳动之外，社会分工具有很强的阶级对立性质。马克思把这种劳动者被迫从事某种劳动、被固定在一定劳动活动中的专业分工，称作"旧式分工"。

社会分工随着社会的发展变化而发展变化。社会分工由生产力水平（包括生产工具的类型和特点）和生产关系性质决定。在不同的社会历史阶段，分工具有不同的特点、形式，奴隶社会、封建社会由于生产规模小、经济和科学技术发展水平不高，社会分工处于不发达的较低级的阶段。封建社会农业中的分工由于土地的小块经营而受到了阻碍，各手工行业内部没有实行分工，而各手工行业之间的分工也是很少的。随着近代工业的出现、资本主义经济和科学技术的发展，社会分工广泛发展，主要表现在：新的生产领域和生产部门的增加，企业或工厂内部分工的出现，生产过程的专业化分工越来越细，在整个社会中形成复杂的分工体系，并把分工扩展到国际范围，出现了国家间的分工。

二　分工的类型

社会劳动体系中基于协作的专业划分方式，简单地说，分为自然分工和社会分工。自然分工和社会分工本身就是一对对称机制，自然分工和社会分工功能相近，方向相反，随着生产力的不断发展，两者既相互联系，又存在显著差别，从而产生了巨大的信息势，正是由于信息势的推动作用，社会不断进步发展。自然社会分工即性别的分工（见图5-2）、天赋差别的分工等存在着对称关系。

社会分工即随着生产的发展在自然分工的基础上产生的真正的社会分工，如体力劳动和脑力劳动的分工同样也是一对对称要素（见图5-3）。

社会分工是一个有着不同类型和层次的复杂体系。历史发展阶段不同，各个国家具体情况不同，社会分工的体系也不同。一般地说，社会分工按不同种类、内容可区分为生产劳动和非生产劳动的分工、生产劳动中的物质生

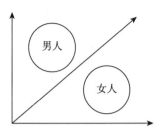

图 5 - 2 性别的对称性分工

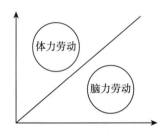

图 5 - 3 体力劳动与脑力劳动的对称性分工

产劳动和精神生产劳动的分工（见图 5 - 4）等。物质生产劳动包括：一般的分工，即工业、农业、交通运输业等各大生产领域的分工；特殊的分工，即同一生产领域不同生产部门的分工；个别的分工，即企业或工厂内部的分工。精神生产劳动包括政治领域、科学研究领域、文化教育领域之间的分工以及各个领域内部的分工。非生产劳动的分工包括社会具体管理领域、社会服务领域、商业贸易领域之间的分工以及各个领域内部的分工。社会分工还分为国内社会分工和国际社会分工（见图 5 - 5）、社会的基本分工和非基本分工等。不同类型和层次的分工之间相互制约，社会制度不同，各种分工具有的内容和性质也不尽相同。

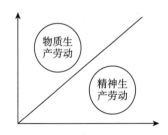

图 5 - 4 物质生产劳动与精神生产劳动的对称性分工

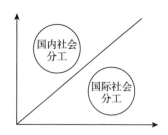

图 5 - 5 国际社会分工与国内社会分工的对称机制

三 分工的作用

社会分工在人类历史发展中具有重要作用，"一方面，它表现为社会经济形成过程中的历史进步和必要的发展因素，另一方面，它又是文明的、精巧的剥削手段"①，具体表现如下。①对社会经济、科学、文化的发展具有重大的推动作用。在一定意义上讲，分工就是生产力。分工是提高劳动效率和技术水平的有力手段。分工和联合是互为条件的，分工的发展推动着生产过程的统一、联合、协作，形成社会化的生产，并不断开辟着新的分工与交易的生产领域。分工发展的程度是生产力发展水平的重要标志。分工也是商品生产和商品交换产生和发展的重要条件。在生产力发展水平较低的条件下，由于脑力劳动和体力劳动的分工，一部分人能够有时间专门从事科学、文化活动，为科学、文化的发展创造了条件。没有分工，就不会有人类科学文化的发展。②分工是私有制、阶级产生的重要条件，是阶级社会各种对抗性矛盾产生的重要原因。在原始社会末期，由于产生了社会分工，一部分人占有了生产资料，专门从事政治活动和社会管理，成为统治的剥削阶级；另一些人因为丧失了生产资料，只能从事繁重的体力劳动，成为被统治被剥削的阶级，从而产生了阶级对立。马克思指出，"分工从最初起就包含着劳动条件、劳动工具和材料的分配，因而也包含着积累起来的资本在各个私有者之间的劈分，从而也包含着资本和劳动之间的分裂以及所有制本身的各种不同的形式。分工愈发达，积累愈增加，这种分裂也就愈剧烈"②。分工引起工商业劳动和农业劳动、城市和乡村的分离

① 《马克思恩格斯全集》（第 23 卷），人民出版社，1972，第 403 页。
② 《马克思恩格斯选集》（第 1 卷），人民出版社，1972，第 73 页。

以及城乡利益的对立，从而也引起个人利益和公共利益之间的分裂。这种自发的分工不是出于自愿的，对人来说成为一种异己的、使人的活动丧失主动性的力量，"这种力量驱使着人，而不是人驾驭着这种力量"①。③固定性的分工使社会中的每一个人被封闭在狭窄的专业活动范围之内，为了训练某种单一的活动，其他一切肉体的和精神的能力都成了牺牲品，造成畸形发展的"片面的"人。

四　分工的结果

劳动生产力的改进，以及在劳动生产力指向或应用的任何地方所体现的技能熟练性和判断力的大部分，似乎都是分工的结果。有了分工，同样数量的劳动者就能完成比过去多得多的工作量，其原因有四。

第一，劳动者熟练程度的增进，势必使他所能完成的工作量增加。

第二，由一种工作转到另一种工作，常要损失一些时间，因节省这种时间而得到的利益，比我们骤看到时所想象的大得多。

第三，利用适当的机械能在一定程度上简化劳动和节省劳动力。分工的结果，各个人的全部注意力自然会倾注在一种简单事物上。所以只要工作还有改良的余地，各个劳动部门所雇的劳动者中，不久自会有人发现一些比较容易而便利的方法，来完成他们各自的工作。

第四，随时间积累，专业熟练度提升，经验上升为理论等，分工在某个专业的发展上起到良性循环交替的作用。

19世纪40年代末50年代初，以英国新兴资产阶级国家为首的工业革命，建立在物质人分工的基础上，随着生产力的进一步发展，社会分工的特征更加显著，更趋向专业化。21世纪初，网络技术飞速发展，对社会分工进行了充分整合，跨行业、跨地域的社会分工特质更加显著。由于分工专业化的发展，各部门之间的分工更加明显，各行业区分也更加显著，同时由于市场这一无形之手的作用，各行业各部门之间又存在着紧密的联系，形成"地球村"，差别更显著、联系更紧密，从而产生了强力推进世界经济发展的信息势。

---

① 《马克思恩格斯选集》（第1卷），人民出版社，1972，第37页。

五　分工的固定和发展

固定性分工同私有制、阶级对立相联系，在生产力和科学技术发展程度不高的情况下是必然存在的现象。随着生产力和科学技术的高度发展、私有制和阶级对立的消灭，它也必将消灭。这是不以人的意志为转移的历史发展的必然。劳动的专业化分工是生产的必要环节、社会生产力发展的内在要求，它绝不会被消灭，相反，随着社会生产力和科学技术的发展其还将得到不断发展。

从势科学原理的角度来看，"差别促进联系，联系扩大差别"，组织劳动的社会化分工和自然分工，二者之间有着显著的区别，主要表现在生产力发展水平、劳动效率的提高，生产资料的分配以及分工的目的等方面。但是两者之间也有着必然的联系，组织劳动的社会化分工是建立在自然分工的基础之上的，从前面的论述中可以看到两者之间的紧密联系，从而营造了更强的信息势，通过时代的变迁，为社会的发展提供了原动力，不断推进人类历史文明的发展和进步。

第四节　基于信息势的创新机制

实际上，创新是分工的必然结果，分工使得个体或组织持续推进专业化发展，业务越来越精，越来越熟，熟能生巧，从而必然导致创新。

一　管理创新的动力学机制

创新过程是信息相互作用的动力学过程，在势科学理论基础上，可以给出创新的逻辑定义，"创新是系统信息势达到某个临界值时发生的非平衡相变和非线性分岔"。

势科学的基本理论，可以使我们从逻辑上理解为什么传统社会技术稳定、创新稀有、发展缓慢，信息化时代却是技术突变、创新频出。不是过去的人们不聪明不努力，而是由于在科学不发达的时代，不能将差别很大的事物联系起来，不能营造信息强势，过程是线性的平衡的，没有非平衡相变和非线性分岔。在信息化社会，科学的高度发展找到了差别巨大的事物之间的内在联系；计算机为核心的信息化、网络化，在技术层面上也将许多极不相同的、相距甚远的事物即刻联系起来（统一为"比特"）；全球化将世界经济紧密联系起来，所有这些都营造了前所未有的信息强势，使各个领域中的非平衡、非线性作用占据了主导地位，信息化社会成了真正的非线性社会，各种相变和分岔不断涌现，社会各个层面上越来越多的决策创新和改革创业成为时代的基本特征。

管理的本质就是在不同的管理层次和管理过程中生产管理信息量、营造管理信息势，从而应对管理的不确定性。管理中除了要用"沟通"和"激励"营造管理信息势之外，还需用到"制度"这一工具，制度管理是通过好的制度设计将差别巨大的组织成员联系起来营造管理信息势。此外，政策需要连续性，是因为连续的政策有利于将现实与未来联系起来营造更大的社会管理信息势。文化管理之所以往往见效，就在于通过文化建构的统一价值观能将差别巨大的个性化成员凝聚起来，营造组织信息势。有关社会创新与组织创新的动力学模型可以简略地阐述如下。

社会创新与发展的动力学机制，即"地区资源差别÷地区制度距离"，即资源的差异性×制度的一致性，用函数表达如下：

$$F(Q,Z) = (Q_i - Q_j)/(Z_i - Z_j) = \mathrm{d}Q/\mathrm{d}Z \qquad (5-1)$$

其中，$Q_i - Q_j$ 为地区资源差别，$Z_i - Z_j$ 为地区制度距离。

组织创新与发展的动力学模型，即"个体知识结构差别÷个体价值观距离"，即知识结构的差异性×个体价值观的一致性，用函数表达如下：

$$F(N,M) = (N_i - N_j)/(M_i - M_j) = \mathrm{d}N/\mathrm{d}M \qquad (5-2)$$

其中，$N_i - N_j$ 为个体知识结构差别，$M_i - M_j$ 为个体价值观距离。

个体创新与成长的动力学函数，即"个体素质向度差别÷个体意识向度距离"，即素质向度的差异性×道德品行的一致性，或者个体知识结构要素的巨大差别×跨学科知识的有机联系。

$$F(S,G) = (S_i - S_j)/(G_i - G_j) = \mathrm{d}S/\mathrm{d}G \qquad (5-3)$$

$S_i - S_j$ 为个体素质向度差别，$G_i - G_j$ 为个体意识向度距离。

可见，创新过程的本质就是导数表达的、能够不断营造信息势的信息动力学过程。

二　基于信息势的组织创新

无论是组织还是个体，信息都是管理创新与人才成长的核心要素。组织之间的信息交流，之所以能够提高组织的管理效率，实际上主要在两个方面改变了组织的信息势结构。其一，得到了其他组织良好的治理信息，改变了自身组织的用人机制，从而改变了组织的人员构成结构，提升了组织硬核（显性）信息势；其二，得到了有关市场运营的良好信息，从而改变了组织有关市场的思维结构，提升了组织柔性（潜性）信息势。二者同时提升了组织功能，推动了组织发展，提高了管理效率。

互联网时代为组织交流创造了极大的信息资源，但遗憾的是，这些信息资源，对于一些组织能够成为管理的真正信息，但对于另一些组织反而可能成为噪声。实际上，爆炸性增长的信息，可能为组织的管理带来更大的挑战，如果组织的初始智力结构（初始信息）层次较高，则可以从许多其他组织当作干扰信息的东西中，寻找到其本质上的联系，进而选择出有效的信息，推动组织的发展；如果组织的初始智力结构（初始信息）层次较低，则可能将本来对组织发展有效的信息，因没有识别其功能，摒弃掉，从而失去发展的机会。由此可见，信息化对于组织的发展而言，既可能成为机会，也可能成为挑战，重要的就在于组织能否识别信息的功能。而信息概念的科学定义，信息的组成要素以及信息与组织结构、个体知识结构之间互相制约、互相彰显的作用机制，就成为管理学研究的首要问题。

三　管理过程的协同创新

协同创新已经成为创新时代的关键词，但创新为什么要协同，为什么不能独自创新？人们只是根据经验和感悟，觉得协同合作可能是创新的一条重要路径，而不关注协同创新的内在机制是什么。因而协同也是盲目的，有效的协同常常被搁置，而无聊的扯皮却常常发生。给出协同创新的科学概念，揭示协同创新的本质和机制，是协同创新健康发展的逻辑基础。在势科学的视域中，协同创新是"不同主体占有的不同资源，在互动合作中受制于'差别促进联系，联系扩大差别'的势增原理支配下，信息势达到临界点时的非平衡相变和非线性分岔"。就知识创新的具体过程而言，协同创新是知识在互动彰显中突破原有知识体系的临界点，产生相变分岔而到达另一个新的层次上产生新知识的过程。

由此可见，协同创新的本质是开放系统在势增原理支配下运行的自主行为，国家意志以及制度安排的功能，是营造一个开放的不同主体合作共赢的系统平台。根据势增原理支配的协同创新概念，首先，政府主导的协同创新战略，不但要求协同体系中的不同主体占有的资源不同，而且不同资源之间是具有内在联系的，而不是毫不相干的，因为毫不相干的资源是无法互动的。其次，目前的协同创新大多只关注了不同主体之间在合作中加强联系，而没有关注不同主体在合作中彰显差别，而彰显差别恰恰是协同系统能够进一步开放而持续创新的基础。在这里，彰显的差别促进系统开放，开放的环境又强化着不同资源的联系，开放发挥了联系的作用，即在另一个层次上形成了"差别促进开放，开放强化联系，联系扩大差别"机制。简而述之，即在另一个层次上形成了"差别促进开放，开放扩大差别"的势增原理支配系统。最后，开放可以进一步促进不同主体持续的协同，而且可以使其他一些差别更大的主体要素加入协同系统之中，这样，开放又在第三个层次上发挥了彰显差别的作用，而协同则在第三个层次上发挥了联系的作用，从而在一个更高层次上形成了"差别促进联系，联系扩大差别"机制，即"开放促进协同，协同扩大开放"的势增原理支配的创新系统，由此保证了协同创新的可持续发展。

陈劲和阳银娟在《协同创新的驱动机理》一文中指出："今天，我们必须将科学理解为目的明确的历史过程。大体上可以说，19世纪中叶是科学与技术间相互关系的一个转型时期——此前是生产→技术→科学的发展模式，此后是科学→技术→生产的模式。"基于势增原理的创新机制，揭示了社会发展从生产→技术→科学到科学→技术→生产的过程是如何转化和发展的，而基于势增原理的协同创新概念，进一步揭示了这种转化与发展的动力学机制。在科学不发达的时代，事物的演化运行规律即不同过程之间的本质联系，是在手工性的产品生产中，不断总结经验形成相对固定的工艺即技术，然后在技术不断成熟的过程中挖掘其技术背后的机理，从而发现科学机制的过程，即陈劲和阳银娟等学者指出的"生产→技术→科学"的过程，实际上是一个不断在生产实践中寻找联系的过程，所以，产品的同质化程度高，而个性化程度低。在科学较为发达的时代，即人类初步掌握了事物演化运行原理的时代，从生产到科学的过程就被倒置过来，任何一种需要生产的目标性产品，总是可以从科学的基本原理开始，通过工程师设计出不同的工艺，然后付诸实际的规模化生产，由此，生产从盲目的、不确定性的、成品率低下的手工性的单件性生产过程，转向具有确定性原理的、可以有效控制的规模化的高效生产的过程，而且在基于原理的有效控制中，可以按照市场需求随时修改不同的参数，以便生产出适合不同消费者的个性化产品。这样一个"科学→技术→生产"的过程，显然是一个不断彰显差别的过程，个性化的定制性生产以及个性化的产品消费，进一步影响着消费者意识和行为的深层次个性化。而且随着各种数值模拟等信息化技术的发展，从科学到技术再到生产的时间间隔越来越短，科学与技术及生产的融合速度越来越快，又在另一个更高层次上实践着协同创新的动力学机制——"差别促进联系，联系扩大差别"的势增原理。

如果说大工业的发展是基于牛顿定律原理，产生了从"科学→技术→生产"的协同创新过程，那么在其后的生产控制过程中，"手动控制→机械控制→信息控制"，又产生了另一个层次上基于势增原理的协同创新过程，而这个过程显然与先前的"生产→技术→科学"演化过程类似，随着控制论和量子力学原理的发现以及计算机网络、智能科学的发展，人类社会在信息控制层面进入了另一个更高层次的生产过程——"信息科学→信息技术→信息生产"。

参考文献

〔美〕阿林·杨格：《报酬递增与经济进步》，贾根良译，《经济社会体制比较》1996 年第 2 期。

陈孟熙：《经济学说史教程》，中国人民大学出版社，2003。

陈劲、阳银娟：《协同创新的驱动机理》，《技术经济》2012 年第 8 期。

〔法〕迪尔凯姆：《社会分工论》，王力译，商务印书馆，1933。

郝振省：《分工论——一个历史和现实的哲学命题》，黑龙江教育出版社，1998。

〔美〕加里·斯坦利·贝克尔：《家庭论》，王献生、王宇译，商务印书馆，2005。

李德昌：《信息人社会学——势科学与第六维生存》，科学出版社，2007。

〔德〕马克思：《1884 年经济学哲学手稿》，人民出版社，2000。

〔英〕马歇尔:《经济学原理》,陈良璧译,商务印书馆,1965。

盛洪:《分工与交易》,上海人民出版社,1992。

谢战愿:《当代社会分工论》,中国政法大学出版社,1991。

〔英〕亚当·斯密:《国富论》,唐日松译,商务印书馆,2007。

杨小凯、张永生:《新兴古典发展经济学导论》,《经济研究》1999 年第 7 期。

第六章　基于管理信息势的领导与沟通

作为组织的基本活动，领导与沟通贯穿于管理的整个过程。一方面，组织有机体的运转需要领导发挥控制、支持以及引领作用；另一方面，精细化分工带来的信息不对易需要沟通来协调与缓解冲突。有力的领导与有效的沟通能够由内及外、由表及里地将组织中差别巨大的要素紧密连接起来，从而增强组织的凝聚力，提高组织运行的效率。然而由于缺乏基本的理论逻辑基础，对于领导、沟通的研究，各学派各执一词，莫衷一是，同时概念泛化，研究的可操作性被大大降低。

按照现代科学的研究，宇宙世界与人类社会的演化与发展，本质上是一个非线性的分形过程，受着标度对称的支配作用，自然科学是在研究四种基本的物质相互作用基础上研究物质势发展起来的，管理学要成为科学，也必须研究组织中的信息是如何相互作用的，关注领导与沟通的对称化信息作用机制对组织发展的影响。

第一节　基于管理信息势的领导信息势研究

领导理论是组织行为学中的一个重要的研究领域。20 世纪 40 年代以来，国内外学者分别从不同的视角对领导问题展开了大量研究，从最初的传统的领导理论如领导特质理论、领导行为理论、领导权变理论，到随着全球化、信息化的迅猛发展，以及组织决策不确定性的增加，相继出现的 CPM 领导理论、魅力型领导理论、变革型领导理论、以价值观为本的领导理论等。然而无论是传统的领导理论还是当代新发展的领导理论，本质上都是围绕某一个侧面进行探索，缺乏共同的理论基础，只能给出一些零碎的指导建议。

一 领导理论研究的对称化发展

领导理论是研究领导有效性的理论，众多研究者从不同的角度对其进行了界定。学者们对领导理论的研究从一开始对有效领导的内在特质的研究到后来对包括认知、特性、行为以及领导与下属动态交互作用情境的研究，慢慢走上一条从关注领导者特质到关注基于组织情境的交互作用转变的道路。梳理代表性的领导理论研究，可以发现这些理论呈现对称化发展的趋势，并由此构成领导理论研究的和谐泛群（见图6－1）。

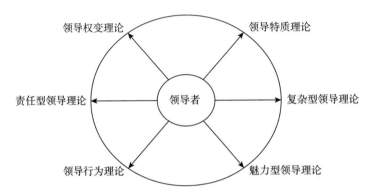

图 6－1　领导理论研究的和谐泛群

（一）领导特质理论与领导行为理论

早期的领导特质理论研究者如高尔顿·威拉德·奥尔波特认为，领导的特质是与生俱来的，那些变革型杰出个体的特质是由遗传或者基因决定的，是天生的。基于这样的假设，研究者坚持把领导者个人品质特征作为领导有效性的预测变量，力图找出和确定具有什么样个人特征的人才能成为有效的领导者。20世纪90年代，后续的研究者对领导特质理论的研究进行了深化，提出领导特质可以通过后天的努力学习和刻苦实践逐渐培养。领导与非领导之间的区别不仅体现在特质上，还体现在动机、认知、知识技能和解决问题的能力等上。

由于领导特质理论过于强调领导素质的先天性，否定后天环境等因素的作用，引发的争议越来越多，领导行为理论逐渐出现萌芽，与领导特质理论只关注领导自身素质不同，领导行为理论发现领导者的领导行为与领导效率之间有着密切的关系。虽然不同学者对于领导行为方式从不同维度进行了划分，但总体而言，主要把领导者的行为分成强调团体的需求及强调个体的需求两个向度，即任务导向行为（task-oriented behaviors）和员工导向行为（employee-oriented behaviors）。任务导向的领导者强调目标的实现，通过目标将组织成员联系起来。员工导向的领导者强调组织内部和谐的人际关系，强调成员间的差异。

实际上，任何一个有效的组织，都是一个符合数学集合要求的"群"，在组织群结构中存在着一个恒等元，规定和引领着组织的发展。领导特质理论与领导行为理论关注的是领导者自身的特征，所不同的是领导特质理论强调的是领导者的内在特征，而领导行为理论研究的是领导者的外在行为特征，二者均将组织领导视为组织的恒等元，而结构群必须由对称化的组织成员构成，这些成员之间只有按照对称化机制形成各种可逆元，组织的整体信息势才强，显然领导特质理论与领导行为理论都没有认识到这一层面。

（二）领导权变理论与魅力型领导理论

随着对领导特质和领导行为研究的深入，20 世纪 60 年代，学者们发现在组织管理中还存在一个重要的影响因子——情境（环境）因素，其也会直接影响到领导的效果。研究者认为，领导是领导者、被领导者及其环境因素相互作用的动态过程，于是各种权变理论应运而生。比较典型的有费德勒权变模型、环境领导模型、路径－目标模型等。费德勒作为"有效的领导者能够因情境变化而改变领导行为和方式"这一观点的提出者，系统概括了包括领导特质和情境变量的函数：$S = f(L, F, E)$，其中 S 代表领导方式，L 代表领导者特征，F 代表追随者特征，E 代表环境。无论是员工导向型还是任务导向型领导都存在于由人际关系、工作结构、职位权力、环境、领导目标、低 LPC 领导、高 LPC 领导和最有效方式构成的模型中。环境领导模型提出了四种领导风格以适应不同成熟度的追随者，但未能证明哪种领导风格最佳，也未能证明处在领导岗位的管理者能否通过改变领导风格适应下属；路径－目标模型同时引入环境因素和个体差异因素，试图探讨特定情境下某种领导风格的有效性，但在过去的 30 年中，该模型并未引起学者们的研究兴趣。

领导权变理论研究把领导者个人特质、个人行为及组织环境联系了起来，与领导特质理论和领导行为理论相比无疑是一种进步。但是，领导权变理论对情境变量的研究依然停留在静态水平上，没有意识到情境变量是可以通过改变被领导者的工作态度及提升其技能水平等营造组织氛围而改变的。这恰恰是后期的魅力型领导理论致力解决的问题。

魅力型领导理论是随着知识经济时代人力资本重要性的凸显而逐渐兴起的。相对传统的领导理论，魅力型领导将追随者视为可改变的个体或群体，领导可以通过价值观灌输、共同愿景刻画、文化氛围创造、情感共鸣等方式影响追随者的知觉、态度和行为。其中，交易型领导和变革型领导在魅力型领导理论中最为引人瞩目。

交易型领导（transactional leadership）与变革型领导（transformational leadership）的概念，最早出现于伯恩斯 1978 年的著作中。伯恩斯首次将领导划分为两种类型：交易型领导和变革型领导。这一分类为领导理论的研究开辟了新的思路。交易型领导者通过明确工作角色和任务，指导并激励下属向着既定的目标前进，这类领导者典型的行为是通过奖赏、承诺来维持组织的高绩效。变革型领导者则借助自身的领导魅力如感召力、智力激发、个性化关怀等因素，影响或者改变员工的工作观、价值观以及工作信念，激励员工把组织利益置于自身利益之上。

这两种理论在弥补前人理论缺陷的基础上，将领导特质与组织情境统一了起来，并把握了组织发展的恒等元——组织目标，所不同的是交易型领导强调交换，领导者以明确的任务引导下属关注现实与目标的差别，领导者与下属之间存在着一种契约式的交易；而变革型领导重视激励，通过让被领导者明确工作任务的意义和责任，关注现实与目标之间的联系，使其拥有更高的动机水平和绩效水平。

总体而言，领导权变理论仅仅以简单的二维模型描述多重复杂的管理系统，而魅力型领导理论过度依赖组织中领导的个人特质，两种理论都忽视了组织中的人（组织成员）这一决定性因素，没有把组织中的人作为理论基础中的能动变数，实际上，组织成员与领导构成了组织管理的可逆元，对于组织领导力的发挥具有重要的影响。

（三）责任型领导理论与复杂型领导理论

全球化加剧、金融危机涌现、恐怖主义蔓延以及信息环境的变化使得领导理论面临前所未有的管理复杂化形势，需要企业承担起更多的社会责任，突破传统领导理论主要对卓越领导者本身和机械式组织内的领导方式进行探讨的研究范式。由此，一种新型领导方式理论——责任型领导（responsible leadership）理论出现。责任型领导理论将社会责任与领导这两个截然不同领域的理论融合起来，领导者不仅要关注传统的股东回报（利润），更要对组织外的社会与环境承担责任（见图6-2）。

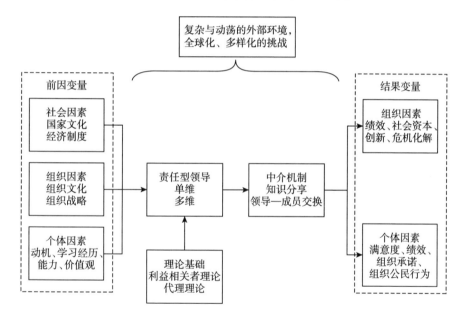

图6-2 责任型领导整合分析框架

资料来源：文鹏、夏玲《责任型领导研究述评与展望》，《外国经济与管理》2015年第11期。

领导研究领域的另一个前沿主题复杂型领导理论也是伴随着近些年全球化的加速与信息环境的复杂化逐渐兴起的。复杂型领导建立在承认组织处于复杂环境之上，虽然因内部动态性和不可预测性太强以至于无法被简单地定义，但复杂型领导大都基于复杂适应系统发展而来，且都强调组织自适应性、知识集合和互动性三个要素，并且强调领导者并不是全面控制组织动态，组织中的成员也可以经过集体学习来创建和实施新的解决方案。

责任型领导理论与复杂型领导理论突破了传统领导理论对卓越领导者本身和机械式组织内的领导方式进行探究的研究范式，基于复杂环境的不确定性，促进组织与与任务相关的外部参与者进行沟通，其中，平衡多方利益是恒等元，所不同的是责任型领导理论主要是强调通过建立领导者与利益相关者之间的作用关系、关注利益相关者诉求和社会责任来实现领导目标；而复杂型领导理论则认为领导作为一个共享的动态过程，通过个人和团队相互交流、相互学习，形成组织的自适应状态。但是无论是责任型领导理论还是复杂型领导理论都没有对复杂性做出科学的解释，对于"复杂性是如何产生的？管理所面对的复杂性的结构是怎样的？领导如何应对复杂环境的不确定性？"都没有给出逻辑化的阐述，还停留在就事论事的层面。

实际上，管理的本质是增加组织的管理信息势来应对管理实践的不确定性，而应对复杂性的有效战略就是通过自由度缩并，通过高度抽象化把握差别巨大的要素之间的内在联系。以往的理论研究正因为缺少了这种研究的逻辑机制，导致各成一说，自相矛盾。

二 基于信息势的领导力函数表达

推动物质世界演化的是物质力，促进人类社会发展的是信息力，推动组织成长的关键则是领导力。对于领导力的界定，比较具有代表性的，如罗宾斯认为，领导是领导者的一种能够影响一个群体实现目标的能力。诺斯豪斯提出，领导就是某一个体影响并带动一组个体实现某一个目标的过程。显然，罗宾斯认为领导是一种能力，诺斯豪斯则认为领导是一个过程。无论是将领导定义为能力还是过程，二者都认同一点，领导对组织的发展具有一定的领导力，那如何量化领导力的大小，势科学从信息力的角度推演出了领导力的数理公式。

（一）物质力与信息力

牛顿定律给出的物质力的公式是 $F = ma = m\mathrm{d}v/\mathrm{d}t$，其中，$m$ 是物体质量即阻尼，$\mathrm{d}v/\mathrm{d}t$ 是加速度即速度对时间的导数。而导数即斜率，即梯度，即有序，即信息，即势。由此，可以给出信息力的定义：信息力 F 是信息阻尼（信息粘性）M 和信息势 A 乘积的函数即 $F = F(M \cdot A)$，将公式解构即：

$$F = f \cdot M \cdot A = f \cdot M \cdot \mathrm{d}v/\mathrm{d}s = f \cdot M \cdot \mathrm{d}v \cdot \mathrm{d}l \qquad (6-1)$$

公式（6-1）即信息动力学的理论模型，实际上是一个以信息势 A 为核心的微分方程（与所有动力学的理论模型完全一致）。其中，M 为信息阻尼，即人们在一定的信息环境中对该类信息的信息粘性或信息依赖；A 为信息或信息势；$\mathrm{d}v$ 为信息元之间的差别；$\mathrm{d}s$ 为信息元之间的距离；$\mathrm{d}l$ 为信息元之间的联系；f 为环境风险系数。一般情况下 $f = f_1 - f_2$（$f_1 \geqslant 1$，$0 \leqslant f_2 \leqslant f_1$），$f_1$ 为外环境系数，f_2 为内环境系数，当外环境不确定性增加时，f_1 增加，组织压力增大，人们的心理危机感增加，在同样的信息势和信息阻尼条件下，人们感受到的信息力增大，实际的情况犹如人们在黑暗（不确定性极大）中有一点光亮就会行动。当内环境不确定性增加时，即组组信任度减小时，f_2 增加，在同样的信息势与信息阻尼条件下，人们感受到的信息力减少。内环境系数 f_2 对于个体而言，相当于意识分散度，当个体意识完全不能凝聚时，即当意识完全分散时，对该个体来说什么都无所谓，这时 $f_2 = f_1$，即环境系数 $f = f_1 - f_2 = 0$，该个体就完全不受力，实际生活中的"流浪汉"或精神病患者就可能具有类似的状态（实际上，精神病患者的行为正是在他能够承受的信息压力达到某种极限的情况下，将自己对信息的阻尼消减为 0，以便不再受力的一种应对性保护，不然自杀行为就可能发生）。当外环境完全确定，$f_1 = 1$，内环境也完全确定（对于集体而言组织信任度最大，对于个体而言意识分散度最小），$f_2 = 0$（相当于物质实体，不确定意义上的内环境消失）时，$f = f_1 - f_2 = 1 - 0 = 1$，信息阻尼 M 退化到物质阻尼 m，信息势 A 退化到物质势 a（加速度），因而信息力还原到物质力 $F = ma$。

可见，实证科学中的物质力只不过是信息力的一种特殊情况，如果相对论力学的科学性在于包容了经典力学，那么势科学理论的科学性也在于包容了牛顿力学。信息力重要的管理学意义在于：环境不确定性研究可以概括为一个值息力系数的研究，组织信任度研究则可概括为内环境系数的研究。物质受力是完全被动的，而信息人则可以通过调节信息阻尼或信息粘性来调节受力状态，这正是领导力常常处于不确定性之中的内在根源。

（二）领导力模型

根据信息力的概念，可以给出领导力的数理公式如下：

$$F_1 = f_1 \cdot m_1 \cdot a_1 \qquad (6-2)$$

其中，F_1——领导力；a_1——领导者在特定领导环境下具有的信息势，简称领导信息势；m_1——信息势阻尼或信息阻尼（信息粘性）；$m_1 = ab/(a_1 - ab)$，$(a_1 > ab)$；f_1——特定领导环境下的环境系数；ab 为被领导者对领导信息的认同度或理解程度。

领导力构成的三要素是领导信息势 a_1、信息阻尼 m_1 和环境系数 f_1。当信息势阻尼 m_1 为 0 时，领导力 F_1 为 0。正如一个人如果对信息没有依赖没有粘性，产生不了阻尼，那么领导能力再强都无法对他构成领导力。在信息阻尼 $m_1 = ab/(a_1 - ab)$，如果被领导者不理解领导者，即 $ab = 0$，此时 $m_1 = 0$，领导力 F_1 也为 0，领导者对他没有领导力。我们理想的模型是被领导者能够充分理解领导信息，ab 值最大，但是实际上，被领导者的信息量只能无限接近领导信息量而不能完全等同于领导信息量，即 ab 越大，$a_1 - ab$ 越大，信息阻尼 $m_1 = ab/(a_1 - ab)$ 就越大，领导力越强。

由此可见，提升领导力，就是要遵循"差别促进联系，联系扩大差别"势增原理，一方面，扩大领导者与被领导者之间的信息差别，增加领导者的信息势，因为只有当领导者的信息势高出被领导者的信息势时，领导者才容易建立起信息威信，做出的决策更容易为被领导者接受、认可与服从。另一方面，还需要通过培训和沟通加强被领导者与领导者的联系，形成被领导者与领导者之间的稳定的情感势，以易于双方达成共识产生共鸣，增强组织的凝聚力，从而将领导信息势转化为领导力。这恰好囊括了以往权变领导理论和新领导理论强调领导者与被领导者和环境之间的互动影响以及通过职工培训提高领导力的研究结果。

对于环境系数，f_1 可分解为 $f_1 = f_{11} - f_{12}$，f_{11} 为特定领导环境下的外环境系数，f_{11} 越大，外环境不确定性越大，组织压力越大，组织凝聚性越强，领导力效应越好；f_{12} 为特定领导环境下的内环境系数，f_{12} 越大，内部环境不确定性越大，组织内部的信任度越小，领导力效应越差。因此，对环境系数的各种变量要素的有效控制，也是影响领导力提升的一个重要因素。

第二节　领导信息势的八维和谐结构群

一　四维显势和四维潜势

领导信息势的八维和谐结构群是指在理性信息人的八维信息生存依赖基础上，形成领导所具有的货币、权力、知识、空间和情感、艺术、虚拟抽象、时间基本领导信息势（见图 6 - 3）。

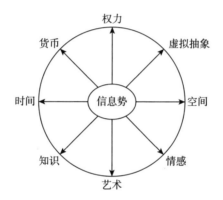

图 6 - 3　领导信息势的八维和谐结构群

货币信息势与领导——"有钱有势"。一般情况下，领导拥有的财富越多，给员工发放的工资越高，员工越愿意追随领导与其产生更紧密的联系，领导力就越强。如美国特斯拉股东批准了 CEO 埃隆·马斯克 26 亿美元的股权奖励方案，阿里影业向 23 名员工授出 1832 万股奖励股份，都是领导者利用货币信息势对核心人才进行长期激励的方法。

权力信息势与领导——"有权有势"。领导者的权力信息势主要源于法律、职位、习惯和暴力等，但本质上却意味着占有信息量的大小，领导者的职位越高，权力越大，向他汇报的下属越多，他所占有的信息量也就越大，权力所带来的信息势同样是信息化时代领导者的营养源，并且随着社会物质财富的日益丰富，领导者的权力效用将进一步增加，这是物质社会向信息社会转化的必然趋势。

知识信息势与领导——信息的有序即知识。一个领导者每天都要面对大量烦冗的信息，如何将无序的信息整合成有序的知识，反映的是领导者的才智。一般而言，一个领导者对行业、公司和技术问题了解得越深入，越能对员工产生理解与认同，对员工形成吸引力。尤其是对于学习型组织而言，领导者的知识信息势可能直接决定组织的凝聚力。

空间信息势与领导。领导力的发挥也是有边界的，即领导者的信息势是一种空间信息势，实际上，在一定的组织空间内，差别一定，员工越愿意与领导产生紧密的联系，领导的信息势越强。

与上述四维显势相对应的是四维潜势，情感、艺术和虚拟抽象、时间囊括了"变革型领导理论""魅力型领导理论""领导特质理论"的内涵，每一维都对被领导者产生潜在的影响和吸引。

情感信息势与领导。美国心理学家马斯洛的需求层次论为我们从人的需求出发探讨领导如何实施有效管理提供了思路。人人都有"生理""安全""情感和归属""尊重""自我实现"的需要，都希望在组织中得到关心和照顾，获得归属感，领导的情感信息势就体现在通过一定的激励措施促使员工产生认同感，提高组织的向心力。

艺术信息势与领导。领导的审美艺术性体现在能够借助巧妙的管理方法与技巧，将差别巨大的组织目标与组织环境、管理对象紧密联系起来，将领导者的外在权力转化为内在的管理艺术，形成独特的组织文化，使组织内部和谐。

虚拟抽象信息势与领导。信息化时代催生了虚拟组织，也催生了虚拟领导。管理者通过电脑技术突破空间限制，在一个虚拟的信息环境中领导被管理者，将管理对象与组织的愿景联系起来，从而推动组织目标的实现。

时间信息势与领导。领导者的时间信息势的作用在于通过上通下达的沟通消减领导与员工之间的管理信息不对称，缩小组织内交易成本，为领导科学决策提供依据，为员工执行任务提供清晰化的标准与目标。

总的来说，显势与潜势的作用机制是"显势靠潜势来驾驭，潜势靠显势来激励"，潜势与显势的互动作用形成"知识创作的螺旋"，推动着组织和个人的发展。显势与潜势的组合囊括了哈佛大学约瑟夫·奈提出的"硬权力"和"软权力"的基本内容，且比其更加详尽而具有可操作性。

二　复合领导信息势

在势科学理论中，显势与潜势构成复势，在数学逻辑层面上显势和潜势的"管理二象对偶"理论呈现实象和虚象的数学二象对偶。显势和潜势各自的信息量越大，组织或个人的竞争力越强；当显势与潜势对称，即媾和效果最好，复势信息量最大。复势的测度必须在共轭复空间中进行，显势构成实部，潜势构成虚部，复势 = 显势 + 潜势，因而其复势的大小可以由下式给出：

$$S = X + Q_i \quad 共轭\ S = X - Q_i$$

X——领导者信息显势；Q_i——领导者信息潜势。

用符号表示四维显势和四维潜势分别为：

四维显势——"货币、权力、知识、空间"，用 X_1、X_2、X_3、X_4 表示。

四维潜势——"情感、艺术、虚拟抽象、时间"，用 Q_1、Q_2、Q_3、Q_4 表示。

信息人八维基本领导信息势之间的对称性作用机制可以表示为张量形式：

$$\delta_{ij} = X_i Q_j = \begin{bmatrix} \delta_{11} & \delta_{12} & \delta_{13} & \delta_{14} \\ \delta_{21} & \delta_{22} & \delta_{23} & \delta_{24} \\ \delta_{31} & \delta_{32} & \delta_{33} & \delta_{34} \\ \delta_{41} & \delta_{42} & \delta_{43} & \delta_{44} \end{bmatrix}$$

$$其中, i = 1,2,3,4; j = 1,2,3,4 \qquad (6-3)$$

显势靠潜势来驾驭，潜势靠显势来实现，四维显势与四维潜势的对称耦合作用既表现为主对角线上的张量分量"δ_{11}　δ_{22}　δ_{33}　δ_{44}"，即货币与情感的对称性机制、权力与艺术的对称性机制、知识与虚拟抽象的对称性机制、空间与时间的对称性机制，也表现为斜对称作用张量分量，下面一一分析其管理决策意义。

正对称：δ_{11} 对于领导力研究的意义体现在"货币靠情感来把握"（薪是货币，酬是情感，所以叫薪酬管理）；δ_{22} 体现于领导权力的实现必须要讲究领导艺术；δ_{33} 体现在知识靠虚拟抽象来提升变为组织的智慧；δ_{44} 意义在于领导作用的发挥除了受空间的制约外，也有一定的时效性（下班之后的私人时间领导不能越界侵占），时间信息势与空间信息势也是领导者发挥影响力时需要综合考虑的问题。

斜对称：δ_{12}对于领导力研究的意义在于领导要在讲究艺术方法的基础上建立货币激励信息势；δ_{13}则表示形成具有虚拟意义的期权或股份等货币激励信息势；δ_{14}则表示领导要对下属进行货币激励，时间节点的选择也很重要；δ_{21}表示的是通过激发下属对工作的热情和责任感，建立领导的权力信息势；δ_{23}表示的是在构建共同愿景的基础上建立领导的权力信息势，领导者权力不是固定在某一个人身上，而是与领导者所在的职位代表的抽象意义相关；δ_{24}意味着领导权力信息势也有时间的限制；δ_{31}表示的是领导知识信息势作用的发挥也是建立在将对下属的货币激励与其在组织的发展结合起来的基础之上，形成抽象信息势；δ_{31}表示的是组织成员只有形成自愿追随领导的意愿，领导者才能更好地发挥知识信息势的作用；δ_{32}表示的是领导者在向组织成员传递知识时，也需要讲究艺术方法；δ_{34}意味着领导知识信息势的形成也受到时间的限制；δ_{41}表示不同的空间环境会激起被领导者不同的情感反应，针对不同的任务要求，领导者要注意选择不同的工作环境；δ_{42}指在不同的空间环境中，领导者领导力的发挥也要讲究艺术性的方式方法；δ_{43}表示的是随着虚拟组织的出现，领导者领导力的发挥也具有了抽象空间的意义。由此可见，复合领导信息势的领导力意义在于从更具有深度和高度的"领导艺术"和"领导智慧"层次上表述了领导力的内涵。这就不但将领导行为理论和领导权变理论及新领导力理论研究的深层次问题包容之中，而且具有更加丰富的内容。

仔细分析则可发现，四维显势恰好形成基于"较低需要"的以操作为主导的劳动密集型组织的基本领导力，四维潜势则形成基于"高级需要"的以创新为主导的技术密集型组织的基本领导力。刻画每一维复合领导信息势张量分量所表达的领导力意义，也就是解读出其所包含的所有领导力信息。式（6-3）将复杂领导力的科学内涵囊括在一个简单的张量表达中，将"复杂"通过概念的高度抽象、应用抽象以及具有质性研究功能的数学工具化为"简单"可视。总之，领导信息势中的四维显势与四维潜势的内在对称，以及通过张量表达揭示的八维复合领导信息势中的各种正对称和斜对称作用机制，都从深层次上给出了对称化领导的数学模型，也为现代理性信息人组织提升领导力提供了可操作性原则和有效路径。

第三节 组织沟通与信息管理

信息是组织和个人维持生存的基本元素。整个生命历程本质上是一个信息管理的过程。一个人要想保持年轻态，就必须不断吸收、加工信息，进行信息的"代谢"；一个组织要想不断发展，也需要让信息在系统内部流动起来。流动的基础则是沟通。随着知识经济的迅猛发展、全球化竞争的加剧，政治、经济等社会活动的有序进行，企业的国际化战略的成功都越来越依赖于良好的沟通体系。作为组织信息交流活动的管理沟通，在消弭信息不对易、化解冲突、提升领导力方面的重要性日益凸显。组织通过沟通与信息这一生命的创造性要素建立起新的联系，将差别大的个人紧密联系在一起，营造强大的组织管理势，这是信息时代的要求，也是确保组织有效运行的必然选择。有效的组织沟通能够确保信息自由流动，充分发挥信息势的作用，推动组织不断建构更合理的秩序。

一 组织沟通的信息势内涵

组织沟通是组织管理的生命线，是有效协调组织内外的各个系统，传递信息推动组织创新的基本途径。20世纪初，哈佛大学和达特茅斯学院的商学院开设了最早的管理沟通课程，主要讲授一般的沟通实用技巧，此时对管理沟通的认识还停留在表象阶段。1916年亨利·法约尔提出"等级链沟通"和"跳板沟通"，从整个组织结构的角度分析了信息的传递与沟通，提出了组织管理沟通理论的基本研究逻辑，即以上下沟通和行政沟通为基本特征，同阶段代表性的理论还有泰勒的"职能工长制"的初始下行沟通、埃莫森的"直线组织"下行沟通、韦伯的行政组织沟通等。梅奥在霍桑试验分析中也提出沟通在管理中的重要作用。组织管理沟通理论伴随"行为科学"的盛行而发展。此阶段的相关研究以关注横向沟通和人际沟通为特征，聚焦于"社会人"、人际关系、人性沟通、对情感的尊重和理解、平等的横向沟通，以及文化沟通等。其中代表性的理论有巴纳德的社会系统沟通、需求层次理论中的沟通、明茨伯格的领导行为沟通以及企业文化理论中的沟通等。到了20世纪90年代，信息学的出现和发展，极大地改变了沟通学的理论框架。此阶段的相关研究以关注国际化、网络化沟通为基本特征。此阶段，信息论、控制论的发展为现代沟通提供了新的理论基础，现代网络技术为现代沟通提供了技术支持，同时知识共享以及学习型组织的出现，更加拓宽了沟通理论研究的范畴。这一阶段有代表性的沟通理论有西蒙的决策理论沟通、彼得斯的感情沟通、德鲁克的知识型沟通、圣吉的学习型组织沟通以及萨维奇的知识网络沟通等。

可见，从泰勒科学管理探索下行沟通开始，组织管理沟通理论的发展历程主要经历了从研究"行政沟通"向研究"人际沟通"发展，从以"纵向沟通"研究为主向以"横向沟通"研究为主，进而向以"网络化沟通"研究为主发展，从以研究"单一的任务沟通"为主向"全方位的知识共享沟通"研究发展等一系列过程。

那么，为什么"沟通不畅"仍然是组织中普遍存在的问题？沟通不畅背后"真正"的问题在哪里？让我们陷入困境的根本原因，是我们对沟通的本质——信息的流动及其相互作用机制缺乏真正的了解。长期以来，信息理论将"信息"视为有形的实体，关注的是它的"物品"属性，用比特、字节度量。实际上，信息是动态世界里的有形参与者，直到其呈现实物形态时，我们才能看到它。然而信息的影响力并不为我们是否能够触摸到、感受到它所左右。社会若想不断发展，必须不断产生信息，组织要想保持活力，也必须不断产生信息。封闭的系统随着能量的消耗，最终将像热力学第二定律所述的那样逐渐失去生命力走向消亡。惠特利认为，只要把组织建设成为完美的溪流，信息将流向它该去的地方。组织的工作就是要保证溪流的清澈，使信息可以顺畅地流动。最终的结果将是数不胜数的新想法和新方案源源不断地涌现。

为信息的广泛共享创造条件，是组织最关键的能力之一。沟通的目的在于化解人们对信息公开的恐惧感，打通信息流通的障碍，推动信息的流动与共享，从而建立一种相互信赖的新型关系，使组织更有智慧。

在势科学与信息动力学的逻辑视角下，信息，即势，是一个有序的"梯度"，梯度等于差别除以距离等于差别乘以联系。梯度在几何中是斜率，在微积分中是导数。因此，我们认为，组织沟通是对组织求导，即通过将差别大的组织成员联系起来，使组织关系产生梯度，从而构建组织有序发展的动力机制。在这其中组织成员个性化越强，联系得越紧，凝聚力就越强，组织势就越大。组织的管理沟通过程就是在不断求导中营造信息强势的积分过程。

二 组织沟通中的对称性

在一个有竞争力的组织中，按照差别最大而联系最紧的势科学原理选择的组织元素，必然是对称化或泛对称化的元素，具有泛对称化元素的组织就形成一个"社会泛群"。有效的组织应该是各成员是个性化的，能够独当一面的。成员间的联系是紧密的，信息是自由流动的，一旦堵塞，就要通过对称化管理，运用沟通这一手段，让组织中的元素成群，形成强大的管理信息势。组织沟通按照对称化的作用机制可以分为如下几类。

（一）组织内部管理沟通与组织外部管理沟通

组织内部管理沟通是指发生在组织内的沟通，包括组织内的人际沟通、组织内的团体沟通、团体与个人的复杂沟通等，是一个信息共享的过程。组织外部管理沟通是指组织与外部环境的互动，也是信息互换的过程。

（二）组织内的人际沟通、组织内的团体沟通

企业组织沟通者包括员工个体、团队和非正式组织群体等，由此可按不同的沟通者把沟通划分为组织内的人际沟通和组织内的团体沟通。

组织内的人际沟通是管理者通过面对面讨论、打电话、发邮件等方式，与组织内部成员进行信息交流。这里的人际沟通不仅局限于两个人之间，也包括一对多、多对多等沟通形式。信息的编码形式可以是语言，也可以是非语言（如态度、表情、姿势等）。组织内的团体沟通是指企业组织的团体内部或团体之间的沟通行为。

横向和纵向的组织沟通组合出不同的结构化的沟通网络，包括轮型、Y型、链型、环型以及全通道型等（见图 6-4）。

轮型是最集中化的沟通方式，层级比较清楚，信息势自中心向外传递，沟通的自由度和范围都比较有限，具有明显的集权与控制特征。而 Y 型是最不集中化的沟通方式，除了核心成员之外的其他成员之间几乎没有联系。链型结构中成员之间的信息沟通是单向度的，要么自下而上要么自上而下。而环型结构中成员之间的沟通较为自由，相互之间形成了一个既相对封闭又相对开放的结构群。全通道型结构中每个成员之间都建立起了直

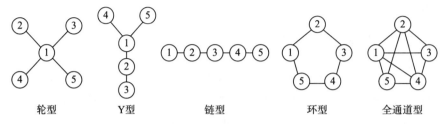

图 6-4　组织沟通分类

接联系，信息的传递与反馈过程很通畅。这样，轮型、Y 型、链型、环型四种沟通方式就构成了组织沟通结构群，其中的恒等元是组织信息势（见图 6-5）。

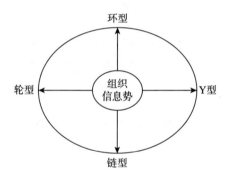

图 6-5　组织沟通结构群

（三）言语沟通与非言语沟通

言语沟通能够较为明确地传递信息，沟通者可以马上获得对方的反应信息，具有双向沟通互动的优势。但实际上，非言语沟通在组织管理活动中也发挥着非常重要的作用，借助肢体动作、面部表情、书面语言、空间环境以及电子媒介等非言语表达的信息比言语沟通传递的信息更为丰富多样，能产生"无声胜有声"的效果。

（四）正式沟通与非正式沟通

组织沟通包括正式沟通和非正式沟通。正式沟通是指按照组织的明文规定，依靠组织的正式结构或层次系统进行的信息传递与交流。公司会议、书面公文等都属于正式沟通的方式。非正式沟通指的是通过正式系统以外的途径来进行的沟通，可以分为通过组织内的非正式组织进行的非正式沟通，以及不通过非正式组织进行的非正式沟通。常见的非正式沟通有生日宴会、鸡尾酒会等各种类型的生活会，组织举办的各类活动，组织领导进行的家访、串门等，形式灵活。

正式沟通与非正式沟通差别明显各有优缺点，一个组织只有将这两种沟通方式联系起来，才能营造出组织信息强势。具体而言，在正式组织中以正式沟通为主，非正式沟通为辅。由于正式组织结构严密，系统性强，多应用正式沟通能够更好地保证信息沟通的权威性、约束性，沟通效果较好，但正式沟通也有刻板僵化、信息可能失真、沟通速度慢等的不足，为保障组织信息传递的顺利进行，也需要依赖非正式沟通来补充。在非正式组织中则以非正式沟通为主导。一般的非正式沟通指的是正式组织不通过内部的正式组织进行的沟通。这里的非正式组织沟通与一般的非正式沟通在沟通效果、适用的范围上存在差异，但是也属于非正式沟通的一种。

（五）上行沟通、下行沟通、交叉沟通与平行沟通

按组织沟通的信息流向，组织管理沟通还可以被划分为上行沟通、下行沟通、平行沟通与交叉沟通四类，这四种沟通方式互为两类可逆元，形成了组织沟通信息流动结构群。

一是上行沟通与下行沟通。上行沟通是指下级向上级汇报工作情况、提出建议、反馈意见等。良好的上行沟通能够让领导掌握真实的情况从而做出符合实际的决策。与上行沟通方向正好相反，下行沟通是组织内的同一个团体部门尤其是传统的科层制组织内部由上而下的沟通，信息传递的内容多为组织的管理决策、规章制度等。

二是平行沟通与交叉沟通。平行沟通是组织内一个团体内部同一层级或不同团体同一层级之间的沟通。个人之间的组织沟通一般具有非正式性质，团队之间的平行沟通一般具有业务协调的性质。交叉沟通也称为斜向沟通，指某团体部门的上层成员和另一团体部门的下层成员间的沟通行为。交叉沟通可以是由下而上的交叉，也可以是由上而下的交叉（见图6-6）。

（六）单向沟通与双向沟通

组织沟通按沟通的反馈情况分为单向沟通与双向沟通。

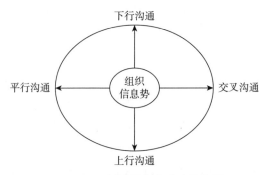

图 6 – 6 组织沟通信息流动结构群

单向沟通指整个信息沟通过程中信息发送者与接收者位置不发生改变，信息流动是单向度的，主要适用于例行公事的指示、命令的下达。正式沟通中多为单向沟通，原因在于单项沟通信息传递速度快，沟通过程简单清晰。

双向沟通指在信息沟通过程中，信息发送者与接收者的位置是交替变换的，接收人在获取发送人发出的信息后进行相应加工，随后再把意见反馈给原信息发送者，信息呈现对称性流动。组织在处理陌生、复杂的问题或做重要决策时较适宜用双向沟通。

第四节 基于信息势的领导力提升与沟通管理

对于开放系统，势的作用机制即势增原理是"差别促进联系，联系扩大差别"，由此差别越来越大，联系越来越紧，差别最大即相反，联系最紧即相同，相反相成即为对称，对称化的元素势最大。"变换以后不变"，势科学理论根据自然科学研究提出的对称性机制，对于管理同样适用。管理势的同构变化群作用下的组元构形的不变性，与物理学中的守恒定律相契合。比如，前文分析的八维领导信息势组成元，无论是平移、旋转、左右还是联合对称，都涉及局部短程和整体长程的对称关系，这种规则性对称关系在复势函数和张量表达模型的迭代中可以得到很好展现。因此，组织提升领导力、实现有效沟通的基本策略是彰显对称化机制，实施"对称化领导"，并在对称化元素的基础上构建"和谐领导管理群"。

一　领导与沟通的对称性机制

西方有一句谚语"Lead through effective communication"，意思是"领导力是凭借有效沟通而建立起来的"。托马斯·法兰达在《不同寻常的感受：增加商业利润的领导原则》中指出"对于一个领导人而言，没有什么比有效沟通这种技能更重要的了"。正如玛格丽特·惠特利所言，领导力是在相互关系中产生的能力，本质上是一种能量，它必须在组织内流动，而不是被限定在某一特定的功能或层次上。如果将组织改造为参与式管理或自助式管理团队，使权力能在组织中共享，往往会产生积极向上的创造力。实际上，领导是一种行为，而不是一个角色。管理者要由控制者转换为"平衡破坏者"，制造组织的非平衡状态，增强组织的活力，要通过沟通让组织成员成为优秀的观察者、学习者与合作者，本质上就是要不断营造信息势，使得组织在更大的信息势激励下不断从一种平衡跃升到另一种更高层次的动态平衡。

领导与沟通互动彰显的对称性主要体现在"好的领导行为推动有效的信息沟通，有效的信息沟通又直接提升着领导力"，所以在一个开放的组织系统中，领导与沟通之间实际上遵循着势增原理来演化和彰显领导与沟通的对称化作用机制。沟通是组织内领导者与被领导者建立联系的有效途径，组织的愿景规划，工作安排以及领导力的形成都需要借助沟通来实现。一个领导者无论权力信息势、货币信息势、知识信息势有多强，但是如果不能借助沟通与艺术信息势、情感信息势等将其与潜在信息势结合起来，不能有效准确地让被领导者领会个人的想法，最终也无法将这些优秀的领导品质转化为领导力。因此，在组织中发挥领导力，客观上需要领导者有效的沟通来完成。但同时，领导者的领导力、个人影响力的强弱也直接关系到沟通效果的好坏，一个领导力强的领导者，下属更愿意去倾听、理解、服从他的领导与安排。

二　基于信息势的领导与沟通管理

在势科学视域中，现代社会风险强化、不确定性增加的本质在于管理主体占有的信息量小于复杂的管理环境的信息量。当管理主体所占有的信息量与管理环境信息量相等或者超过管理环境的信息量时，管理的不确定性就消失了。因而，应对不确定性的有效战略，就是营造更大的组织管理信息势，这就是"势管理"原理。

按照势增原理，造势必然成群，成群才能造势，因此，任何一个希望营造大势的组织必须建构由对称性元素组成的和谐群。领导与沟通的对称化作用机制，在推动领导力四维显势与四维潜势的内在对称以及通过张量表达复合领导信息势中的各种正对称的过程中，最终要形成具有和谐结构的组织管理信息势群。其中，货币、权力、知识与空间是可测度的显势；情感、艺术、虚拟抽象与时间是不可直接测度的潜势。组织目标是恒等元，领导与沟通的和谐化管理都围绕更好地实现组织目标来展开。

（一）整体对称下的领导与沟通管理

第一，货币信息势与情感信息势。薪酬制度所营造的强大的货币信息势对组织成员具有约束和激励的双重作用，在组织内部管理中，发挥着不可替代的作用。同时，情感信息势是人类意识的一种内在势。情绪作为联结人与人之间关系的纽带，在领导与下属的互动过程中具有十分重要的作用。按照势增原理，理性提升感性，感性促进理性，领导者基于自身感性与理性的互动，依托合理的组织结构，建立适应现代组织管理的扁平化管理和薪酬制度，力求实现考核科学、薪酬满意和晋升公平，同时通过情绪传染和策略运用来激发情感信息势，引领组织成员为实现共同愿景而不断奋斗。通过对称化情感信息势的管理，领导者可以加强与被领导者之间的联系，提升双方之间的信任度，同时彰显双方的差别，提升组织的综合信息势。通过情感信息势的管理，被领导者可以感受到来自领导者的尊重。情感信息势的管理有利于消除组织内部的冲突，消除领导者与被领导者之间的误解和情感上的隔阂，将个性化"差别"很大的组织元素在价值观和意识形态上紧密"联系"起来。

第二，权力信息势与艺术信息势。实际上，人们对于权力的不断追求实质上是对占有与控制信息的追求，占有的信息量越大，对信息的垄断力度越强，权力场的作用就越明显，反过来又能继续创造更多的信息势。对于一个组织而言，领导者的权力及其领导的艺术性直接关系到组织内部信息的传递质量，关系到被领导者对于领导者发出指令的回应态度与行为反应。组织沟通是选择信息并传递信息的过程，领导者要在组织内部实现信息沟通的有序和谐，首先要让自身形成对称化的领导素质，能够适应权力的需要，引领被领导者自愿去响应领导者的号召。其次，领导者要注重管理的艺术性，尊重被领导者并加强彼此间的交流与合作，提升被领导者的职业的成熟度，这样领导越来越像领导，下属越来越像下属，整个组织的管理信息势必然增强。反之，如果领导行使职权时不注重沟通与管理的艺术性，领导者与被领导者之间的联系不强，便很难彰显领导者与被领导者之间的信息差别，难以树立领导权威形成领导力。

第三，知识信息势与虚拟抽象信息势。领导决策的科学性取决于领导内在有序化的信息结构即知识信息势。而被领导者能否很好地理解领导者做出的决策也依赖于其所掌握的信息的有序化程度。从社会发展的角度来看，一方面，不同行业的劳动者具有的行业知识信息势不同，从事某一行业的劳动者所掌握的该行业的知识信息显然要多于其他行业的劳动者所掌握的这一行业的知识信息。另一方面，专业化所带来的信息差别也同样导致了信息非对称性的存在。专业化使每个领域或行业中的专业人员与非专业人员之间的知识信息差别越来越大。专业性知识信息势的不同导致社会成员间的信息分布越来越不对称。可以说，信息不对易的存在是社会经济发展的必然结果。但与此同时，社会劳动分工和专业化发展的程度越来越高，社会成员之间的联系越来越紧密，生产合作越来越频繁，最终谁也离不开谁。因此，劳动分工和专业化的发展一方面强化了组织成员间的信息差别，另一方面又促使组织成员通过信息沟通加强联系。

要在组织中发挥领导力，改善组织内部信息不对称的状况同时增进成员间联系，提高组织的生产效率和市场竞争力，关键在于把握好对称化管理，上通下达，实现信息共享。领导者发挥良好的沟通能力，在组织成员间形成知识信息势，一方面借助信息沟通，领导自身能够完善知识体系，掌握更加全面的信息，做出高效决策，同时也能在被领导者面前树立威信；另一方面被领导者通过沟通也能对领导者的决策做出积极反应，更加明确组织的发展目标，将自己当下的努力与未来的进步联系起来，形成组织工作的强大的情感信息势，从而推动组织的良性发展。

客观上，在信息技术的推动下，人类社会正由工业经济时代向信息化时代发展，人类也经历着从物质人、社会人到信息人的嬗变，网络把人类再造成了虚拟信息人。越来越多的虚拟组织出现，在这些组织中，领导者利用计算机网络，建立起高效的网络沟通系统，不仅有助于打破时空限制，增进领导者与被领导者之间的联系，实现平等沟通，提升企业的凝聚力，还有助于组织在虚拟社区中实现全员的信息共享。

第四，时间信息势与空间信息势。领导力的发挥与沟通效果的好坏都直接受到时间和空间的限制。传统工业经济下形成的直线型组织结构，管理层次多，科室名目繁多，上下级之间、部门与部门之间的联系不紧密，信息传递链长，管理信息到达目的地的时间也长，信息失真率也高。同时，领导者与被领导者之间的空间距离限制了他们面对面的接触，限制了他们的沟通，致使信息不能被准确传达、理解。在组织管理中，时间信息势、空间信息势也是影响沟通效果的一个重要因素。

一个优秀的领导者一方面能够把一个组织的远景规划与被领导者的个人奋斗目标联系起来，利用二者间强大的时间信息势（差别巨大但是联系紧密）激励被领导为之奋斗，这个激励的过程本身就是一种有效的沟通。另一方面，设法缩短信息传递链，拓宽沟通渠道，保证信息的畅通和完整，有效地将差别巨大的信息联系起来，营造组织沟通与领导信息势，如减少组织机构重叠，降低信息的损耗率。为此，可以结合正式沟通渠道和非正式沟通渠道的优缺点，设计一套取消中间环节，让"差别"巨大的群众意见与领导思想直接"联系"起来营造组织管理信息势的有效沟通机制，最大限度地保证组织内各种需求能得到满足。

（二）局域对称下的领导与沟通管理

传统经典经济理论假设认为，市场信息是完全均匀、对称的，经济人是完全理性的。因此，信息空间包括的经济空间、管理空间如同牛顿物理空间一样平直，所以组织管理应该是整体对称化的管理。然而信息化的飞速发展带来了信息的不对易，打破了信息空间的平直性。在组织中，领导者与被领导者之间的局域化对称也逐渐出现，在一些特定的情境下会产生领导者与被领导者角色的转变。因而，领导与沟通的管理必须将整体对称化管理与局域对称化管理结合起来，必须将线性势与非线性势结合起来，在弯曲的信息空间的每一个时空点上，选择对应的坐标系，即从不同的角度差别对待组织内部不同的管理对象和管理资源，这种局域对称化领导的科学本质是"等效变换"原理，在数学上其是"协变导数"，局域对称化领导的等效变换机制使得组织管理中作为约束条件的时间和空间因素可以随时随地被灵活运用，领导者可以随时随地根据实际情况变通应对管理中的各种问题。由此，权变管理理论、人本管理理论及柔性化管理、学习型组织理论等均可从局域对称化管理视角逻辑地演绎出来。

现代领导者必须树立系统和整体观念，兼顾领导者自身需要、组织需要和成员的诉求，了解部分、把握全局，分析结构、掌握功能，弄清历史、联系未来，从"差别大联系紧"的对称化管理的角度出发，既强调团队协作也鼓励个人发挥，在日常管理与沟通实践中既有柔性体贴的一面也有刚性严厉的一面，既有表扬激励的一面也有批评指正的一面，既给员工展示未来愿景又能使其认清当下现实，提升不同层次上的管理信息势。

早期的大脑生理学理论认为，信息的传递是从一个神经元传递到另一个神经元，是逐步进行的。这与很多领导者的做法相似，他们总是小心翼翼地监控，确保信息在渠道内安全地传送到信息接收者。然而根据最新的理论，信息并不局限在特定的神经元内，而是广泛分布在神经元的关系网内，就是说信息是以"全息"的形式和"标度对称"的形式存在的，大脑特定区域的损伤并不会导致信息的丢失。开放地获取信息，让信息顺畅流动是增强组织内部知识管理，提升组织创造力的重要条件。通过领导与沟通，让差别大、个性强的组织成员能够紧密联系在一起，实现信息的互通共享，才是组织创新的原动力。

实际上，自然界和人类社会的形成发展，都是通过系统内子系统之间的相互竞争、相互协作而产生具有一定功能的对称化的自组织结构群，这些结构群在宏观上构成了新的有序化的时空结构。系统越是复杂，就越需要这种对称化的自组织结构群。传统组织管理强调平衡各方主体权益，即以法律文件的形式确认权责关系，从而维护组织的和谐有序。现代管理更加强调组织的动态化的稳定发展，对于暂时出现的非平衡不稳定的态势并不排斥。因为，组织坚信当出现外界干扰因素，系统发展稳定性遭到破坏时，组织已经形成的对称化的自组织结构群能够迅速调节系统使其达到新的稳定状态，这实际上是在"差别促进联系，联系扩大差别"的势增原理支配下不断达到新的动态稳定的协同过程。长期以来，我们认为人、组织和现实世界如同机器一样，领导者的工作就是维护稳定性，保持控制力；一旦缺乏强有力的领导力，事情就会失控。按照这种认知建立起来的世界，充斥的是机器人般的员工，他们貌似每日都在辛勤工作，组织却日渐混乱，最终丧失了应对挑战的能力。基于管理信息势的领导与沟通，让我们真正审视组织中信息的对称化作用机制，将领导与沟通融入组织结构之中，协调组织成员的利益和情感冲突，形成稳定的对称化自组织结构群，从而形成应对环境不确定性与风险性的自组织能力。

参考文献

崔佳颖：《组织的管理沟通研究》，博士学位论文，首都经济贸易大学，2006。

高妍：《管理势与对称化领导力素质模型构建研究》，硕士学位论文，济南大学，2014。

鞠强：《和谐管理——本质、原理、方法》，复旦大学出版社，2007。

李德昌：《势科学与对称化管理》，载《第三届中国管理学年会——信息管理分会场论文集》，2008。

李德昌：《新经济与创新素质——势科学视角下的教育、管理和创新》，中国计量出版社，2007。

李德昌：《信息人社会学——势科学与第六维生存》，科学出版社，2007。

李德昌：《信息时代的逻辑结构——社会群》，《理论界》2005年第2期。

〔美〕玛格丽特·惠特利：《领导力与科学》，简学译，浙江人民出版社，2016。

〔美〕P. G. Northouse：《卓越的领导力——十种经典领导模式》，王力行等译，中国轻工业出版社，2003。

任巍、张鹏雁：《复杂领导理论的整合与展望》，《商业经济研究》2017年第21期。

〔美〕斯蒂芬·P. 罗宾斯：《组织行为学》，孙健敏、李原译，中国人民大学出版社，2005。

孙健敏：《管理中的沟通》，企业管理出版社，2004。

〔美〕詹姆斯·L. 吉布森、约翰·M. 伊万切维奇、小詹姆斯·H. 唐纳利等：《组织：行为、结构和过程》，王常生译，电子工业出版社，2015。

赵国祥：《领导理论研究的现状与展望》《河南大学学报》（社会科学版）2009年第3期。

周健：《企业领导力沟通》，《消费导刊》2008年第5期。

J. M. Burns，*Leadership*（New York：Harper & Row，1978）.

E. G. Hansen，"Responsible Leadership Requires Responsible Leadership Systems：The

Case of Merck Ltd. , Thailand," *SSRN Electronic Journal* 5 （2008）.

David V. Day, *The Oxford Handbook of Leadership and Organizations* （Oxford： Oxford University Press, 2014）.

Miskac, et al. , "Reconciling Different Views on Responsible Leadership： A Rationality-Based Approach," *Journal of Business Ethics* 2 （2014）.

R. W. Rice, D. R. Kastenbaum, "The Contingency Model of Leadership： Some Current Issues," *Basic and Applied Social Psychology* 4 （1983）.

第七章 基于管理信息势的制度与文化

从某种意义上讲，管理是为应对不确定性，管理做得越好，越能降低系统的不确定性，规避风险，实现目标。试想，一个组织或个人有无限多的钱、权和知识，那么这个组织或个人的现在和未来就不存在不确定性了。但这种"无限"是无法达到的，尤其是现在全球化的大潮下，企业和个人的生存环境越来越复杂，不确定性越来越大，所以，必须提升管理信息势来应对不确定性。根据势科学的内在运行机制——差别促进联系，联系扩大差别，差别越来越大，联系越来越紧，最后，达到差别最大即相反，联系最紧即相同，既相反又相同，就叫相反相成，即对称。[①] 根据势 = 差别 × 联系，最大差别 × 最大联系 = 最大（对称）势，以对称为核心的势科学理论指导管理活动能最大限度地减少不确定性，营造最大的管理势，使管理效益最大化。

邓小平同志曾经说，"我们这么大一个国家，怎样才能团结起来、组织起来呢？一靠理想，二靠纪律"[②]。理想和纪律两把抓显然说的是国家层面的对称化管理。企业管理也是同样的道理，把企业看作一个微型的"国"，管理国家的"理想"就相当于企业文化，而管理国家的另一个工具"纪律"则指的是企业的各项规章制度。如何才能管理好一个企业呢？需要制度和文化齐抓共管。在企业没有足够能力通过技术进行创新或者进行颠覆性的创造时，企业的生存和发展主要靠制度和文化来支撑。

---

① 李德昌、孙继伟：《对称化管理与管理模式的对称性发展——势科学视角的分析》，《系统管理学报》2011 年第 3 期，第 340~346 页。

② 《邓小平文选》（第 3 卷），人民出版社，1993。

第一节　基于管理信息势的制度管理及其对称

一　制度的产生及含义

（一）制度的产生

对于制度的起源，经济学家们有很多观点，最具代表性的一个是旧制度经济学家的代表人物凡勃伦提出的制度系统是设计出来的，又是看不见的手式的；另外两个代表性的观点是新制度经济学家提出的契约论和博弈均衡论。不管是旧制度经济学家的观点还是新制度经济学家的观点，他们都认为制度是社会发展的产物，人类社会的发展历程印证了这个观点的正确性。

马克思指出，人们"如果不以一定方式结合起来共同活动和互相交换其活动，便不能进行生产。为了进行生产，人们便发生一定的联系和关系；只有在这些社会联系和社会关系的范围内，才会有他们对自然界的关系，才会有生产"①。随着人类社会的进步，社会分工出现，而且越来越细，人与人之间的"交易"〔人们的一切交互行为，包括交换和合作。交易双方因为资源存在不同（差别），并且对方的资源正是自己所需求的（产生联系），所以，根据势 = 差别 × 联系，交易信息势不为零，交易就产生了〕日益频繁。在"交易"的过程中，交易双方的信息是不对称的，这种不对称导致了隐瞒、欺诈等机会主义行为的出现。当交易的过程变得复杂时，交易主体间因为不同的目的发生抵触和利益冲突、摩擦，这些都导致交易不能按照预期顺利进行。在这种情况下，促进交易顺利进行的协调机制就诞生了。最初的协调机制可能仅仅是当地或者某个领域有威望的人出面的协调或者一个临时的口头裁决，或者交易者之间达成的某个共识，最后这些协调、裁决或者共识被记录下来作为类似情况发生时的处理依据，这就是制度的雏形。渐渐地，这些处理依据演化成双方交易的约束，通过这种约束减少由于信息不对称而导致的隐瞒、欺诈、偷懒等机会主义行为，进而维护交易各方的利益，保障交易的顺利进行，以上这个过程也就是"契约论"学

---

① 〔德〕马克思：《雇佣劳动与资本》，人民出版社，1961。

说倡导的制度的起源过程。交易者之间的信息不对称，造成了交易对象之间的信息资源的差别，而对交易成功的渴望又使交易对象之间紧密联系，协调机制等制度（信息势）使这种联系更为紧密，由此来保证交易顺利、长久。

博弈论倡导者对于制度的产生则有另外一种看法，他们认为制度的产生是社会成员博弈的结果。社会成员之间的博弈可能会导致很多种均衡状态，而最终成为现实的那种均衡就导致了相应制度的产生。处于不对称利益结构的博弈者们围绕同一主题，为了各自的利益，选择对自身有利的博弈结构，不断调整目标，最终使博弈各方达到对称。使各方达到对称的均衡结果被固定下来指导人们的行为的博弈结构就成了某项制度。从势科学的角度看，博弈各方为了各自具有差别的与自己紧密相连的利益，调整达成目的的策略，根据势科学定义信息势＝差别×联系，博弈平衡时产生对称，综合信息势达到最大，约定博弈各方行为信息势的一些准则被固定为制度信息势，制度信息势役使博弈各方，最终博弈各方的综合信息势达到最大。

根据博弈论，不仅制度信息势的产生符合势科学原理，制度的发展优化也是势增原理作用的结果。社会成员之间的博弈是随时随地进行的，而且博弈是没有期限的，所以由博弈而产生的制度也在不断地演变，社会成员的知识积累则是制度改进的动力，由此形成制度的一种演化路径：博弈者利益不对称→博弈→均衡（制度产生）→知识积累→博弈者利益不对称→再次博弈→再次均衡（产生更优制度）。知识积累使博弈者之间的差别变大，因利益驱使，博弈再次产生，联系再次紧密，新制度随之产生，差别促进联系，势增原理的正反馈效果使制度随着社会发展而优化。根据势增原理，差别促进联系，联系扩大差别，知识推动制度的演变，制度促进知识的积累，在人类发展进程的漫长岁月里，社会成员之间相互斗争，经历切肤之痛后，逐渐建立起对人们行为起约束作用的制度，从而人类步入文明的轨道，在文明与制度的互相作用下，人类文明螺旋式上升发展。

势科学视角下的制度是对称化的集中体现，将制度约束的各方变换位置以后，需要的还是这种制度，说明这种制度对于各方都是公平的、对称的，因为大家都能积极遵守这种制度，所以该制度才能成立。制度的确立必须得到大多数社会成员的认同，大多数社会成员的认同又进一步使制度得到自我强化。制度的这种确立过程，正是势科学的信息作用机制——"差别促进联系，联系扩大差别"的螺旋式递进机制推动的过程。

（二）制度的含义

什么是制度？国内外的经济学家、管理学家们对制度下过不同的定义。

作为制度经济学的代表人物，也是旧制度经济学最早给制度下定义的人，凡勃伦在其 1899 年的著作《有闲阶级论：关于制度的经济研究》中对制度有如下的论述：从本质上来说，制度是社会成员对与其相关的一些关系或者作用的普遍的思想习惯。旧制度经济学的另一位代表人物康芒斯提出了制度的如下定义：制度是约束人们行为的一种普遍的规则，可以理解为用社会成员的集体行为来控制个人行为。集体可以是指家庭、公司、学校、协会、工会等有组织或无组织的各种运行机构，在这些运行机构中，个体行动受到集体行动的控制。这种控制就成了一种约束成员行为的普遍的规则，或者称其为制度。集体行为控制个人行为的途径和方式有很多种，一个公司、一个政党等规定和实行的业务规则，或者也可称之为行为规则，在经济学上亚当·斯密的税收规则，法律方面法院系统的合法程序等，它们虽然名称不一样，但有着相同的本质——规定哪些行为是能做的，哪些是不能做的，而有的则又规定是必须做或者必须不能做的等，这些都由集体行为使其实现。从势科学的角度看，集体行为就是具有差别的个体发生趋同（联系最紧则相同）行为，综合信息势最大，而这些集体行为就被抽象为规则进而成为制度，约束社会各方，继续使综合信息势最大化。

新制度经济学家诺斯认为，"制度是一个社会的游戏规则，更规范地说，他们是为决定人们的相互关系而人为设定的一些制约"，"制度是为人类设计的，构建了政治、经济和社会相互关系的一系列约束。制度由非正式约束（道德约束、禁忌、习惯、传统和行为规则）和正式的法规（宪法、法令、产权）组成"。[①]

孙绍荣的《制度工程学——孙氏图与五种基本制度结构》则对制度有如下定义，"把行为规范（应当做什么、不应当做什么，遇到特定情况时应当如何）与对行为的处理规则（即针对被管理者的行为，管理者改变其行

---

① 〔美〕道格拉斯·诺斯：《论制度》，李飞译，《经济社会体制比较》1991 年第 6 期。

为回报、行为资源、行为机会、行为成本等的规则）明确化、条理化，就形成了制度规则。如果再指定具体的执行者执行这些制度规则，就成了管理制度。制度是人类行为管理的一种工具"[1]。

不同学派的经济学家对制度的定义不尽相同，但深究其本质并无实质性的差别，我们可以用被学术界广泛认可的定义来概述制度的含义。制度是规范个人行为的各种规则和约束。很多情况下，各种规则和约束成为一体，成为一个制度体系，比如我们通常所说的政治制度、经济制度、法律制度和文化制度等。制度本身不只指那些显性的内容，如行为规范、明文规定，还包括一些隐性的约束，如道德规范、约定俗成的规矩等。

从势科学的视角看，所谓制度，是将差别巨大的个性化成员联系起来的、具有一定约束力的规范体系。制度信息势的大小取决于个性化成员之间的差别及其之间产生联系的紧密程度。成员之间的差别越大，规则的效用越大，制度的势越大。国家层面的制度约束整个国家的国民的行为，企业的规章制度约束企业内部员工的行为，国民差别之大远大于企业员工，进而，国家的制度信息势远大于企业的规章制度信息势。通常，高层次的制度信息势大于低层次制度的信息势，比如，法律方面，在我国，宪法的制度信息势大于其他任一法律法规的制度信息势，因为一个国家的千差万别的所有公民和组织都要遵守同一个宪法。

二　制度的对称性及制度群

（一）制度的对称性

制度规定能做的、不能做的、必须这样的、必须不能这样的等，不仅有显性的条文还有隐性的惯例等。规则和执行者是制度的两个基本要素，规则的表现形式就是用文字或者语言描述的制度条文，制度条文是静态的、死板的。制度规则的"约束人们行为的效用"则是通过被约束对象的执行过程来实现的，执行过程是动态的、操作灵活的、时常变化的。静态与动态的对称，死板与灵活的对称，契约论的集体行为限制个人行为的集体与个人的对称，博弈论的制度指导交易主体间的利益分配和交易成本分摊既

---

[1] 孙绍荣：《制度工程学——孙氏图与五种基本制度结构》，科学出版社，2015，第 1～2 页。

包括权利的赋予也包括责任的限定……这些具有巨大信息势的"对称"构成了制度的信息群，从而使制度具有强大的信息势，对人们的行为起到强有力的规范约束作用，任何组织和个人都不能忽视制度的重要作用。

制度是通过人们动态执行静态的条文规则实现的，用集体行为限制约束个人行为；静态的制度内容（条文规则）与动态的执行过程形成对称；制度执行的结果为集体行为与个人行为的对称；制度规定了交易主体的利益和成本的对称，权利和义务的对称。从内容到执行过程再到内在作用机制，对称无处不在，这些对称构成了制度的信息群（见图 7 - 1）。

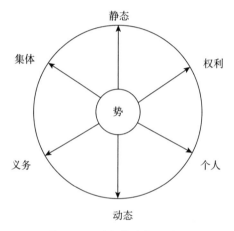

图 7 - 1 制度的信息群模型

制度执行让静态的规则条文变成了动态的执行过程，在执行的动态过程中制度条文的约束作用得以发挥，通过其对人们行为的规范作用和调节作用，让人们持续遵守，进而成了真正的正式的制度。正式制度有"执行力"保证其执行，比如国家机器——法庭、军队等保证了宪法的执行；非正式制度也需要"执行力"才能起作用，不过非正式制度的"执行力"则可能是社会舆论、意识形态等。就是说，在势科学理论的视域中，制度之所以能够建立并被执行，实际上是由凌驾于该制度之上的更高层次的信息势决定的，这种信息势在正式制度中是由能够将所有人组织起来（强制联系起来）的国家、法庭、军队来建构的，在非正式制度中，是由能够将所有人联系起来的社会舆论、意识形态等来建构的。

实际上，无论旧制度经济学还是新制度经济学，都并没有阐述清楚制度的本质，所以，也无法给出建构最好制度的原则。势科学与信息动力学理论对于管理的科学性价值和意义，不仅在于从势即信息的概念定义出发，可以演绎出对称化管理的有效管理路径，而且，可以基于势增原理演绎的对称性机制，给出建构制度的指导原则。制度经济学正是抓住了经济和管理中的对称性，"机会主义倾向"正是对应于信息化社会中信息不对称导致的社会量子化。在微观经济社会中，由于信息不对称导致的社会关系的不对易，即由 $AB \neq BA$ 到 $AB - BA = C$，产生了以 C 为表达的机会主义，所以社会量子化了。而 C 值就是人类机会主义的量度。C 值越大，说明信息越不对称，人们的机会主义行为倾向就越大，就越容易钻空子；C 值越小，信息透明度越好，制度越完善；最好的制度就是 C 值为零，人们完全在公平公正的环境中。现在"工作信息公开化"正是这种原理的完美体现。在微观经济社会中，"机会主义倾向"也促使管理者更加有力地进行对称化管理，以推动制度更加完善。

（二）制度群

实际管理中，单一的管理制度效用较低，有时甚至没有效用，解决一个冲突需要大量的相关的制度共同作用，即一个组织的某一方面的正常运转需要很多相互支持、依赖的一系列制度的共同作用，比如在人力资源管理方面，人力资源管理制度就包括薪酬等一系列相互关联、相互支持的制度，如创新管理制度、销售制度、生产管理制度等。这些相互支持、相互依赖的一系列制度组合在一起共同发挥作用，才使组织的某一方面正常运转。这些相互关联、相互支持的制度组合在一起称为制度群，比如人力资源管理制度群、生产管理制度群。制度具有内在的对称性，具有内在对称性的制度组合在一起形成制度群。制度群具有最大的制度管理信息量，即具有最大的制度管理信息势。

有一个很简单的例子能很好地说明制度群的管理信息势大于单个制度的管理信息势。在办公室内，如果只有一个领导和一个科员，科员会无视"禁止吸烟"的规定，而默认领导抽烟行为，否则可能会受到领导在其他方面的责难，"禁止吸烟"的制度则会成为一纸空文。而如果加入支持"禁止吸烟"的支撑规则，比如巡查＋惩罚的制度，那么抽烟的领导将会重新考虑抽烟行为的收益函数，从而使"禁止吸烟"的制度得以有效实施。从这个例子可以看出，"巡查＋惩罚"与"禁止吸烟"共同作用的制度管理信势大于单个"禁止吸烟"的制度管理信息势。

进一步来说，这些制度群又不是单独存在、互不影响互不干扰的，它们之间也存在着千丝万缕的联系，使组织的制度管理势达到最大化的关系就是群与群之间对称，正是因为制度群中的制度之间存在的对称性才使制度群发挥了比没有对称对象的单个制度更大的效用。比如，战略制度与细节制度的对称、领导制度与沟通制度的对称、运营制度与创业制度的对称、分工制度与创新制度的对称……这些具有对称性的制度元素个体又是一个小型的制度群，它们以组织的制度管理目标为恒等元，构成了组织的总的制度群的信息群（见图7-2），形成了强大的组织制度管理信息势，最大限度地发挥制度管理的作用。尤其是在复杂环境下的组织管理，更需要多种制度管理群相互作用才能发挥最大的制度管理信息势，比如人力资源管理制度群、战略管理制度群、创新管理制度群等，否则就可能会产生冲突并导致管理成本的增加。

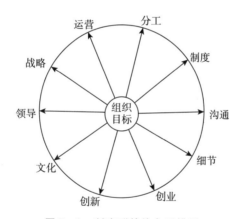

图7-2　制度群的信息群模型

第二节　基于管理信息势的文化管理

一　文化管理的起源

在19世纪末20世纪初的第二次工业革命的时代背景下，泰勒提出的科学管理理论和法约尔的行政管理理论，确实大大推动了企业管理的发展。但这些理论围绕"物"（机器）展开，把人当作"经济人"，忽视"人"的其他因素，以致人成了机器的附属物。

20世纪中期，人际关系倡导者相信人的能力并认为管理实践应当重视人的因素，提高雇员的满意程度。梅奥的行为科学理论提出了"社会人"的假设，该理论指出，组织功能的发挥和目标的实现是由人的行为决定的，企业的管理重点应该是"人"。在此之后麦格雷戈的XY理论、马斯洛的需求层次理论、赫茨伯格的双因素理论、斯金纳的强化理论等都是从行为科学理论出发，将企业管理的研究重心放在了"人"，而不是"物"上。虽然这些理论没有能够完全弥补科学管理理论和行政管理理论以"物"为重心的不足，但为文化管理的兴起提供了重要的理论基础。

第二次世界大战之后，日本的经济不但没有衰败，反而在战争的废墟上创造了日本历史上的经济奇迹，迅速崛起为美国之后的第二大经济强国。美国的企业认真研究了日本迅速崛起的原因，发现其实行了一种以"企业内工会、终身雇佣制和年功序列制"为三要素的企业文化，极大地提高了员工的生产积极性和劳动生产率。把人放在第一位，人的潜能被最大限度地激发出来，人组成的组织是一个团队，形成一个更大的合力，并以若干倍的能量释放出来。

二　文化管理的含义

管理学追求管理的作用量最小——最小的管理成本获得最大的管理收益，文化管理更是管理中信息作用量原理的集中表现——恰恰是管理成本最小的管理，是对称化管理到局域对称化管理再到局域化无限小从而达到格式化的文化场管理的极限。

文化管理以人为本，以人的全面发展为目标，通过在组织系统内部培育共同的价值观，使全体成员认同组织并全身心融入组织的整个文化氛围当中，用自我约束代替被动管理，进而实现个人价值的最大化以及组织系统的社会价值的最大化。文化管理是高层次的人本管理，文化管理培育员工共同的价值观，让员工自觉遵守共同的行为规范，就是说，通过价值观的一致性将组织中差别最大的不同个体联系起来，进而使每一个个体成为"企业人"，营造最大的非语言沟通的行动信息势，产生最好的管理效果。当然如果要理解这个概念，首先要弄明白什么是文化。

（一）信息人假定

人是组织的基本管理对象，即使当管理的对象是物的时候，管理的过程也要人来完成，所以不管是从管理还是从被管理的角度出发，人都是管理的基本对象。管理理论的提出，首先要解决的问题是人性的认识问题，对人性不同的认识会导致不同的管理理念，一个管理理念的提出是建立在既定的人性假设的基础上的。"管理者在管理过程中采取什么样的管理理念、建立何种组织结构、制定什么样的制度在很大程度上都取决于他对人性的认识"①，"管理者对人的本性的认识和假设制约着管理人员的管理行为，管理者对被管理对象的定位决定了组织管理的有效程度"②。

从 1911 年泰勒的《科学管理原理》出版以来，管理学在 100 多年的发展历程中，对人性的探索从未停止。从最初的"经济人"经历"社会人""自我实现的人""复杂人"到现在的"文化人""信息人"，管理学对人性的每一次探索，都会诞生新的管理理念、理论、方法，可以说管理学的发展进程也是对人性探索深化的过程。"经济人"的假定诞生了泰勒的科学管理理论，"社会人"的假定诞生了梅奥的行为科学管理理论，"文化人"和"信息人"的假定则为文化管理理念、理论和方法的提出奠定了思想基础。

随着社会、经济的发展，社会生产力得到了极大解放，人们的物质需求已经得到初步的满足，有些人甚至已经得到了极大满足，人们开始追求更高层次——信息、精神、文化方面的满足。人们对信息的依赖，从微信近些年的流行程度中可见一斑。李德昌教授的信息人假定指出，"我们现在正处于信息化的时代，从信息化时代人类生存的依赖性质看，人是信息人。文化是信息，它既不是物质也不是能量，而是信息。它来去无踪，看不到，听不见，摸不着，然而却在无形中控制着人们的行为方式、生活习惯以及社会的生产及经济发展。货币、权力、知识、价值情感、艺术、虚拟构成了信息人的六维信息向量"③。价值作为信息人六维信息向量之一，

---

① 王垒：《组织管理心理学》，北京大学出版社，1993。
② 〔美〕斯蒂芬·P. 罗宾斯：《组织行为学》，孙健敏、李原译，中国人民大学出版社，2005。
③ 李德昌：《管理学基础研究的理性信息人假设与势科学理论》，《管理学报》2010 年第 4 期，第 489～498 页。

是文化系统的核心，也是文化管理的核心。

在实证科学中，力是推动物质状态或运动变化的原因。在文化视域中，文化信息是改变人们生活习惯和行为方式的因素。势科学将物质力与信息力统一起来，在更加广泛和抽象层次上揭示了"力"的本质。

在物质世界，受力物体是完全被动的，在信息世界则不然，受力对象可以通过调节对于各种信息的情感阻尼来调节自己的受力状态。

在知识经济蓬勃发展的今天，企业文化需要服务于人的全面发展，通过充分尊重人性规律来引导人们释放不断向上的活力与创造力，通过激励和充分尊重提高员工满意度等增加情感粘性的措施，来加大企业文化的信息力。

（二）文化管理的含义

"错画也，象交文"（《说文解字》），"文"的本义是一定的社会制度、秩序的意识形态。"凡以道业诲人谓之教，躬行于上风动于下谓之化"（《增韵》），"化"之本义是对人进行教化。"文"和"化"放在一起，就是文治和教化的意思，这是广义的文化。

文化一词有着极其广泛的意义，不同的文献对文化有不同的定义。从势科学的角度看，文化的本质就是"信息"。[①] 文化不像物质一样看得见、摸得着、体会得到，但它在无形中控制着人们的行为方式、生活习惯，影响着企业的管理效率。"用文化进行企业管理"中的"文化"是狭义的文化，"文化是人们对在各种情况下应当如何行为的认识，是以意识形态的方式存在的。文化使人们选择一定的行为，避开另一些行为，是行为管理的重要工具之一。文化对人类行为的引导，具有全面、彻底、自愿的特点，但文化对人们行为的改变，是缓慢的、渐进的、模糊的。文化是对行为的一种'软约束'"[②]。

美国文化人类学的著名代表人物之一赫斯科维茨（Herskovits）在其著作《文化人类学》中指出："文化是人工创造的环境，文化具有显著的人类印迹，文化与一切纯自然的、原始形态的东西有明显的区别。"文化可以分

---

① 李德昌、赵兰华、梁莉：《文化场与南北对话》，《理论月刊》2002年第7期，第34～35页。
② 孙绍荣：《制度工程学——孙氏图与五种基本制度结构》，科学出版社，2015，第1～2页。

为客观文化和主观文化。有形的属于客观文化，比如手机、住宅等；无形的属于主观文化，比如手机的品牌所代表的价值。而人们在交往过程中形成的行为习惯或行为方式则属于另一种——观念文化。这三种文化是文化的三种形态，洋葱头的比喻则很好地诠释了三者的地位和作用。观念文化是洋葱的心，是文化的核心；行为文化处于中间层；物质文化是最外层。由此可见，价值观是文化系统的核心。

文化产生于与人类有联系的生产及生活等实践活动，从人类学的角度看，文化是人类活动的社会环境，文化潜移默化地影响着人类的活动，无形中塑造着人类的形象，具有稳定性和不可选择性。人类生产及生活产生文化，文化又反过来影响人类的生产生活（联系扩大差别），被影响之后的人类活动产生新的文化（差别促进联系），势科学的势增原理在文化的螺旋式发展的过程中得到很好体现。

在势科学的视域中，文化管理的含义就是利用组织中最具灵活性的元素——文化，将组织内个性化"差别"很大的组织元素在价值观和意识形态上紧密"联系"起来，营造组织文化管理信息势。组织成员的个性化程度越高，成员之间的差别越大，组织文化的凝聚力越大，组织文化管理信息势也越大，组织的文化管理越有效。

（三）文化信息势的重要性

文化具有群体属性。只要一个群体具备足够多的共同经验（相同的信息、相同的基因），文化就会开始形成。文化一旦形成，就会成为一套模式和规则，进入人们的无意识之中，成为人的观念或假设，产生文化信息势，使组织内的千差万别的个体自觉不自觉地按照统一的观念和准则来思考和行动。任何层级的组织中，当差别极大的成员在习惯、道德、惯例、风俗、价值观等文化信息方面达成一致时，这些文化信息就具有了使组织变得有序的文化信息势，并且成为组织发展的内在驱动力。文化信息势通过作用在组织成员身上，使组织成员"浸泡"在同一文化信息里面，当组织成员的文化信息与组织整体的文化信息一致时，文化信息势达到最大。这时，组织成员能感受到自己与组织目标的一致性，并与组织融为一体，文化信息势构成了组织成员的管理行为准则。由此，文化信息势在深层次上对管理活动和管理结果产生影响。因而，我们完全有理由认为，文化信息势是一种重要的管理资源，它在管理中的作用是其他组织信息势无法取代的，在以人为本的当代，无视文化信息势的地位和作用，将会使综合管理信息势大打折扣，影响管理效果，甚至会使管理活动寸步难行。

文化管理是信息量最大而作用量最小的最经济的管理。依据势科学的六维信息势理论，组织的显势由"可计算的资金、资产（货币信息势），行业中的话语权（权力信息势），技术信息即学历构成及专利技术等（知识信息势）"组成；组织潜势由"成员个性结构（价值情感信息势）、制度法规（艺术信息势）、并购能力和品牌战略（虚拟抽象信息势）"等组成。企业的潜势与显势可以相互转化，为了增强企业的竞争力，即提高企业的显势，必须努力提高企业的潜势，而提高潜势的必然要求就是建立具有高激励势的企业文化。

文化信息没有好坏优劣之分，其是一个群体里稳固且难以改变的信息，往往是内隐的，不可见的。员工很难向外人描述自己所在企业的文化到底是什么。文化信息势之所以重要，是因为文化信息势是以无意识的方式存在，影响着组织成员个体和群体的行为、知觉方式、思维模式和价值观念，这些进而会影响企业的发展战略、目标和运营模式。文化信息势是组织骨子里的、最基本的信息势，文化信息势通过人们的行为制约着组织其他管理信息势效用的发挥。

第三节　基于管理信息势的制度管理与文化管理和谐

一　制度与文化的对称性

文化对人们行为的管理具有全面、彻底、柔性的优点，不需要进行监督。但文化对人们行为的改变缓慢且模糊，文化的惯性很大，一旦形成，非常不容易改变。制度对人们的行为管理，要求明确，见效快，但制度条文太过固定刻板、刚性，缺乏文化支持的制度，效果往往也不太好，文化弥补了制度的刚性，也填补了制度条文之间的空隙。因此，二者的结合使强项更强，弱项互补，使人们的行为有序。其实，制度和文化是所有组织的二位一体，管理过程中把握好二者的关系，能使组织良性运转。

（一）管理中制度与文化的相互作用

第一，制度与文化是相互促进的。当管理者认为需要通过倡导某种文化来帮助管理时，他们可能会选择树立典型并进行宣传或者开展某种相关的活动来传播这种文化。但是要想使倡导的这种新文化渗透到管理的环节中，使人们自觉地用这种文化约束自身的行动，那么仍需要借助制度这一载体。一种文化要得到大多数人的认同需要经过一段相当长的时间，如果通过制度来约束人们认同这种新文化，则会大大缩短认同时间。当新的文化足够先进，或者已经大大超越了制度文化的水平时，这种新的文化会催生新的制度。制度与文化的相互促进，螺旋式上升发展，是联系扩大差别，差别促进联系的势增原理的社会运行机制的又一体现。

第二，制度可以转化为文化。在某种意义上，制度也是一种文化，未被员工认同的制度，对员工只是外在的约束，当员工从内心深处认同某项制度时，就会自觉遵守，这时这项制度就演变成了一种文化。比如，当企业想提倡某种文化时，就制定相应的规章制度，经过长时间对员工的熏陶，企业成员心理上认同了该制度，并养成了某种习惯，这时制度就变成了文化，制度也成了一个"空壳"。

第三，文化的好坏和主流文化的认同度决定着制度的成本。制度是对人类行为的外在约束，文化则是通过人类内心的认同自觉约束自身行为，当企业倡导的文化优秀并且得到大多数人的认同的时候，制度这种外在约束所起的作用就较弱，制度成本自然也就较低；当制度文化没有形成时，员工就需要制度的约束，否则就可能越轨，制度成本自然就高了。

第四，制度与文化并存。人类的价值取向不可能完全一样，对组织目标的理解和认同也有差异，文化不可能完全取代制度，制度的存在保证了个体行为与群体行为的一致性。而制度是有形的，对人类的行为约束是有局限性的，文化对人类的约束则是时时处处都存在的，文化的存在弥补了制度的缺陷。文化代替不了制度，制度也取代不了文化，而且是永远并存的。著名的海尔模式就是把企业比作一个在爬坡的球，如果没有外力的作用，球自然要顺着斜坡滑下去，也就是企业要倒退。如果在球的下方放置一块挡板，而且挡板的力度足够阻止球往下落，那么球即使不会前进，起码不会滑下去。这块挡板的作用就是相当于管理中制度信息势所起的作用，虽不能给企业带来多大的利润，但能保证企业的正常状态。文化就像是给球一个向上的牵引力，使企业有了前进的动力。如果没有制度信息势的制动作用和文化信息势的牵引作用，企业就不会发展壮大。

制度与文化紧密互联，制度孕育文化，文化役使制度，二者相互促进，共同作用于人类的行为，促进人类文明发展。

制度是一种刚性的管理手段，相对而言，文化则是柔性的管理手段。刚与柔相反，刚柔相济即相反相成，即对称，对称造就最大的势。在管理中，管理者如果能够做到刚柔相济的对称化管理则能使管理效益最大化。

（二）制度与文化的对称

作为管理的两种基本工具，制度与文化相互补充，二者不可偏废。从各自的特点来看，二者有异有同。他们的相同点在于，二者都是指向共同的目标（恒等元）——约束、改变人们的行为。

二者的差异在于，从行为规则来看，文化行为规则比较模糊和原则化，而制度给出的行为规则相对明确和具体化。从对行为进行约束的执行者角度来看，文化的执行者具有不确定性，有时表现为自己"自觉遵守"，有时因他人的影响"被迫遵守"，而制度的执行者则相对确定，常常有专门的机构来促使人们遵守制度规定的行为规则。从约束的柔性度来看，制度是刚性的，文化是柔性的。从对行为管理的作用来看，二者正好是相互补充的。文化对人们行为的约束是全面的、彻底的、自发的，制度则是一种外在约束；文化的形成与改变极其缓慢，而制度则常常具有立竿见影的效果。

制度与文化在管理中所处的地位不同，制度是规定员工必须做和不能做的，是企业的文化底线；文化则更多的是对员工价值观、理想、道德的约束修正，是较高层次的制度。制度与文化的管理方式不同，制度强调外在约束和控制，而文化则重在内在自觉遵守。两者相反相成的对称性关系有以下几个方面。

第一，连续与断续的对称。制度的演进方式是断续的、跳跃的、有明显界限的。比如新版的制度和旧版的制度可以通过不同版本来明确区分。文化的进化则是渐变的，没有明显分水岭的，无论是渐进式的文化还是断续的制度，二者的演进是在同一个过程中的。从一项制度形成新的文化，再到建立新的制度，进而倡导新的文化，两者螺旋式交互促进上升，这也是势增原理作用的体现。管理也是在势增原理作用下，通过制度和文化的共同作用，臻于完美。

第二，有形和无形的对称。制度是具体的、有形的，通过条文的形式表现出来，对人类行为的约束是明确的；文化是无形的，也是模糊的，甚至是不好言说的，文化存在于人们的内心，通过有形的活动反映出来，有时候是一种精神状态。制度和文化是事物的两面，有形的制度中隐含着文化，同时也是无形文化的载体。

第三，外在与内在的对称。制度对人类行为的调节是外在的、硬性的；文化对人类行为的调节则是内在的、软性的，主要通过文化自律和文化引导实现。外在的制度与内在的文化相结合，全方位规范人类的行为，最大限度减少管理过程中的不确定性，提高管理效益。

第四，文化的"软"与制度的"硬"对称。文化对人类行为的引导具有全面、彻底、自愿的特点。但文化对人们行为的改变，是渐进的、模糊的、缓慢的。这是因为，文化本身就有变化缓慢、表现模糊的特点。如果依赖文化对不良行为进行纠正，需要的时间是很久的，文化是对行为的一种软约束。制度对人们行为的约束则是硬性约束，人们在管理制度下对行为进行选择时，能够明确地感受到制度的制约。

制度的有形与文化的无形形成对称，制度的外在调节方式与文化的内在调节方式对称，制度的硬性调节与文化的软性调节形成对称，断续演进的制度与连续演进的文化的结合即运用了相反相成的管理元素——对称化元素，对称化元素的集合形成制度–文化群（见图7–3）。

制度是组织发展的硬性约束。只有建立了科学的制度，组织的运行才能有规可循、有章可依。否则，组织只能是一盘散沙。制度的作用在于规范组织中人的各种行为，使人按照组织既定的目标活动，谁违反了组织的制度，就要接受相应的惩罚，以确保组织能够正常运行。组织的文化是组织运行的黏合剂，它是组织在运行过程中长期形成的理念、精神和风气。组织文化健康，有利于组织成员更好地遵守制度，组织文化落后，组织成员就容易违反制度。未来组织的有效管理，必然是越来越严格的制度和越来越柔性的文化的结合，这既是对管理者的挑战，也依赖于组织成员文明素质的提升。

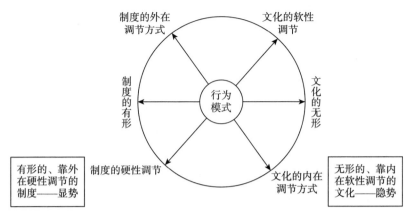

图 7-3 制度-文化群模型

二 企业管理中制度管理与文化管理的和谐

制度管理就是以线性的格式化方式营造一种组织信息势，制度要求不同的人遵守同一种规定，就是用同一种格式化的规范将不同的人紧密联系起来，在消除信息不对称的基础上，制度的格式化越强，营造的势越大，制度管理就越有效。[①]

文化管理是信息量最大而作用量最小的最经济的管理。文化是人类生活中最具有格式化效应的元素，组织文化可以将个性化"差别"很大的组织元素在价值观和意识形态上紧密"联系"起来，组织成员的个性化程度越高，组织文化的凝聚力越大，组织文化营造的信息势就越大，文化管理就越有效。[②]

制度管理与文化管理到底谁好，你可能经常能听到"二者都好"、需要"二者兼顾"之类的指导性标语。可到底二者怎么都好，好在什么地方，具体该如何做到"二者兼顾"，很少能有人能给出具体的指导。

（一）制度管理与文化管理的区别

一般认为，企业管理到目前已历经三个阶段：经验管理、科学管理、

---

① 李德昌、孙继伟：《对称化管理与管理模式的对称性发展——势科学视角的分析》，《系统管理学报》2011 年第 3 期，第 340~346 页。

② 李德昌、孙继伟：《对称化管理与管理模式的对称性发展——势科学视角的分析》，《系统管理学报》2011 年第 3 期，第 340~346 页。

文化管理。人们对企业如何管理，在不断进行摸索、探讨、总结，管理理论也在不断形成，并且由低级向高级不断发展，结果是较为先进的管理方式取代较为落后的管理方式，这是历史的规律，也是历史的必然。

习惯上人们常把科学管理直接称为"制度管理"。文化管理，是指用企业文化来管理企业。不太严格地说，它们都是一种管理方式或者是一种管理模式，也可以说是一种企业管理手段。制度管理是一种刚性管理，企业一般设置好企业的组织构架，人人职责明确，设置好企业的流程，按程序操作，制定出企业的各项规章制度，人人按章办事，遵照执行。企业文化管理是一种柔性管理。它们之间的具体区别如表 7 - 1 所示。

表 7 - 1　科学管理（制度管理）与文化管理

模式特征	科学管理（制度管理）	文化管理
特点	法治	文治
组织	职能式	学习型组织
控制	外部控制	自我控制
管理重心	物	人
激励方式	外激为主	内激为主

前文已经说明了制度与文化的对称性关系，从中很容易理解二者在企业管理过程中的差别与联系，下面重点说明一下在管理重心和激励方式方面二者的不同之处。

制度管理与文化管理的管理重心不同。科学管理的对象是企业的资产、流程和人。企业的资产、流程是静态的东西，当然可以视同"物"来管理，是企业管理的重心，但遗憾的是，在这种管理重心的导向下，人也被作为"物"来管理。比如，一个企业，其老板是一个人或几个人，企业经营是为了赚钱，企业招聘员工（包括副总、财务部长，直至保安员和保洁工）的目的是让其为企业干活，当员工能给企业赚钱为企业带来效益时，企业就达成了招聘此员工的目的，当员工不能给企业带来效益甚至成为企业负担时，老板就要辞退他，实质上这时员工成了老板赚钱的工具，人成了"物"。

企业文化管理则不同，它管理的重心是"人"。自 20 世纪 40 年代起，直到 20 世纪 70 年代末，西方企业一直致力于企业的组织结构、战略计划、规章制度、流程再造等硬件方面的管理，管理已经近乎达到了极致，似乎没有可以再挖掘的东西，竞争仍然是那样激烈。这时人们在想，还有什么是企业的资源，企业还有什么潜力没有发挥出来，第二次世界大战后日本经济的迅速崛起给了美国很多启发，一大批学者和企业领袖，如梅奥、威廉·大内、道格拉斯·麦格雷戈、高尔文等提出企业中最大的资源是人，企业中只有人的潜质还没有最大限度发挥出来，企业管理的重心应当放在"人"上，企业文化在企业发展中具有巨大的作用，行为科学理论和人力资源管理理论应运而生。

制度管理与文化管理的激励方式不同。制度管理的激励是外部激励，比如奖励或者惩罚。在科学管理的条件下，企业制定了各种规章制度来约束和规范员工的行为，制度成了约束员工的工具。按照规章制度做事就成为基本意义上的好员工，违反制度就要受到惩罚，你完成了销售任务就会被奖励，你没有完成销售任务就要被罚款，在制度管理的前提下，顺理成章。科学管理或者说制度管理，也就是"胡萝卜加大棒"（萝卜加大棒也恰恰是对称化管理）的管理方法，主要使用的就是外部激励手段。

文化管理以内部激励为主。企业文化管理通过同化员工的思想，使其自觉遵守某种隐性的企业习惯，让员工感受不到或者感受到较少的约束，自觉约束自身行为、自我加压。在企业文化管理的前提下，企业的制度和规定也慢慢成为员工的一种行为规范而不是强制执行的奖惩工具。比如，公司管理制度规定："在办公区域禁止吸烟，如有违反罚款 200 元。"在一个企业文化落地生根的企业里，在员工的素质达到一定水平的前提下，员工就会认为，这个制度规定对自己的意义并不大，自己本身就是这样要求的，不仅在公司的办公区域，在其他的公共场合也自我约束不吸烟。由此可见，来自内部的约束力要比来自外部的约束力的威力要大得多。文化管理的效用也要比制度管理的效用大很多、成本低很多。

（二）制度管理与文化管理的群和谐

制度管理和文化管理是相反相成、相互对称的。差别最大即相反，联系最紧即相同，既相反又相同，就叫相反相成，即对称。根据势科学定义信息势 = 差别 × 联系，对称状态的信息势 = 最大的差别 × 最紧的联系，对称信息势最大。根据制度与文化对人类行为制约的对称性，在管理过程中，将制度管理与文化管理结合起来，符合对称性管理势最大化的基本原理。制度管理的法治和文化管理的文治形成对称；制度管理的外部控制方式与文化管理的自我内部控制方式对称；制度管理的管理重心"物"与文化管理的管理重心"人"形成对称；制度管理的外部激励方式与文化管理的内部激励形成对称；以行为为管理重点与以思想为管理重点形成对称。围绕管理目标，运用制度管理与文化管理相结合的对称性管理方式，构造以管理目标为恒等元的制度管理－文化管理群，此群具有强大的管理信息势，能充分发挥制度和文化的优势，调动员工的积极性，达到企业管理效益最大化（见图7－4）。

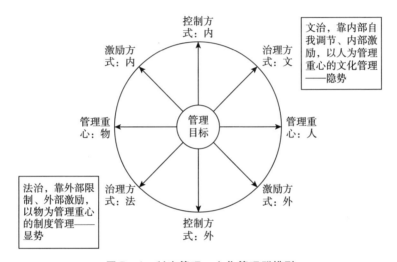

图7－4 制度管理－文化管理群模型

在企业管理过程中，运用对称性管理理论，就是要发挥各自的优势，软硬兼施，也就是所谓的"文化要软，制度要硬"。一个企业如果只抓软的文化，忽略硬的制度，那么企业要么自然推动，要么就会软弱无力；相反，如果一个企业只注重硬性的制度，而完全不顾及文化在管理中的作用，那就可能会产生执行过力而崩盘的后果。只有把软性的文化做到极致，把硬性的制度贯彻到底，软硬兼施，才能相得益彰，营造最大的管理信息势。

第八章 基于管理信息势的战略和细节

管理信息势是在管理活动中，运用势科学运行机制（差别促进联系，联系扩大差别），将差别巨大的组织要素与差别巨大的管理资源紧密联系起来营造的信息势。要营造强大的管理信息势，就必须实施对称化管理，构建良好的信息势提升机制。

对称化管理有很多种，从不同的角度有不同的分类，产生不同的对称。从职能、专业和模式三个维度对管理理论进行分类的三维框架，[①] 很好地体现了对称化（三个维度相互之间的对称性以及各个维度内部不同管理理论之间的对称性）管理的统摄能力。从另外的角度可分出战略管理和细节管理的对称、制度管理与文化管理的对称、运营与创新的对称、领导与沟通的对称等。其中，战略管理与细节管理的对称是近些年来很多学者争相讨论的话题。

第一节 基于管理信息势的战略管理

一 战略的对称性及战略管理

"战略"一词本为军事术语，意指"将军指挥军队的艺术"。从企业未来发展方向的角度看，战略表现为一种企业未来发展的计划（plan）；从企业过去发展历程的角度来看，战略则表现为企业过去发展历程的模式（pattern）；从宏观的产业划分及其发展的角度看，可以把战略理解成一种定位（position）；而从微观的企业发展的层次来理解，又可以把战略理解成一种观

---

① 李德昌、孙继伟：《对称化管理与管理模式的对称性发展——势科学视角的分析》，《系统管理学报》2011 年第 3 期，第 340～346 页。

念（perspective）。战略含义中的计划（企业未来发展方向）与模式（企业过去发展历程）对称，定位（产业层次的宏观性）和观念（企业层次的微观性）对称。这些对称构成了战略的信息势群论模型（见图 8 - 1），企业将战略管理放在企业管理的首位不仅仅因为战略是企业经营方向的指挥棒，也因为战略管理因对称性有强大的管理信息势。

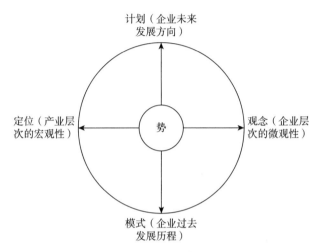

图 8 - 1　战略的信息势群论模型

从势科学的视角看，战略管理就是将企业的未来与现在的巨大"差别"通过制定和执行战略"联系"起来；未来和现在的差别越大，通过该战略规划而执行之后的结果越好，说明战略管理越好，战略管理信息势越大。国家发布的五年规划、十年规划、五十年甚至是百年宏图战略规划，是国家层面上的战略，而规划的实施是把战略变成现实的过程。实现了的百年宏图的战略管理信息势远大于五年规划信息势。

二　战略管理过程

战略管理是一个动态的过程，首先要确定企业的使命，根据企业所处的外部环境和自身的内部条件制定企业的目标，依据目标进行谋划，并运用外部力量、依靠自身的能力，将谋划付诸行动，实现企业的战略目标，完成企业的使命，并且在战略实施的过程中对各个环节进行控制、反馈、修正。[1]

---

① 王昶：《战略管理：理论与方法》，清华大学出版社，2010。

不同的组织有不同的战略管理过程，虽然形式上可能千差万别，究其实质，基本都是同一个过程：第一步，确定组织的战略目标，以确定组织从事业务的性质和未来的发展方向；第二步，分析组织所处的环境，包括组织所处的外部环境和组织的内部条件，运用SWOT分析，明确自身的优势和劣势，把握机会、避开威胁；第三步，选择与环境最匹配的、最适合组织的发展战略。

战略管理包括战略计划、战略实施和评估反馈三大部分，战略管理过程包含六个步骤（见图8-2）。其中，确定组织的战略目标、分析组织所处的外部环境和组织的内部条件、构造战略是战略管理中的计划部分，战略实施和评估反馈也同计划同样重要，甚至更加重要。有了战略不加以实施或者盲目实施，即使战略再好也是空谈。从势科学的视域分析战略管理过程，战略管理中的计划部分主要体现了势科学中的差别，而战略管理的实施则是将差别联系起来的过程，差别×联系营造战略管理信息势。

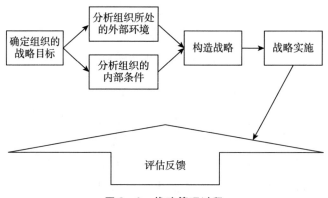

图8-2 战略管理过程

第一步，确定组织的战略目标，建立战略管理的恒等元。确定组织的战略目标是战略管理过程的第一步，也是具有决定性意义的关键步骤。制定战略首先要清楚明确企业的产品目标和提供服务的范围，也就是所要制定的战略是为什么服务的，企业的目标是什么。只有制定正确、适合的战略目标，组织才能最终实施战略。只有充分分析自身与竞争对手的差别，找出自身的核心竞争力，才能制定出合理可行的战略目标。

第二步，分析组织所处的外部环境，厘清战略管理的外部约束。组织所处的外部环境，包括整个社会环境、人文环境、行业环境等方方面面，外部环境限制了管理者的战略选择范围，是制约管理行动的关键因素。当战略与环境相适应时，环境会"滋养"战略，促进战略的成功。由此，分析外部环境就成了战略管理、战略制定过程中重要的一步。在分析外部环境时，管理者区别对待具体环境、特定环境和一般环境，以期通过细微的差别发现环境正在发生的变化和未来的趋势（找出与现在的差别）。当管理者识别到了环境的差别，并且能够认识到这个差别与自身的联系，也就是说认识到这个差别能给自身组织带来的影响的时候〔找出差别并将其与差别产生的影响（联系）有机结合起来〕，战略管理过程的第二步才算完成。

第三步，分析组织的内部条件，明晰战略管理的内部要素。在分析外部环境的基础上，企业还应重视对内部资源的分析，比如雇员的能力、企业的财务状况、技术研发能力、企业产品的质量及服务质量等，同时还要考虑企业自身的内部文化会对战略产生的影响。管理者需要识别出企业自身与众不同的能力，也就是核心竞争力，并且认识到企业自身受到所拥有的资源和所受到的能力限制等。

企业战略的实质是企业内外因素的动态匹配与整合。企业的经营活动是企业与其内外部环境交互联系的动态过程——环境变化（与之前的环境有差别）→评估对组织可能产生的影响（确定联系的紧密程度）→经营战略评估与反馈→调整战略，使战略能够适应环境变化。

第四步，构造战略，分析内外部要素的差别和联系。构造战略必须遵循决策制定过程的步骤，管理者需要开发和评估战略，然后选择与自身优势联系紧密，与环境机会联系紧密，能够发挥自身和环境优势的战略。

企业的战略选择应明确两个基本的问题。第一，确定行业（联系）。确定企业要生产什么产品或提供什么服务，拟满足某类人群或顾客的何种需要，确定经营范围和领域，也就是确定企业即将从事的经营活动所属的行业和性质。行业选择是战略制定的方向性选择，对战略制定至关重要。第二，明确核心竞争力（差别）。明确企业在某一特定经营领域的竞争优势，确定企业提供的产品或服务要在什么基础上获得竞争优势。

第五步，实施战略，扩大差别，促进联系。战略方案确定之后，就是通过战略执行来实现战略目标。战略实施的过程就是正确处理自身和未来的差别，促进自身和目标的联系，通过战略管理信息势达到战略目标的过程。在战略实施的同时，要对战略实行控制，及时将战略实施成效与预定的目标比较，通过战略信息势的势差［信息势差＝信息势1（向量1）－信息势2（向量2）＝在差别方向的势差（差别1－差别2）×（向量乘）在联系方向的势差（联系1－联系2）］来洞察战略管理的方向正确性和有效性。如果实际战略管理信息势与预定的战略管理信息势的势差较小，战略管理的执行则比较成功；如果势差很大，则要采取必要的措施进行校正，甚至需要重新评估、制定战略方案。

第六步，评估反馈。评估战略管理的结果，即评估战略的有效性，根据评估的结果，适当调整当前的战略，最终形成内外动态匹配的战略规划模式。

从势科学的角度看，战略管理过程是势增原理作用的结果——根据环境构造战略→实施战略（加强联系）→改变环境（扩大差别）→重新制定、实施战略（加强联系）→战略实施再次改变环境（正反馈、势增）。

三　战略管理的发展

战略管理研究开始于20世纪60年代。从最初的环境适应论到现在的超越竞争论，战略管理研究共经历了以下几个发展阶段：战略管理理论萌芽之后的20世纪70年代，以安索夫的环境适应理论最为典型；20世纪80年代产业组织理论以及波特的竞争战略学说使当时受到冷落的战略管理研究保持了一定的吸引力；20世纪90年代，无论是管理学界学者还是普通民众都很熟悉的"核心竞争力"引发热潮，资源基础理论和核心竞争力学说成为热点，以此为核心的战略管理研究进入新的阶段；进入21世纪，超越竞争的创新和创造理论（竞争合作理念）兴起，逐渐成了企业战略管理研究的新方向。

（一）环境适应理论

20世纪70年代盛行的环境适应理论的核心思想是环境是不断变化的，环境的不确定性会对企业产生重要的影响，企业应该为了应对环境的变化适当调整自己的战略。由此，战略是在行动过程中不断探索的结果而不是管理者事先制定的。战略的实施根据环境的变化情况做出相应的改变，不是一成不变的。无论是战略方向改变的战略调整还是战略能力的调整，都需要考虑环境的变化因素。环境适应理论强调的是最适合环境的战略，与变化的环境最匹配的就是最适合的战略。

从势科学的角度看，环境适应理论就是识别变化、差别，加强自身与环境的联系，维持强大的战略信息势，联系越紧战略信息势越大，战略成功的可能性越大。

（二）产业组织理论与竞争战略学说

产业组织理论研究的重点是行业环境对企业利润的影响，企业所处的外部环境是企业制定竞争战略优先要考虑的因素，该企业所处的行业（该行业与企业联系最紧密）是对企业最直接起作用的外部环境，行业决定着企业的竞争范围，行业的结构和盈利能力也决定着企业的利润空间。利润是企业生存发展的根本，企业要盈利，必须扩大自身和对手的差别，提高自身的核心竞争力，根据势科学的定义，势＝差别×联系，增强信息势、提高企业竞争力的途径有两条：一是加强联系，使企业处于优势行业之中（与优势行业联系紧），行业是企业获取高利润的平台，优势行业是企业具有较高盈利能力重要条件；二是扩大差别，在同一个行业里面，企业具有其他同行所没有的优势（与对手的差别大），处于有利的盈利地位，差别扩大，联系加强，信息势增强。也就是说，产业组织理论可以说成好的战略就是要么加强了与优势行业的联系，要么扩大了与竞争对手的差别，抑或二者兼而有之。美国哈佛大学教授波特根据产业组织理论提出的竞争战略学说就是强调了其中一个方面，其主要观点是：企业的盈利能力取决于其所处行业的盈利能力，而行业的盈利能力的决定性因素是行业的吸引力。

（三）资源基础理论与核心竞争力学说

波特的竞争战略学说太过强调外部环境（行业环境）对企业业绩的决定性作用，而忽视了企业资源的差异性，合理性稍显不足。资源基础理论主要是从企业内部来探寻企业占据竞争优势的原因。根据资源基础理论，企业资源可以分为有形资源和无形资源，人力、技术、资金等有形的资源对于公司的发展很重要，但企业也有很多无形的资源，比如社会关系、企业文化等，很多无形的资源是不能复制和流动的，而正是这些不能复制和流动的无形的资源才最可能成为企业独特的能力和优势。各种有形或无形的资源共同彰显了企业与对手的差别，能力越强，差别越大，核心竞争力就越大，企业的势也就越大。维持企业的优势就要保持企业的这种独特的资源和能力，或者说保持企业的这种相对优势。该理论与势科学的基本原理一致：当企业间的差异一直存在，而且某企业一直拥有相对优势的时候，该企业则一直能够赢得市场、获取利润；当该企业与其他企业拥有相同的资源和能力时，也就是与其他企业的差别为零的时候，该企业的势减小为零，优势消失，盈利能力降低到行业同等水平。

加里·哈默尔与拉哈拉德在 1990 年时在《哈佛商业评论》上联合发表的文章《企业核心竞争力》，正式提出了企业核心竞争力这一术语，由此开始了对企业核心竞争力的相关研究。所谓核心竞争力，是指"组织中的累积性学识，特别是关于怎样协调各种生产技能和整合各种技术的学识"。核心竞争力不会像资金等资产一样因为被使用而产生消耗，也不会像技术一样会老化，与之相反，核心竞争力会因为使用长久而被员工们相互分享，让企业增值。核心竞争力对于企业来说的作用不一，有的像汽车发动机，有的像是创新的源泉，有的则是经营方向的指南针。从核心竞争力学说的本质上来讲，该学说脱胎于资源基础理论。

资源基础理论和脱胎于资源基础论的核心竞争力学说都是以企业所拥有的独一无二的资源（资源和能力）为前提的，独一无二的资源就是企业与对手保持差别的保证，也是保持自身竞争优势的保证，只有有了差别，才能凸显自身的信息势。

（四）竞争合作理念

竞争合作理念是菲利普·科特勒在 1999 年提出的，主要思路是：围绕顾客这个中心，通过一些途径，培育出新的市场需求，进而产生出新的顾客群，最终改变自身的战略架构。竞争合作不是只竞争不合作，也不是只合作不竞争，而是在竞争的同时兼顾合作，在合作中促进竞争。竞争合作鼓励企业绕开竞争对手开辟新的领域，不提倡很多企业挤在独木桥上竞争。竞争合作的战略思想超越了与竞争对手直接竞争的传统思维，从顾客角度出发，以顾客为战略思想的核心，给处于复杂的现代社会网络中的企业提供了新的发展思路和方向。

竞争是双方为了同一个目的，在各自的位置，做几乎相同的事情。竞争本身就含有差别（双方不同的位置）和联系（为了同一个目的）。竞争合作是在差别相同的情况下，加强竞争双方的联系，联系更紧，差别更大，竞争信息势更大。竞争中之所以能够合作，是因为竞争的双方占有的资源有差异，在竞争中产生互补和对称，营造更大的市场信息势，将市场做得更大，吸引更多的顾客进入该市场，最后竞争的双方都获益。

四 战略管理的要义

纵观战略管理的发展史，从战略规划理论到环境适应理论，经产业组织理论和竞争战略学说，再到后来的资源基础理论、核心竞争力学说以及合作竞争理念，此间的每种理论都或多或少存在不够全面的问题，但是每种理论在历史的某个阶段都得到了大家的广泛认可和企业的广泛应用。如果非要从管理学的角度把握战略管理的含义，可以说战略管理"强调高层战略决策对组织的生存发展极端重要。决策必须针对外部环境和竞争对手，具有战略眼光，重在形成和保持组织的核心竞争能力"[1]。

（一）重视高层决策的地位和作用

从战略管理理论的发展史可以看出，强调高层管理者的战略决策在管理活动中的重要作用是战略管理的核心内容，高层管理者的战略决策对于组织的生存发展具有重要意义。战略管理的这个核心就像是所有的理论研究都有一个核心理念一样，也成了战略管理研究的核心。

从战略管理开创到现在，其关注重心一直在变化，新的研究术语也不断地出现在战略管理的新的研究成果里面。但是，纵观战略管理发展变化历程，在众多核心词中，"决策"这一概念从未消失，"决策"一词贯穿了战略管理研究的始终，过去如此，现在仍是核心。决策的本质是选择，而选择的基础是信息或信息势。强大的信息势产生好的选择，好的选择又增强信息势。营造最大的信息势，就具备了最好的决策素质，就可以做出最好的选择和决策。

战略管理里面的决策，是指关乎企业命运的"领导层决策"，其决策目标总是在高层次上将组织的未来和现在联系起来，营造管理过程的信息势。战略决策是由企业的高层管理者做出的方向性决策，企业很多重大问题，

---

① 王虎成：《文化管理与战略管理互补研究》，博士学位论文，华中师范大学，2013。

包括企业的行事方法、企业间存在差异的原因、企业的功能与价值以及企业的核心竞争力是什么等方面的问题的解决都需要战略决策的方向性指导。其中，企业间存在差异的原因这个因素极为重要，探究了现实企业没有等同、趋于一致反而千差万别的原因之后，企业的行事方法、功能与价值以及核心竞争力等方面的问题就有了解决方向。在势科学理论基础上考察该企业与其他企业如何形成经营管理的差别，阐述企业战略及其有效管理，具有很大优势。

高层管理者的战略决策影响着公司的方方面面，比如企业的基本经营方向，销售政策，实施层面上的如何管理以及资金筹措、人员安排、组织机构设置、权限分配，等等。战略决策一旦确定，以上这些也随之基本确定。不仅如此，企业采取何种手段保持员工的向心力，对工作的考核与监督以及事务之间的协调控制等各方面的工作也都是以战略决策为基准的。所以，战略决策对企业的整体发展有极为重要的影响。

（二）强调决策必须针对环境和对手（环境和竞争对手是与企业联系最紧密的要素）

像前文提到的外部环境的重要性一样，"外部环境"这个词是战略管理永远绕不开的，它几乎出现在任何一个战略管理的定义中。如申德尔指出战略管理"决定并维系企业与环境之间的联系"（可见，这与基于势科学理论的管理原则完全一致），斯坦纳声明战略管理要"根据企业外部环境和内部经营要素确定企业目标"。[①] 外部环境几乎包括组织所处环境的各个方面，如政治、经济、文化等，涉及范围非常广泛。战略决策需要依据其中一个或者多个做出合理的选择，脱离环境是不现实的，就像人不能生活在真空中一样，任何决策都离不开外部环境。即使有些理论中没有提及"外部环境"一词，其也隐藏了考察外部环境的要求。从本质上讲，战略规划理论就是要求处理好外部机会与内外部资源的关系，根据机会合理分配资源。

随着市场竞争的日益激烈，战略决策者对外部环境尤其是对竞争对手的重视程度日益加深，只有决策正确才能保证企业有正确的发展方向，企业才有优势可言，在竞争中才有获胜的可能。对外部环境的分析把握固然

---

① 王昶：《战略管理：理论与方法》，清华大学出版社，2010。

重要，但培养自身的核心竞争力也不能忽视，它也能使企业拥有独特的竞争优势。

（三）强调形成和保持核心竞争力

企业的生存和发展主要靠的是自身的能力和内部的各种资源。资源是发展能力的基础，能力是企业利用资源的结果，在获取、使用资源，创造新的价值的过程中，企业的能力得以展现，而资源和能力结合起来形成了企业竞争优势的内在驱动力。[①] 迈克尔·波特的价值链模型，将企业能力分为基本活动能力和支持性活动能力。基本活动能力包括企业的生产能力、营销能力、进料能力、售后服务能力等，支持性活动能力有技术研发能力、采购能力、财务和人事管理能力等。企业可从以上几个方面加强相应能力，来保持自身的核心竞争力。对核心竞争力的理解多种多样，学术界主流的定义是：只有符合有价值的、稀缺的、难以模仿的、不可替代的这几个标准的资源和能力，才有可能成为核心竞争力。

从势科学的视角看，企业要保持自身的竞争优势，就要强化自身的能力，使其与其他企业有显著差别，这需要一系列机制来提升自身的核心竞争力，比如激励、控制和协调机制等。此外，企业还可以通过切断竞争者试图学习模仿自己的途径来断开竞争者的学习联系，使其学习追赶信息势为零，从而保持自身的竞争信息势，保证自身的核心竞争力。强化自身能力是扩大信息势中的差别元素，切断竞争者的学习渠道是减小信息势中的联系元素，无论从哪一方面着手，都能达到保持自身核心竞争力的目的。

魏江、邬爱其等的战略行动推进议程指出，战略执行者行动议程主要解决面对将来现在要做什么、需要特别关注的是什么、什么能够授权的问题，为了解决这些问题，要建立战略导向的、具有竞争力的组织，构建有效的信息沟通和操作系统，为关键战略活动分配足够的资源，构建有效的报酬和激励机制，制定支持战略的政策，营造与战略匹配的工作环境和公司文化，持续推进制定最好的方案，实施战略领导，等等（见图 8 - 3）。从势科学的视角看，建立战略导向的、具有竞争力的组织与构建有效的信息沟通和操作系统就是组织、沟通的一对具有对称性的元素，为关键战略

---

① 王虎成：《文化管理与战略管理互补研究》，博士学位论文，华中师范大学，2013。

活动分配足够的资源是构建有效的报酬和激励机制的基础，即资源是激励的基础；制定支持战略的政策就是建立制度，与营造与战略匹配的工作环境和公司文化形成对称；实施战略领导与持续推进制定最好的方案形成对称。总体而言，战略行动推进议程构成了一个基于信息势的战略执行群（见图 8－4）。

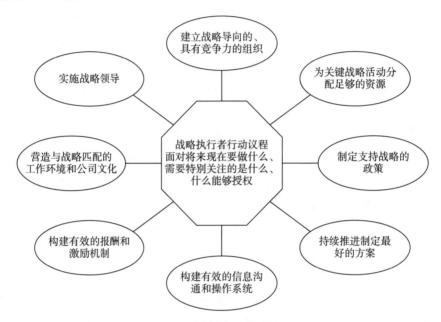

图 8－3　战略行动推进议程

资料来源：参见魏江、邬爱其等《战略管理》，机械工业出版社，2010。

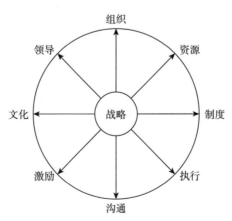

图 8－4　基于信息势的战略执行群

五　基于对称性的战略性思维

根据麦肯锡的 7S 模型（见图 8 - 5），战略实施过程是一个系统的整体的过程，既要考虑组织的结构、战略和制度三个显性的硬性因素，也要考虑风格、人员、技能和共同价值观四个软性因素，只有将这 7 个因素整体考虑、协调，企业战略才能获得成功。

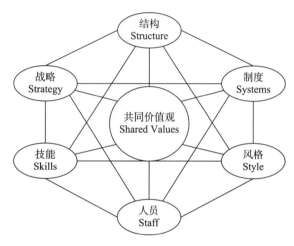

图 8 - 5　麦肯锡的 7S 模型

战略是一系列决策的结果，是制定企业长短期规划的基础，是企业根据内外部环境、自身能力以及可利用的资源的总体情况，为了企业的生存及长期的发展，对实现未来的发展目标所要采取的手段以及达到目标的途径的整体谋划，是企业总的经营思想的集中体现。战略的有效实施需要有健全的组织机构做保证，组织机构是企业的目标、人员、职位、相互关系等组织要素的有效排列组合方式，是企业赖以生存的基础。组织机构为战略实施服务，必须与战略相协调，不同的战略需要不同的组织机构。此外，战略的实施还需要有完善的制度做保证，在实施战略的过程中，应构建与战略思想吻合的制度体系。战略是企业发展的指导思想，不光是制定战略的领导层明白其意涵，中层和基层的员工也要领会这个指导思想，只有组织的全体员工都从深层次上理解企业的战略意图，组织成员才能有共同的价值观基础，共同的价值观具有导向、约束、凝聚、激励和辐射的作用，能够激发员工的工作热情，为战略目标的达成而努力。人是战略实施的基本要素，也是战略实施的关键因素，由什么样的人来实施战略制约着实施的结果。所以要对员工进行系统的技能培训，以提升其能力。在企业发展的过程中，要全面考虑以上 7 个因素，它们是战略取得成功的保障。

因此，所谓战略思维意识是指战略领导者必须系统思考和整体把握企业所面临的潜在问题，全方位谋划指导思想与行动框架。战略思维是现代战略学的一个重要范畴，企业家的战略性思维是企业家针对企业的全局性、长期性、纲领性问题做出重大决策时的科学的思维方法。战略性思维具有善于捕捉发展机会、进行战略分析、解决战略矛盾、理清战略思路的特点。在战略性思维的四个特点中，解决战略矛盾占据了战略管理的大部分空间。有时甚至可以说战略管理过程就是一个处理各种矛盾的过程。

在战略管理的过程中，始终都充满着矛盾，企业家要抓与战略决策有关的主要矛盾。这些矛盾有组织与环境的矛盾、资源与目标的矛盾、旧业与新业的矛盾、生存与发展的矛盾、专业化与多元化的矛盾、引进来与走出去的矛盾、竞争与合作的矛盾以及兴办企业与保护环境的矛盾。如何正确地处理这些矛盾，要求企业家具有对称性思维，因为这些矛盾都是一个事物的相反相成的两个方面，既具有对立性，又具有统一性，有时甚至能够相互转化。相反相成的元素围绕同一个"心"变化，变化前后的整体效用不变，这些元素就构成了对称性。这些具有对称性的元素围绕战略管理这个核心，形成一个群，成群的矛盾便有了较大的矛盾信息势。这就要求，处理矛盾的战略管理者具有对称性群思维，只有如此，才能应对矛盾群的信息势，找到最适合自身企业发展的战略并实施管理好战略，使企业的战略管理信息势达到最大。

第二节　基于管理信息势的细节管理

美国气象学家爱德华·洛伦兹于 1963 年在一篇提交给纽约科学院的论文中提出了蝴蝶效应，蝴蝶效应最常见的阐述就是"一只蝴蝶在巴西轻拍翅膀，可以导致一个月后得克萨斯州的一场龙卷风"。

蝴蝶效应指一件看似非常微小的甚至看起来毫无关系的事情，可能会对结果产生巨大的影响，带来巨大的变化。此效应说明，初始条件的极小的偏差，都可能会引起结果的极大差异。这充分说明了微小事情所能产生的重大作用，从管理学的角度看，这充分印证了管理中经常提及的细节决定成败论。

"细节管理"能成为管理领域的热门话题，是因为细节能将个性化"差别"很大的成员"联系"起来营造组织信息势，不注意细节就会在细节的地方使人或事或物的内在联系断裂而失去势，由此而导致管理失效。①

细节是指微小事物和情节，其内含科学的精神和认真的态度。细节管理贯穿企业的决策、信息提供、产品研发和创新等各个方面，是企业管理的重要组成部分，为企业制定目标、提高工作效率、创新发展提供有力保证。②

一　细节管理及其对称性

任何事物都是由无数个环节紧密相连构成的，每一个环节都是虽微小但重要的情节，这些微小情节通过特定的联系构成整个有机的系统，事物这个有机系统的本质也通过每个细节得以体现。细节之间的特定联系就是某个事物或者事情运行、发展的客观规律。不同细节之间的内在联系，正是势科学管理理论在细节管理中"大显身手"的客观基础。

细节存在于普遍联系的事物的各个角落，无时无处不存在细节。就像势科学中阐述的并不是所有消息都能成为信息一样，并不是每一个细节都有意义。只有在某个目的性的系统中，细节才能发挥其作用显示其价值。像消息一样，细节是无处不在的一种客观存在，但消息成为信息需要一定的"智慧"（对该消息能够理解接收），发现细节也需要一双慧眼。

企业管理中，细节就是指某项工作的一个程序、一个步骤，是每个员工在进行具体工作时不可逾越的环节和程序。细节虽小，忽略细节却会对很多工作造成大麻烦。营销过程不关注细节，会导致客户体验不佳；接待过程疏忽细节，可能会使企业的形象受到损害。细节贯穿于企业管理的始终，企业只有重视工作细节，重视并保证细节要求达标，才能保证实现预期的目标。

---

① 李德昌：《势科学理论的普适性与科学意义——信息人社会与势科学理论研究之二》，《阅江学刊》2011 年第 3 期，第 19～28 页。
② 汪中求：《细节决定成败》，新华出版社，2004。

细节管理就是对细小、微小之处的管理、控制，对企业中的每个人、每个组织的每个工作的每个程序管理到位，在管理的各个环节各个方面落实细节、追求极致，通过细节目标的实现来保证整体的目标的实现。细节管理是一种科学的管理方法，是组织发挥有限资源的最大效能的过程；从势科学的视角理解细节管理理念，细节管理就是找出实际水平与完美追求的差距，并通过不懈努力将这种差距缩小。找到差距是认识差别，缩小差距、达成目标是增强联系。细节管理将现实和完美的巨大差别，通过永续精进的追求过程联系起来，创造强大的管理信息势。细节管理崇尚规则（以线性的格式化方式营造一种组织信息势）意识，是自上而下的积极引导和自下而上的自觉响应的常态化管理模式。自上而下与自下而上的对称、引导与响应的对称、现实和完美的对称形成细节管理的三维对称信息群模型（见图8-6），细节管理因此具有了强大的管理信息势。

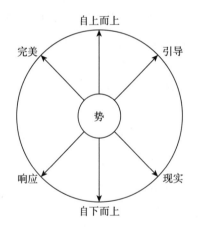

图8-6 细节管理的三维对称信息群模型

二 细节管理的要义

从上文论述可知，细节管理的本质是从管理的细微之处找出差别，然后寻找这些差别之间的联系，当这些细微的差别有序联系在一起的时候，管理就能营造出强大的信息势，细节也成了管理的关键因素。

泰勒的科学管理理论的最大特点就是开发出工人工作的每一个要素的科学方法，并将这种方法作为标准确定下来，让员工按照此标准执行，简言之就是"将细节标准化"。泰勒的科学管理方法极大地提高了当时的生产效率和生产效益，在这里，工人工作的细节是提高效率的基础和前提。细节不光能提高效率，也能创造效益。细节既能创造正效益，也会产生负效益。

细节起着重要的作用，做好细节工作有诸多的益处。做好细节管理，不光要像泰勒的科学管理那样，把内部员工的各个工作环节标准化，还要求我们把目光放在客户的身上，而不是关注竞争对手。自身和客户才是细节管理的重点。无论是做战略决策还是制定规章制度，都要重视细节的力量，任何对细节的忽视行为都可能导致不可想象的后果。此外，执行是细节管理的重要环节，执行在势科学的信息势中是联系要素，若只有差别没有联系，信息势是产生不了的。不论有多完美的政策，如果没有执行，一切都只能是泡影。俗话说："要想时针走得准，必须控制好秒针的运行。"在细节实施过程中，我们不仅要谨慎细致，还要注重在实施过程中的创新和突破。在企业的管理中，对完美的追求是无止境的，细节管理也是永续精进的。虽然无止境，但是可以通过标准和规范来衡量细节管理的效用。标准和规范是细节的量化，没有规则和标准的企业肯定是管理不到位的。精细化管理必须是规范的、科学的，科学管理是力图使每一个管理环节数据化、精确化。发现细节的完美之途，并能沿途前进才是完整的细节管理，用势科学的语言，发现完美是差别要素，沿途前进是联系要素，只有二者相结合，才能产生细节管理信息势，二者中任意一者为零，细节管理都无效。

细节管理不等同于"事无巨细，事必躬亲"，它是追求完美、科学务实、找寻规律的态度，是一种理念。企业的产品、技术、品牌、价格、渠道、售后、物流、决策、危机处理等构成了企业的整个系统，以系统目标为核心（基本元），这些元素的细节管理形成细节管理群，当各方面的细节管理信息势达到最大的时候，细节管理群的势最大，管理效果最好。在这里，任何一个环节出错，都会影响群的整体效果，都会影响到管理系统输出的结果。

细节管理无处不在，它主要存在于自身内部管理的各个环节上，要做好细节管理，首先要关注自身内部管理和执行的各个细节，细节管理不是单靠领导或者管理层的事事紧盯来进行，而要靠完整的系统、规则来保证管理效果，这就需要制度来帮忙了。将细节管理运用到操作流程中的每一个操作的环节上，用制度去管理操作环节，做到制定制度规则、落实制度规则。简言之，管理者制定细节管理制度，执行层执行细节管理制度，做到全员参与。只有少数管理人员参与的细节管理是起不到管理效果的。少数管理人员提出的准则与全员执行的规范形成对称，两者共同作用，才能使细节管理达到理想的效果。

我们强调细节的重要性，强调重视操作环节，说到底是提倡科学的精神和认真的态度（科学的精神和认真的态度对称），从而找到隐藏在细节背后的事物发展的内在联系和规律性。对于企业而言，员工有了关注细节的好习惯，企业的细节管理会产生意想不到的好效果。注重细节要求员工有精益求精的工作作风，把工作精细化。此外，企业要对细节的执行严格要求，不抓落实，细节管理将无任何意义。

细致入微思考、精益求精做事、一丝不苟抓落实，都是细节管理在执行过程中的具体体现。不执行就体现不出细节管理的重要性，不执行就无细节管理可谈，执行是企业与未来目标联系的唯一纽带，没有执行，就断了纽带，断了联系，不能造势。

综上，细节管理要求一个体系中的每个环节、每个岗位的每个员工，都必须把自己负责的事情做好，不找任何借口，哪怕是合理的借口，想方设法去完成任务，想办法让不同的岗位（差别）的每个员工把处于系统内（联系）的自己的每件事情做好。每个员工的差别越大（每个员工的分工几乎没有任何相同之处），分工在系统内的联系越紧（每个员工的工作环节环环相扣），细节管理信息势越大，事情做得越精细。细节管理也强调管理过程中，不能忽略生活小事或管理中的某些细节，例如职工的生日关怀、分配工作时或执行任务时的某些细节等。细节管理关注的对象是内部管理过程中的每一个环节，重点在基层的每个员工的执行，只有每个员工在做本职工作的时候很好地执行，才能保证细节管理的有效性。细节管理的意义在于通过管理细节，将组织目标与实施过程紧密联系起来，营造成功管理的强大信息势。

三　基于对称性的细节管理实施

对于现代企业来说，细节能够提高效率，增加生产效益。泰勒的科学管理理论最大的特点就是将细节标准化，提高了生效效率，从而实现了企业效益的最大化。细节中隐藏着机会，甚至决定企业发展成败。既然细节管理对企业如此重要，将细节管理落实在行动上才能产生效益。做好细节管理，就要把握细节管理的对称性，增加细节管理信息量，增强细节管理信息势。

第一，把握引导和响应的对称性。思想是行动的指南，在细节管理信息中起引导作用。行动是思想的结果。必须牢固树立以细节为导向的管理意识和管理理念，充分认识到细节管理信息势的重要性。进行格式化为主的强化培训，使组织成员以自我管理与自我约束为起点，以组织的制度为外部约束，养成思想到位，做事到位的好习惯，组织根据细节管理格式化、标准化、制度化的原则，建立统一的制度、规范来保证行动的有效性。

第二，把握自上而下和自下而上的对称性。不光要在思想上自上而下进行引导，还要在行动上自上而下做出表率。组织的上中下各层次、各环节、各方面都要认识到细节管理信息势的重要性，而不能仅仅局限于基层或者某个部分。建立覆盖全公司行为的细节管理制度，高层领导带头做好自己本职工作内的细节，营造自身的细节信息势，通过表率的作用影响全公司的细节管理信息势。

第三，完美和现实的对称。组织目标的完美和组织现实的对称，个人追求的完美与个人的现实的对称。组织目标的实现过程是组织集体成员对组织的完美目标不懈追求的过程，组织成员对组织完美目标的追求过程也是实现个人完美追求目标的过程。组织成员根据实际情况建立符合自己的相对完美的标准和要求，自我加压、管理、约束，坚持不懈，最终取得良好的效果。这也是组织成员自我学习、增强自身竞争力的过程。

细节以及细节管理问题，是一个很大很深的话题，也是一个很浅很简单的话题。其延伸到不同的部门、不同的行业、不同的人会有很多的具体内容。但对于企业而言，归根结底是为了加强管理，提高能力，降低成本，占领市场，顺应形势需要，适应改革要求，迎接未来的挑战。每个人、每个组织都应该自觉进行细节管理，以提升自身的能力，达到各自的目的，实现各自的价值。

第三节　基于管理信息势的战略管理与细节管理和谐

一个企业如何才能成功呢？是靠高瞻远瞩的战略，还是靠完美的细节执行？事实证明，仅靠伟大的战略或单靠完美的细节执行都是不能把企业做大做强的。世界 500 强企业，每一家都有宏伟的战略目标，有十年甚至是百年的宏伟蓝图，有了蓝图，不能只停留在蓝图阶段，还需要通过精细化的细节管理实施使战略一步步得以实现。宏伟、正确的战略与精细、完美的细节都是企业走向成功的基础，两者相辅相成，共同作用，把握战略与细节的对称化管理，才能营造最大的管理信息势，实现管理和谐，推动企业走向成功，顾此失彼或是重此轻彼都不能使管理效益最大化。

势增原理"差别促进联系，联系扩大差别"，差别越来越大，联系越来越紧，最后，差别最大即相反，联系最紧即相同，即相反又相同——"相反相成"形成对称，对称性元素构成具有数学结构的群与泛群，从而在各个层次上实现和谐。简言之，推动和谐发展的动力学过程是"势—对称—群—和谐"。所有的管理方法组成一个集合，集合中的元素对称成群，管理和谐。在这个集合中，"无为而治"的管理是管理群中的恒等元，它与任一种管理作用等于该种管理；它也等于任何一对相反管理的和。在看似"无为而治"的管理中，能够衍生出无数对"对立统一"的管理方法（如 X 管理和 Y 管理等），即相反相成、差别最大又联系最紧、具有最大的管理信息量和管理信息势的管理方法，这样才能保证管理的效率与效果。

一　战略管理与细节管理的对称及势科学群模型

波特认为"战略的本质是抉择、权衡和各适其位"。"抉择""权衡"是指在每个战略制定之前做调研、分析，通过分析做出适合自身的决定的过程；"各适其位"是指在确定战略之后，执行战略的细节执行的过程。好的战略，只有通过细节的执行，落实在每个细节上，才能够发挥作用，实现其目的，这也就是"各适其位"的含义。战略和战术是相对的，宏观和微观是相对的，宏观的战略一定要从微观的细节中来，再回到微观的细节中去，目标才能够实现。

战略管理强调高层决策者要从宏观的大局着眼，其制定的战略决策对企业的生存发展至关重要。决策必须具有战略眼光，重在形成和保持组织的核心竞争能力。组织的核心竞争力必须是有价值的、稀缺的、难以模仿的、不可替代的。

细节管理是强调基层员工在执行任务、决策和命令的过程要从细微处着手，执行的结果对组织的生存发展也同样重要。细节管理是一种精细化管理，不像战略管理那样需要决策者有雄韬伟略，只要愿意，每个人都能把细节管理做得很好，同时，细节管理也不像企业的核心竞争力一样难以模仿和不可替代，而是人人皆能行之。

战略管理强调的高层决策与细节管理的基层执行形成对称；战略管理从大局着眼与细节管理从细微着手形成对称；战略管理针对外部环境和竞争对手与细节管理依靠自身员工针对内部事务进行管理形成对称；战略管理中的核心竞争力的难以模仿与细节管理的人人可行形成对称（见图 8-7）。在实际的管理中，只有将战略和细节完美结合起来，将对称性元素集合成群，形成强大的管理势，管理绩效才能令人满意。

图 8-7 战略管理与细节管理的管理群模型

制定了一个好的战略决策之后，就必须在细节上很好地执行，如此，战略才能真正发挥作用。决策和执行对称，战略决策和细节执行对称，好的战略决策通过认真细致的细节执行得以实施，管理效益显现。以管理目标为恒等元，战略管理与细节管理中的四维对称形成具有数学结构的管理群，由此可以建立战略管理与细节管理的数理逻辑模型，开辟战略管理与细节管理研究的科学化路径。

二　战略管理与细节管理对称性的实施

只强调战略或者只谈论细节是不能让企业发展起来的，只有根据群模型，充分利用对称性原理，综合利用二者相辅相成的优势，关注战略和细节的对称化实施过程，企业才能有效实施管理。作为公司的决策层，首要任务是制定正确的战略方针，把握方向，确定企业目标；执行部门则需要将大的战略转变成可以执行的细节，分解整体目标，强化每个细节运行，将工作高质量、高水平、高速度完成，以确保战略计划的顺利实施，及早实现企业高层制定的战略目标。战略与细节的对称性结合，要考虑以下几个方面。

（一）把细节作为制定战略目标的基础

企业的战略是总的，统揽全局的，可靠的信息和翔实的材料是制定战略的基础。企业的战略目标是企业的发展愿景和使命，是企业在市场调研和大量数据积累的基础上，为适应未来环境的变化而做出的全局性、长远性、纲领性目标的谋划和决策。美国心理学家亚伯拉罕·马斯洛在1943年出版的《人类激励理论》一书中提出需求层次理论，该理论指出人类的需求是无止境的，从最基层的生理需求到塔尖的自我实现，需求层次越高，变化性、可塑性越大，丰富性和复杂性也越强。按照此理论，战略规划调研阶段要认真谨慎地分析各层次需求，结合企业自身的资源，合理配置，形成供决策者决策的可靠依据，充分发挥科学务实、精益求精的精神，力求调研的数据能够真实客观揭示事物发展的内在规律，为战略的制定提供可靠的基础。

（二）完善细节管理，为战略调整提供支撑

细节不只体现在战略的执行过程中，还贯穿于战略的制定过程。战略的制定过程是严密科学的，需要高层管理者认真思考、紧扣细节，凭借对细节的深入挖掘，从细节入手制定符合自身发展需求的差异化战略。把握细节能推动战略的更新调整。即使没有新的技术的创新，完善成熟产品的细节也能创造新的市场，开创新的局面。把细节做到完美，使产品附加值升高，以期达到或维持与竞品的差异化，逐步推动战略规划的升级调整。

（三）　加强细节管理，保障战略执行

"天下大事必作于细，天下难事必作于易"，若一个企业只有宏伟的战略，而没有严格、认真的细节执行，再宏大的目标也难以实现。所以，做好每个细节，就是对战略的支持，良好的细节管理是正确制定和实施战略的保证。

制定了一个好的战略决策，就必须在细节上很好地执行，否则战略便不能真正发挥作用（决策和执行对称，战略决策和细节执行对称，战略决策与认真细致的细节执行相结合的对称性管理，是使管理信息势达到最大化的有效途径）。少数的管理者和多数的执行者都是战略管理和细节管理必不可少的组成部分。企业不仅需要雄韬伟略的战略家，也需要脚踏实地、精益求精的执行者，只有二者兼顾，企业才能做大做强。少数人和多数人对称、大事业与具体琐碎小事对称、雄韬伟略与精益求精对称、战略家与执行者对称，细节管理的实施就是运用对称性原理将战略付诸实施的过程。

细节是战略制定的基础，也是战略得以实现的保证，战略为细节的执行提供了方向，组织在细节执行的过程中发现新的商机，从而推动新的战略。如此，战略指导细节，细节支持和推动战略，战略和细节在对称性中螺旋式上升（势增），企业维持较大的管理信息势，步入良性发展轨道。在管理过程中，只有既从大局着眼，重视高层管理者在制定战略上的重要性，又从小处着手，重视执行过程中基层人员对自身内部事务的精细处理，才能最大限度地发挥管理信息势的作用，保证组织目标的实现。

第九章　基于管理信息势的组织运营与组织创业

随着全球政治、经济环境的变化，科学技术和管理的日益进步，组织在迎来发展空间的同时，其运营活动的复杂性、不确定性不断提高，组织运营的难度与风险性也在增加。据美国《财富》杂志报道，美国中小组织的平均寿命不到 7 年，大组织的平均寿命不超过 40 年；欧洲与日本组织的平均寿命为 12.5 年；跨国公司的平均寿命为 40～50 年。组织已没有所谓的"常青树"。

实际上，组织也是有生命周期的，在初创阶段，组织关注的焦点是如何通过有效运营在激烈竞争的市场环境中生存下来。等到在市场中站稳脚跟后，组织关注的焦点是如何通过再创业实现持续发展。组织实现持续发展的关键就在于处理好组织运营与创业之间的对称关系。从管理动力学的数理逻辑角度来讲，创业是对市场的求导，使市场中差别很大的经济要素紧密联系起来，发现新的市场机遇和产品路径，营造组织在市场中的对外竞争力。运营是对组织的求导，将组织内部差别很大的成员紧密联系起来，营造组织内部的合作协同力，进而产生对外的竞争力。这样，组织运营与组织创业就以建立竞争力为恒等元，发挥对称性作用，营造强大的信息势，对组织发展产生强大的推动力，这也是"对称性支配相互作用"（势增原理）的有力佐证。

第一节　基于管理信息势的组织运营管理

广义的运营系统自从有了人类活动就存在了，而真正具有现代意义的运营管理则在工业革命时期才出现。特别是 20 世纪以来，比起其他职能，运营管理发生的变化最为显著，逐渐成为影响组织竞争力的关键因素。

一个组织（制造业组织、服务业组织）通常具备三个基本的职能：运营、营销与财务。其中，运营职能是核心职能。随着时代的快速发展与商业环境的变迁，组织运营的内涵与运作模式也在不断变化。

一 运营管理的信息势本质

组织运营管理是一条涵盖了运营战略、新产品开发、产品设计、采购供应、生产制造、产品配送直至售后服务的完整"价值链"。组织运营是将原料供应与生产制造、产品分销各个环节差别大的要素紧密联系起来，从而实现从投入到产出的有效转化。在这一过程中，组织将资本、劳动力、知识资源、设备以及土地等要素投入生产中，通过设备加工、信息处理等有效的转化手段实现价值的增值，最后创造出产品或者提供服务。增值反映的是产出价值与投入价值之间的差别，产出商品（提供服务）功能与投入要素价值的差别越大，转化过程中联系越紧，价值的增值就越多，增值越多说明组织运营效率越高，而组织可以把由增值带来的收益投入设备改进从而进一步获得更多的增值。因此组织运营不是一个单向度的封闭过程，而是一个循环开放的系统。运营管理的主要目标是通过控制质量与成本、效率与柔性这两组对称化关系，最终形成一个跨层级、跨部门、跨流程的综合性的和谐管理群。

二 运营管理理论的发展演变

运营管理理论是伴随着西方工业革命后大规模生产作业而出现的。早期的运营管理理论以生产组织为研究对象，目的在于提高规模化生产效率、降低生产劳动成本。随着现代服务业的兴起，运营管理理论研究开始广泛应用于服务领域，而不仅仅局限于生产领域的应用。整体来看，组织运营管理理论大致经历了从关注成本和效率到关注质量变革、流程化再造再到关注精益化生产以及信息化、全球化的演变过程，但其本质上都是遵循着"差别促进联系，联系扩大差别"的势增原理，将管理环节、管理流程中差别巨大的管理要素联系起来，营造强大的产品信息势与服务信息势，推动组织的螺旋上升发展。

（一）彰显生产管理差别，强化与市场的联系

工业革命前，产品大多是由手工艺人带领其徒弟在手工作坊里加工出来的，这时的生产系统效率低、成本高，工人实行自我管理。后来，蒸汽机的发明为机器的运转提供了充足的动力，许多新的机器被发明出来并投入大规模生产，迫切需要系统的管理方法的指导。

1798 年，埃里·惠特尼引入了零件的可互换概念，现代制造之路开启。亨利·福特把英国经济学家亚当·斯密提出的劳动分工概念变成了现实，并在 20 世纪初组建了现代化的汽车装配线，铺平了大量生产的道路。同时期，"科学管理之父"泰勒提出，应该将管理活动与运营活动分离开来。管理部门负责制订计划、挑选和培训工人，并找出工作实现的最佳方法。其实，由于当时的组织很少涉及创新活动，因此科学管理就是组织运营管理，实质上就是将分布在组织不同工作环节上差别巨大的成员紧密联系起来，营造组织运营发展的综合信息势。到了 20 世纪 60 年代，随着国际贸易的不断发展，人们越来越重视生产运营成本的降低和效率的提升，通过降低成本，强化了与市场的联系；通过提升效率，彰显了服务市场的差别，从而营造了市场竞争中的信息势。

（二）彰显产品服务功能差别，强化与消费者的联系

好的产品或服务兼具功能性与情感性。功能性涉及与同类产品的差别，而情感性则是与顾客之间的联系。组织要想在激烈的市场竞争中胜出，也需要把握这两个方面。20 世纪 70 年代，日本企业组织改进或创新运营管理理念，运用零库存管理、全面质量管理等方法，增强产品功能性优势，同时增加与用户的联系，很快日本的汽车和电子产品占领了国际市场的很大份额。美国公司纷纷关注并效仿，如福特汽车公司改变管理模式，强调产品质量，开展质量变革。

（三）彰显生产要素差别，强化供销之间的联系

批量化标准化的生产与服务使低成本、高质量成为可能，当这些要素不足以成为核心竞争优势时，组织便开始从运营系统方面开展变革。新型制造系统——准时生产系统（Just in Time，JIT）和精益生产系统（Lean

Production，LP）首先在日本被提出。

准时生产系统指对生产时间和供应商的交货时间进行周密安排，以保证能够及时按需送达生产系统中所需的物料、零配件等。后来准时生产的内涵进一步深化为精益生产，通过利用高技能工人和高度柔性化的设备，以更少的资源（空间、库存和员工）生产出更多的产品。这样的运营系统将传统手工作坊生产的特性与 20 世纪早期的大规模生产结合了起来，在彰显生产要素之间的差别的同时，又有效地将供销主体联系在了一起，将产品的价格与质量，产品的批量化与个性化等对称性要素统一了起来，因而生产信息势最强，既能满足生产多样化、产品个性化的需求，而且质量更高、交货速度更快。

（四）彰显管理过程差别，强化组织要素之间的联系

20 世纪 90 年代全球爆发经济大萧条，企业组织开始寻求运营管理的革新。迈克尔·哈默在《再造工作：不是自动化改造，而是推倒重来》中提出"组织流程再造"（Business Process Reengineering，BPR）的思想。BPR 的实质就是在剔除无效步骤后将运营中的有效环节更加紧密地联系起来，营造了组织在市场竞争中的强大信息势，强调重新审视组织现行的所有过程，剔除不能带来增值的步骤，并把剩余部分计算机化，从而降低成本，提高质量与服务，对顾客的需求做出快速回应，赢得竞争优势。

（五）信息化、全球化与局域化对称

随着信息技术的应用和经济全球化的发展，组织运营也发生了翻天覆地的变化。

第一，全球化下的运营管理。20 世纪 90 年代后期，信息技术的变革给组织的运营方式带来了深刻的影响。计算机、因特网改变了人们搜集信息、商务交易的方式，也改变了运营管理的方式方法。随着技术的发展和贸易壁垒的逐渐消除，组织得以在全球市场上配置资源和提供产品或服务，全球化竞争对组织的运营管理同样影响深远。组织已经从巨型的、拥有大量劳动力的、以紧密联系的团体形式出现的、局限在一定区域内的工厂时代迈向了"无边界的市场"时代，在全球化、整体化的运营过程中将管理要素紧密联系起来，营造更加强大的组织发展信息势。

比如，李军望综合以往的组织战略管理和精细化管理理念，提出深度管理的组织运营策略就是以对称性为作用机制，这不仅兼顾了战略管理的方向与精细化管理的细节优势，而且要求管理者不但知道过去做了什么，明白现在正做什么，还要明确将来要做什么。从势科学与管理动力学的视角来看，就是在跨度更大的管理环节和管理流程中将管理要素联系起来，营造组织发展信息势的连续过程。

全球化、信息化的发展也弱化了传统组织的边界，在彰显不同组织间差别的同时，增强了组织的开放性，强化了组织间的协同创新，催生了一种组织无边界的"虚拟组织"。虚拟组织将运营管理中的生产、人事、财务、管理等各个环节进行流程化再造，建立由各类专业人员组成的交叉功能团队（恰恰是符合势科学理论信息作用机制的组织），在组织结构信息势、供应链管理信息势、设计制造信息势等方面实现组织多元综合素质的竞争。

第二，局域化下的运营管理。如今组织之间的竞争，已不再单单是产品之间的竞争，而是商业运营模式之间的竞争。许多组织特别是互联网行业纷纷减少固定资产的投入，清除库存商品数量，以轻资产运营模式代替传统的重资产运营模式，合并组织自身的竞争优势，形成组织品牌复合虚拟信息势。采取轻资产运营模式的组织，不再对具体的产品生产、销售以及运输等环节进行严格控制，而是充当信息整合运用者的角色，即在更高层次上将差别更大的信息整合联系起来，营造运营控制信息势，实现组织价值最大化。

局域化下组织运营管理策略有如下几种。

在组织发展到一定规模而开放难度不断增加将要产生熵增的时候，通过外包增加开放性，从而保持组织的势增态势。具体就是把部分利润低、技术含量低的生产环节外包出去，集中打造高附加值价值链，增强组织的核心研发能力，提升组织的成本控制力和盈利水平，实现组织价值增长。

注重差异化的客户关系管理从而获取高附加值。从势科学理论与信息动力学视角来看，注重客户关系实际上就是注重人的关系，而人的关系是人之间的差别×联系，是社会竞争中最高层次上的信息势。传统组织的运营管理重心是整合市场获取高营业额，这种高投入高回报的策略很容易使组织落入"重资产运营"的怪圈中。而在信息化时代，组织可以通过与不同客户（差别）建立牢固关系（联系），提升客户的消费水平来获得高附加值，实现组织价值最大化目标。

　　运用技术战略联盟和并购扩大组织信息势。组织采用参股控股、增资扩股等方式兼并购买有技术优势的其他企业，或者联合实力强大的企业组成技术联盟，拓展业务范围提升市场占有率。联盟与并购的本质是组织充分利用现有资源和能力，将差别更大的市场要素联系起来营造组织运营信息势的战略举措。

第二节　信息技术与现代组织对称化运营管理

　　控制好质量与成本、时间（交货速度）与柔性（个性化市场）这两组对称化要素是组织运营管理的重要目标。近些年来，信息的全球化与网络化，使知识和技术的创新速度猛增，带来了生产的过剩、财富的膨胀和文化及观念的日新月异。虽然现代组织的规模日益扩大，生产与服务的过程日趋复杂，产品的技术含量不断提升，市场需求越来越多样化，同时竞争也越来越激烈，组织运营管理面临的环境日益复杂化，但组织运营管理围绕质量与成本、时间与柔性对称化发展，营造强大的运营管理信息势，建立集成化的运营管理和谐群的本质始终没有改变（见图9－1）。组织的柔性化管理关注的是系统与环境的差别，能够迅速将系统资源与环境变化联系起来。在现代运营管理和谐群里，营造组织信息势为恒等元，质量与成本运营柔性与时间运营为可逆元，其中，质量与柔性运营是潜势，成本与时间运营是显势。潜势驾驭显势，潜势要靠显势来彰显。

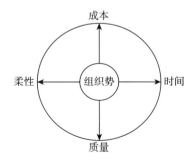

图9－1　现代组织集成化运营管理和谐群

一 信息技术与质量管理信息势

关于管理产品（服务）的对于顾客的价值，1985 年波特提出了著名的价值链理论。他认为，任何一个组织都是由多个价值活动组成的集合，价值活动包括材料采购、生产作业及产品销售等一系列有关联的活动。价值活动是组织创造对买方有价值的产品的基石，可以用价值链的形式表示出来。波特进一步指出，价值链条上的各个环节均具有不同的增值空间，组织对某一环节的准确控制程度决定增值的空间，增值的多少将对组织是否能够得到超额回报产生影响。价值链是组织设施与过程构成的网络，通过这个网络可以描述产品流、服务流、信息流和资金流，它们来自供应商，经过组织的设施与过程后创造出产品或服务，并且传递给顾客，与顾客产生联系。价值链是运营管理功能的一个全周期型模型，优良的价值链总是将售前与售后，输入与输出，供应商、经销商与顾客等差别极大的要素联系在一起，营造强大的组织运营信息势。

信息技术的应用，改变着价值链的运作方式、速度以及效率，同时也对运营管理提出了新的挑战。电子交易让我们能够及时了解价值链各个环节的运行情况，但同时对各部分紧密度和谐度的要求也提高了，按照"差别促进联系，联系扩大差别"的势增原理，信息技术的发展为精简传统价值链架构，促进各个环节紧密结合提供了支持。信息共享在塑造无边界的全球化市场的同时，也使得分工更加明确，价值链各环节更加便利高效。电子商务的兴起就是典型例子，像美国的通用、沃尔玛、宝洁等公司都利用电子商务采用直接通信的方式同供应商以及零售店对接，跳过了传统的实体对接流程。反馈协调员专门处理从客户处返回的货物或服务信息，如要求退换款项，修复好货物后再将其返还给顾客或重新履行服务承诺。电子商务视角下的价值链如图 9 - 2 所示。

二 信息技术与成本控制信息势

成本分配与成本控制是一个组织必须面对的管理课题。如今，计算机辅助技术及柔性制造系统等计算机集成制造系统的应用，帮助现代组织将差别巨大的过程环节或差别巨大的不同要素联系起来，实现了从规划到设计再到制造和分销的自动化控制，从而达到提高生产效率，降低生产成本，

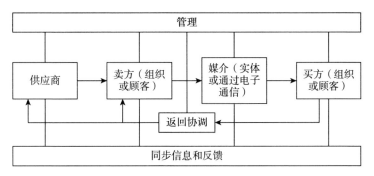

图 9 - 2 电子商务视角下的价值链

营造更大信息势的目的。

整个过程中，计算机集成制造系统是硬件、软件数据库管理、自动化控制的集成。而计算机集成系统起源于数控机床，所有的操作都是由一台电脑完成的。随着信息技术的发展，集成信息势更强的智能工业机器人将成为未来制造业实现成本控制的重要工具。1954 年，工业机器人被首次引进制造领域，1969 年，通用汽车公司安装了第一个电焊工机器人，一个机器人可以"学会"大量动作和操作，甚至可以做出某些逻辑判断。随后，柔性制造系统出现，电脑指挥着传送机、输送器和运输系统等操作装置，选择并装载合适的设备，同时控制设备的运转。本田是使用机器人技术和柔性制造系统的先驱。本田装配厂使用柔性制造单元，使机器人可以被重新设计来装配不同型号的汽车。智能机器人如今可以承担许多液压和劳动密集型工作，这意味着当进行其他模式的生产时，不用更换夹具以及生产线上的固定设备，生产设备与产品产出之间的技术阻隔减小，组织运营的成本大大降低，组织运营成本信息势大大提升。

三 信息技术与时间管理信息势

组织运营的时间信息势也就是加强运营管理过程不同环节的联系，同时在同样的原始供应资源条件下提升为客户服务的层次，营造供应链管理的信息势。

与价值链有所区别，供应链主要集中在从供应商出发经由生产过程的物资流通环节，供应链管理的目的是供应各阶段的物流和信息流，实现利益最大化。我们可以看到，信息技术几乎已经渗透到供应链的各个方面，它就像黏合剂一样，将供应商、分销商和客户等整合到统一的物流体系中，从去供应商那里采购，到把产品运送到客户、零售商和分销商所在地进行存储和销售，使产品能够从供应商到客户顺畅流动。

在供应链的前端，电子收款技术（包括扫描仪和条码）、数据库和专用软件（比如，数据挖掘技术的应用）使组织能够收集、储存和分析所得到的销售数据，了解销售趋势从而更高效地运送售出货物。在业务运营周期中，组织可以利用信息技术支持订单执行、产品生产、物流运作和供货活动等，降低总体运营成本。如福特汽车的引擎在墨西哥和克利夫兰制造，传感器在德国生产，电子元件在泰国生产，内部装饰和仪表在加拿大和英国生产，音箱设备在巴西生产，制动系统在法国和美国生产。如此庞大的物资系统，只有通过信息流的有效协调才能实现无缝连接。具体而言，此系统包括快速存取的物资处理系统，将物资在产品加工的各个阶段转移的系统，用于订购管理、采购、产品规划和控制、存货管理的信息系统，用于向客户收费以及向供应商支付的财务系统，等等。总之，信息技术有助于加强组织运营环节间的联系，减少供应链的浪费，降低人力成本，缩短交货的时间，同时提供更高水平的产品和服务。

四　信息技术与市场柔性信息势

随着社会的发展，市场中顾客的要求差异越来越大，传统的大规模大批量的生产方式已无法满足顾客多品种产品的需求，在生产、服务中将差异巨大的客户需求联系在一起的柔性的系统管理对组织的生存越来越重要。

传统的刚性自动化生产追求的是单一品种产品的大批量生产，而现代组织中提出的市场柔性管理则是在不同客户的差别需求中寻求组织生产、服务的联系。

信息化时代，网络的应用使得世界各地紧密联系在一起，成为"地球村"。为了保持客户基础，组织也需要加深其与客户之间的联系。信息技术的应用可以为组织管理者提供客户反馈意见、订单追踪、营销成本、价格差异等信息，将组织管理者与客户直接联系起来，通过建立一种基于信息共享的自助式服务系统，增强联系增进了解，提高客户支持和售后服务的水平，从而增进彼此的信任，建立良好稳定的客户关系。公司可以通过为客户提供个性化的产品和服务，建立持久的客户关系，还可以通过把"普通客户"和那些愿意与公司建立长久联系的客户区分开，在差别区分的基础上，对于不同的客户，投入不一样的管理资源和精力，将有限的资源用在最能带来利益的客户身上，提高市场占有率和收益率。

第三节　组织创业与运营的对称化管理

在以手工劳动为主导的农业社会化过程中，生产力进步缓慢，社会再生产长期处于周而复始的简单对称再生产状态。进入工业社会以后，生产力的发展速度明显加快，昨天还是新的，今天就变得陈旧了，以知识与信息技术为主导的新经济和以全球化为背景的现代市场经济蓬勃发展，进一步加剧了组织之间的竞争。效率、成本、质量已经难以使组织保持持续的竞争优势，创新才是组织可持续发展的核心。如果说日常运营相当于组织的保健因素，创业则是组织的激励要素，要想组织能够持续发展下去，在维持运营的前提下必须同时进行有效的组织创业。在一个组织的成长、壮大过程中，创新创业与运营作为组织的两个对称化的基本职能也是与组织发展相伴相生的。

一　局域对称化下的组织创业与运营管理

随着组织外部信息量的爆炸性增长，组织各种要素之间产生了强烈的信息不对易，组织的信息空间发生了扭曲，各种要素不再整体对称，这时就需要在一个新的信息空间和时间内使组织局域性对称，需要在新的环境下为每个要素选择特殊的坐标系，重新建立新的对称，在创业的不同阶段中，组织依托局域对称化管理将差别巨大的创业资源与运营资源联系在一起，产生极强的管理信息势，在"差别促进联系，联系扩大差别"的势增原理的推动下实现"对称—对称破缺—对称"的螺旋上升发展。

按不同的分类方式，组织创业可分为诸多不同类型。

按照创业目的不同，可以把组织创业分为生存型创业和机会型创业两类。生存型的创业在成熟度较高的行业中较为常见，创业风险系数相对较小，创业门槛相对较低。与被动的生存型创业不同，机会型创业是创业者敏锐地捕捉社会经济中存在的尚未被大部分组织挖掘的机会进行的创业，机会型创业常见于高新技术领域，由于技术更新迭代速度快、市场环境复杂多变，所以机会型创业所面临的风险要比生存型创业大得多。

按照创业环境不同，可以把组织创业分为两种。一种是由单个人或者是一群人共同进行的独立的创业活动，这种创业就是我们一般意义上的创业行为，创业者成立新的组织，不依附于任何原有的组织；另一种是由员工依附原有组织在公司内部开展的创业活动，此类创业活动会推动原有的组织发生变革。

按照组织形式不同，可以把创业活动分为两类。一类是个体创业，即由个人基于自身的资源而进行的创业，个体创业组织规模一般较小；另一类是公司创业，这里又包括公司的内部创业和公司的外部创业，其中内部创业的创业主体是公司的内部员工，创业风险由公司与创业员工共同承担，外部创业是公司员工在公司之外开展新的创业活动。

在组织创业发展的过程中，局域性对称体现在组织的信息空间和时间的变化曲率方面，使组织的"力"保持在变化曲率的切线方向，能够随时随地利用组织的资源。比如，在组织初创阶段，"没钱没资源没人"，要生存下去的途径就是建立适合的市场运营体系，此时运营是为了将组织内外部资源联系起来，营造组织强势，实现生存。在组织再创业阶段，运营是为了寻求更好的发展，此时组织变原来的生产观念为市场营销观念，以满足消费者需求为核心来组织和生产。后面详细论述。

二 组织再创业与运营的对称化管理

对于臃肿的大型组织，想在较大范围内推动创新，绝非易事。解决难题的有效途径就是进行组织再创业，在组织内部主动开发新事业，使新创组织成为原组织的延续。组织再创业的思想源于 20 世纪 80 年代，并首先在美国组织界获得验证。美国电话电报公司（AT&T）、美国的 3M 公司和宝丽来公司等开展组织内部创业获得了巨大的成功，致使这一概念逐步在理论界和组织界流行起来。公司再创业成为战略管理、创业学研究领域新兴的研究热点。表 9-1 展示了不同学者提出的公司再创业概念。

表 9-1　公司再创业概念

提出者及提出年份	概念
Burgelman （1983）	公司再创业指公司实施的一种多元化战略。这需要延伸公司的业务活动，这些活动与公司现有能力领域不相关或者只在边缘上相关

续表

提出者及提出年份	概念
Chung & Gibbons (1997)	公司再创业是一个组织过程，通过对不确定性的管理把个人的想法变成集体行动
Covin & Slevin (1991)	公司再创业涉及通过内部产生的新资源延展公司的能力范围和增加相应的机会
Guth & Ginsberg (1990)	公司再创业包含两种类型：（1）在现有组织内开展新业务，也就是内部创新或冒险；（2）通过关键想法的更新进行组织变革，也就是战略更新
Gennings & Lumpkin (1989)	公司再创业以开发新产品或者新市场的程度为指标。假如一个组织开发出比平均数更多的新产品或者新市场，这个组织就是创新的组织
Schendel (1990)	公司再创业涉及在现存组织中新业务诞生的概念以及停滞业务的转变等
Spann，Adams， & Wortman（1988）	公司再创业是建立一个与公司相分离的单元（这个单元经常以利润中心、战略事业单元、分部或者子公司的形式存在），引入新产品、新服务或者创造新市场、使用新技术等
Vesper (1984)	公司再创业涉及公司员工自觉自发开展的创新。这些创新不是公司要求的和期待的，或者没有得到更高层管理者的许可
Zahara (1993)	公司再创业是组织更新的一个过程，它有两个截然不同的但是相关的维度：创新冒险和战略更新
Zahra (1995，1996)	公司再创业是公司创新、更新和冒险尝试的总和。创新涉及创造和引进产品、生产流程和组织系统。更新意味着通过改变公司的业务范围和竞争方式或者两者都改变，使公司充满活力。冒险意味着公司通过在现存市场或者新市场的扩展运作开展新的业务

资料来源：P. Sharma，J. J. Chrisman，"Toward a Reconciliation of the Definitional Issurs in the Field of Corporate Entrepreneurship，" *Entrepreneurship Theory and Practice* 23（1999）。

从被视为组织内部实施的多元化策略到成为增强组织核心竞争力的有效手段，再到作为组织长远发展的战略选择，组织创业的概念逐渐由关注内部向内外结合的对称化方向发展。在势科学视域中，组织创业是内部新创事业和外部衍生组织的集合，既包括内部设立新产品开发小组或新事业部等组织为追寻市场机会或者产品创新而设立的新事业单元，也包括外部设立衍生的合资公司或独资公司以开发或收购新项目，为开拓新市场与其他组织签署相关联盟合作协议等，即采用开放式创新的方式，弥补组织内部技术和资源的不足。组织通过创新产品、服务和商业模式，与原有母公司在业务方面产生差别，同时保持紧密联系，在"差别促进联系，联系扩大差别"的势增原理的作用下更好地对市场"求导"，使组织发展进入新的"轮回"。这些巨头公司培育创业生态的举措，正是旨在在培养与公司本身具有关联的、可以为公司创造价值的新实体的同时，为自身注入组织家精神和创业生命力。

组织再创业不仅能有效地集中组织中的许多有效资源去把握市场机会，强化公司核心能力，同时这也是激励员工发挥其首创精神的一种有效方式。一方面，因为组织中富有创造力的优秀员工常常偏好创立自己的事业，内部创业方式为员工提供了这种将理想变成现实的机会，易于发挥其潜在的创业能力。另一方面，大公司内部创业的资源相对充足，在内外环境等各方面都要相对优于外部创业或员工的自主创业。从公司的内部环境来讲，内部创业者不仅熟悉本公司内部的生产和经营状况，了解公司所需要的各种创新标准，而且可以节省更多的创业初始成本，如创业启动资金、相关制造设备、外部供货商与客户网络、人才结构、营销网络、组织品牌等各类资源。同时，内部创业者的失败压力也较低，成功机会也较大，因此与联盟、并购等外部创业形式相比，公司内部创业具有许多得天独厚的优势。问题的关键在于组织如何围绕"机会窗"进行资源整合，如何克服创新过程中所存在的各种阻力，也就是如何将差别巨大的各种内外资源有效整合起来，营造更大的组织发展信息势，形成组织长期稳定发展的可持续动力。

从势科学的角度看，组织必须进行再创业的主要原因在于组织的外部环境在演化过程中，由于势增原理的作用，"差别促进联系，联系扩大差别"，环境信息势增长，不同非平衡临界值层面上产生的相变分岔不断涌现，组织面对的不确定性风险越来越大，应对这种演化风险的有效路径，就是不断整合各种内外资源，有效地进行组织的再创业活动。

三　基于势增原理的组织再创业模型分析

（一）Hornsby 的组织创业互动模型

Hornsby 在整合已有的组织创业概念框架基础上创新性地提出了组织创业的互动模型。该模型的创新之处在于第一次把组织特征作为组织创业的影响因素引入模型，形成组织特征和员工个人特质两项对称化指标，组织基于自身的组织特征、员工个人特质去发现和创造机会从而实现有效创业。同时该互动模型加入了组织排除障碍的能力和资源可支配性两项要素指标，描述了多项指标之间的关联性与互动性关系（见图9-3）。在这里，资源扮演了"差别"的角色，能力具有"联系"的功能，只有通过能力才能将差别巨大的各种资源整合起来，形成创业信息势，实现成功创业，该模型显然是势科学原理在创业活动下的具体表达。不过，此模型主要是从创业动机的角度出发研究组织创业问题，对于组织创业对整个组织发展的战略指导作用没有涉及，这是它的局限所在。

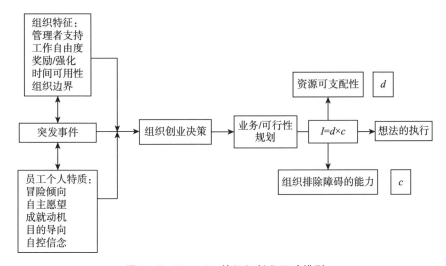

图 9 - 3　Hornsby 的组织创业互动模型

（二）Timmons 的创业模型

1999 年，Timmons 提出一个包含创业机会、创业团队和创业资源的组织创业模型（见图9-4）。Timmons 认为，寻找商业机会是组织创业的前提条件，创建专业团队是组织创业的基础，而资源是整个创业活动的血液。只有当组织把外部的商业机会把握住，在内部建立起专业的创业团队，具有必要的资源并进行最优配置后，才可能创业成功。这一过程中组织还将面对组织内部和外部的环境因素、新的创业活动的不确定性等创业风险，这就需要组织准确判断商业机会，发挥团队的创造力和与组织的领导力，来应对市场的不确定性和资本的风险。其中团队和组织存在的创业精神是整个创业活动的核心部分。这里，Timmons 实际上自觉不自觉地建立了创业的群论模型，从发现机会视角看，是在机会为恒等元的条件下，团队与资源对称的群论模型；从创业的实施过程视角看，是在团队为恒等元的条件下，机会与资源对称的群论模型。Timmons 的组织创业模型归纳出创造力、沟通力和领导力等组织创业所必需的能力，但也具有局限性，模型忽略了能力本身的影响因素。

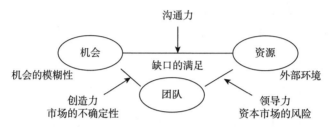

图 9 - 4　Timmons 的组织创业模型

（三）Covin 和 Slevin 的创业导向观念性模型

Covin 和 Slevin 在 1991 年提出创业导向观念性模型，组织层次的创业导向与组织外部环境、组织策略和内部变量存在着互动关系，这种互动关系会影响组织绩效。从图 9 - 5 可知，该模型中间的策略变量包括使命策略、事业策略、竞争策略，这些策略的运用都取决于领导的智慧和能力，所以，该模型实际上是以领导为恒等元的内部变量与外部变量对称的创业群论模型。但该模型没有考量市场运营变量的影响。

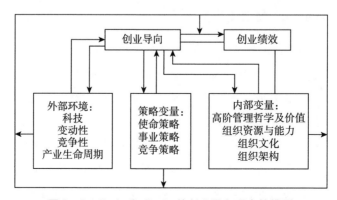

图 9 - 5　Covin 和 Slevin 的创业导向观念性模型

（四）基于势增原理的组织创业与经营对称化模型

在组织发展的过程中，无论是初创阶段，还是再创业阶段，运营管理作为组织的一项基本职能，在对称化机制的作用下，始终与组织创业发展相互作用，营造出组织信息强势。基于势增原理的组织创业与经营对称化模型如图 9-6 所示。

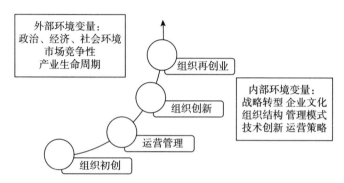

图 9-6　基于势增原理的组织创业与经营对称化模型

新经济带来了新的经济运行规则，也为组织拓展了创新空间。同时风险加大，电子商务运营模式的兴起，大量中小高科技组织崛起。面对新经济提出的挑战，组织唯有通过脱胎换骨的组织再造，培养适应变革的能力，才能确保基业长青。

第四节　组织再创业的群论模型与运营之道

世界万物的和谐结构都符合数学群特征，稳定和谐的宇宙世界形成粒子群、分子点群、晶体空间群和星系泛群，能生存下来有竞争力而且和谐相处的生物形成生物泛群、植物泛群、动物泛群，有竞争力的和谐而稳定的社会形态构成组织泛群、社会泛群、管理泛群及人才的素质泛群等。

"差别促进联系，联系扩大差别"的势增原理推动着对称化或泛对称化元素构成各种群或者"泛群"，造势必然成群，成群才能造势。围绕再创业的组织目标，组织中的对称性要素同样构成具有数学结构的泛群。组织再创业的群论模型如图 9-7 所示。

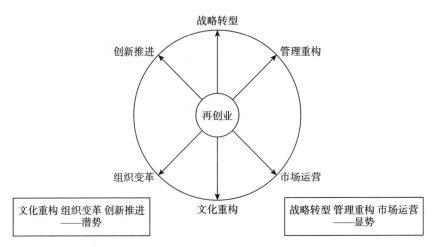

图9-7 组织再创业的群论模型

一 再创业的对称化行动要素——战略转型与文化重构

加里·哈默尔提出现代化组织管理模式，即让大组织变成小组织，从而让大组织像小组织一样灵活创新，保持持续的竞争优势。这种管理模式从战略竞争的角度明确了组织再创业的重要性。无论是应对外在环境的变化，还是解决内部长期积累的矛盾，组织再创业首先需要考虑的都应是战略上的变化。组织的战略导向是组织以未来为基点，将与现状"差别"巨大的发展前景与当下的运营情况"联系"在一起，营造组织创业的信息势，进而确定发展重心，其决定着组织的生存与发展。

组织战略转型的首要任务是做好环境分析，分析的基本方法同样是势科学理论给出的基本原理，即着重分析"差别"与"联系"两个向度即两个变量。组织作为一个系统，除了分析系统内的要素和结构外（以要素的差别为主），还必须关注系统间的外在"联系"。本书选取了与再创业直接相关的几个要素做简要分析。

（一）再创业战略转型的方向——产业创新

同组织发展一样，产业也会经历从诞生到成熟再到衰退消亡的过程。通过再创业进行产业创新，是组织保持产业领先的根本途径。只有通过产业创新，组织才能摆脱发展的停滞与僵化桎梏，变被动为主动，化压力为动力，重获竞争优势。

组织进行产业创新意味着把自身当前的发展现状与未来的命运联系在了一起（营造发展信息势），而未来的不确定性导致风险加大，所以在组织下定决心之前，必须对现有的资源、知识、管理等进行考量，既能考虑现在又能着眼未来（见表9-2），既能精准爆发又能持之以恒，重塑创造新财富的方式。

表9-2　组织产业创新着力点

现在	未来
组织现在服务的顾客是谁？ 组织现在通过何种渠道与顾客接触？ 组织现在的竞争对手是谁？ 组织现在的竞争优势是什么？ 组织现在获利的来源是什么？ 现在使组织与众不同的是什么技巧或能力？ 组织现在处于哪种产业市场？	1. 未来5~10年组织在服务的顾客是谁？ 2. 未来5~10年组织通过何种渠道与顾客接触？ 3. 未来5~10年组织的竞争对手是谁？ 4. 未来5~10年组织的竞争优势是什么？ 5. 未来5~10年组织获利的来源是什么？ 6. 未来5~10年使组织与众不同的是什么技巧或能力？ 7. 未来5~10年组织将处于哪种产业市场？

（二）再创业战略转型的核心——核心能力创建

组织通过产业转型进行再创业，实质上是要从一种核心能力转到另一种核心能力，或者是形成一种新的核心能力。对此，核心竞争力理论创始人哈默尔和普拉哈拉德曾做过一个形象的比喻，多种经营的组织好比一棵大树，树干和树枝是核心产品，较小的树干是经营单位，而树叶、花、果实则是最终产品，树的根系则提供大树所需的营养，大树的稳定性就是核心能力。核心能力作为竞争优势之根，通过其发散作用，将能力源源不断地传输到最终产品上，满足消费者的需求。组织创新能力的培养是一项十分艰巨的任务，它需要组织善用资源杠杆，通过集中资源优势，整合互补资源，保存回收资源，以有限的资源投入、高效的资源运作，尽快缩小现状与未来之间的差距（营造创业发展的信息势）。创建核心能力的基本方式有两种，即创新和整合（创新——基于差别，整合——基于联系）。创新是依靠技术创新形成全新的核心能力；整合则是对原有的核心能力进行重组，形成新的核心能力集群。通常情况下，大规模的技术创新需要的投入较大，风险较高，而对已有核心能力重组则投入少、风险小、见效快，其重点在于寻找和识别整合的机会，并从组织上加以保证。

（三）再创业的基石——组织文化重构

组织的战略转型与组织的创业文化是相辅相成的，组织再创业活动需要敢于创新的组织文化作为支撑。能否形成稳定的积极有效的创新文化直接决定着组织再创业能否成功，因为其直接决定着组织执行力和凝聚力的水平，具体体现在如下几方面。一是从战略文化的高度凝聚组织再创业的愿景，并在组织成员间共享，在现有资源与未来期望之间建立联系，营造创新创业信息势，激发员工士气，使组织员工立志为把未来愿景变为现实而奋斗。二是形成支持冒险革新和允许失败并从中吸取教训的文化氛围，脚踏实地的行为和敢于失败的冒险精神形成相互彰显、相互补充的对称化信息势，是影响创新创业的重要因素。组织员工再创业由于背靠组织这棵大树在融资、研发、销售等上面有着近水楼台先得月的优势。创业者可从组织那里获得诸如资金支持、管理指导、资源互通、业务互补以及创业风险相对减少等益处。三是组织内部形成一套有利于激发活力的信念与准则，营造一定的竞争氛围，以维持组织的创新力。

二　再创业的对称化行动要素——组织变革与管理重构

组织再创业是一种由现有组织所推动的非正规活动，不仅涉及战略转型、文化重构、创新推进，也涉及组织变革与管理重构。

（一）组织变革与组织再创业

20 世纪 80 年代，知识经济加速发展，信息革命异军突起，组织所面临的环境发生了巨大变化，传统的组织模式已经难以适应复杂性的变化。以美国为首的发达国家迅速朝着网络社会的方向发展，出现了许多新型组织结构，如内部组织和内部市场、虚拟组织和网络组织、学习型组织、加速度组织等。组织为适应再创业战略转型的需要，今后其将呈现几个明显的变化趋势。一是动态性与灵活性加强，信息空间扩张将成为组织生存的基本挑战。信息化的高速发展模糊了组织的边界与领域，未来组织面对的是一个比现在更为复杂多变的环境，不断变革成为组织生存发展的唯一出路。

组织的目标将更加多样化，而不是最大限度地满足任何一项目标；组织将继续分化其活动，需要一体化协调的问题将越来越多，换言之就是作为符合数学集合独立性、相容性和完备性要求的组织，将需要扩展为拥有更加多元向度要素的集合；组织将更多地强调建议和说服，反对以权威、高压强制的方式来达到组织诸要素相容的目标；组织将采用权力均等的模式。二是放权与加强管理结合，世界经济一体化趋势加强，许多跨国公司会为了让组织体制适应新形势的要求，会调整组织结构，减少管理费用，简化决策流程和管理层次，提高决策效率。三是组织边界与规模调整。20 世纪90 年代以来，以美国为代表的发达国家的组织开始通过剥离、出售与自己主业无密切关联的事业部（M 型结构下的组织单位）或子公司（H 型结构下的分支结构）来缩小规模，并集中优势资源架构 N 型（网络型）组织，加强组织间的固定协作关系。从数学集合的视角看，符合未来战略要求的组织，必须从越来越大的集合中划分出具有不同功能的子集，组织集合由具有不同功能的子集所组成，而不是由诸多的单一元素所组成。这是未来组织竞争信息势结构的重要变化。

（二）管理重构与组织再创业

再创业的本质是组织的变革，要求组织对旧有的观念、经营方式、管理模式进行调整，组织只有以人为本，推动组织管理模式的变革，以对称化的管理营造管理方法信息势，才能实现新的飞跃发展。

第一，组织心智变革为组织再创业提供动力。彼得·圣吉在《第五项修炼——学习型组织的艺术与实务》一书中提出，心智模式是根植于我们心灵的各种图像、假设和故事，就好像一块玻璃微妙地扭曲了我们的视野一样，心智模式也决定了我们对世界的看法。组织的心智模式也会影响到组织对其自身及其所处环境的认识，在很大程度上影响到组织的战略选择。系统论认为，事物的发展取决于它要到达的终点而不是起点，即"结果具有决定性"。组织的心智能够为组织提供发展的动力。优化和改善员工的个人心智模式可以通过组织训练来实现，具体的训练方法有价值观强化、批判思维和系统思维训练等。组织再创业变革必须是以组织全体员工自上而下的心智模式的改变为前提的。

第二，领导模式变革为组织再创业提供支持。美国哈佛大学商学院教授柯特（Kotter）提出了组织变革的八个步骤，并强调步骤之间是循序渐进的。他认为一是要在组织内增强成员的危机意识，克服自满；二是要组成有效率的领导变革团队（所谓效率应等于前瞻力与行动力的乘积，而前瞻力恰恰是基于差别的，行动力恰恰是基于联系的）；三是领导变革团队提出似乎可望而不可即的发展愿景，并指出达到愿景的相关策略；四是领导变革团队运用各种可能渠道来和组织成员沟通愿景与策略；五是为使个人成长目标与组织变革愿景相结合，要积极地鼓励全员参与；六是不断地提出短程目标；七是用实质的激励与训练维持住成员的动力；八是要将变革根植于组织文化之中。柯特模式中，最重要的三点是权力、信任与学习（权力和信任实际上形成差别与联系的对立，而只有通过学习才能使二者从对立转化为对称，建构组织的领导信息势），领导团队的权力基础如果不稳定，变革注定是虎头蛇尾。组织再创业对领导者的要求主要体现在领导模式变革上。作为领导者，要视变革为机遇，支持变革，同时要勾画目标愿景，创造共同需求，并注意监测变革的进展状况，使变革持久。

三　再创业的对称化行动要素——创新推进与市场运营

再创业的核心是使组织的生产经营活动发生重大改变的创新性活动。古典经济学家的代表熊彼特在《经济发展理论——对于利润、资本、信贷、利息和经济周期的考察》一书中首次将创业与创新联系起来，他认为创业的本质是创新，是"建立一种新的生产函数"，实现生产要素和生产条件的一种新组合，以创新的生产方式来满足市场的需要。它包括引进新产品、开辟新市场、引进新技术、采用新的生产方法、引用新的原材料、控制原材料的供应来源等。彼得·德鲁克也提出，一项创新的考验并不在于它本身的新奇性、科学性或智慧性，而在于其推出市场后的成功程度。当然，实际上创新的科学性是创新成功的根本保证。"创新"必须要将新产品、程序或服务带到市场上，并进而实现市场价值增值，才能称为创新。因此根据经济变革趋势，适时进行技术创新、市场创新，是促进组织实现持续发展的重要条件。

（一）组织创新的路径：内部再造与外部购买的对称化管理

创新是组织隐性知识及显性知识的最主要来源，前文已经论述过创新的本质是情感势与信息势的非平衡非线性分岔，因此，在创新过程中，组织的人、物、事等资源互动形成的组织信息势是至关重要的。因此，为了更好地推动持续创新，在再创业的过程中，组织可以通过内部再造与外部购买的方式，挖掘并整合自身资源，培育新的组织能力，营造组织信息强势。内部再造的方式有：通过对生产流程再造，实现分工协作；通过对组织结构调整，减少组织运行消耗；通过管理创新，优化资源配置，提高组织运行效率；等等。外部购买主要考虑由于市场、技术的急剧变化和组织自身能力的不足，组织除内源性再创之外，还可以通过从外部获取技术支持，为组织创新发展创造条件。组织要进行技术革新，除了可以采取独立开发的方式外，还可以通过技术引进、技术转移、海外技术开发、结成技术联盟、出于再创新目的的组织兼并等方式进行。这几种方式本身之间也存在内在联系，后一种方式是前一种方式的发展。

（二）组织创新的保障——人才激励与业务融合的对称化机制

组织再创业的创造性活动最终要由人来实施完成，因此人是再创业活动的核心，要想既激发创新人才的创造性，又使其自觉服从创新活动的整体要求，组织必须在内部形成局域对称化的人力资源计划、绩效评价和奖励体系，具体包括如下几个方面。一是建立局域对称化的风险人事决策机制，风险人事决策机制能够打破常规的认知决策程序，创新性地配置人才资源，从而有效选拔创新人才，营造组织创新环境，实现组织再创业不同时期的目标。二是实行局域对称化的业绩评价奖励机制，考量不同成员对创新的贡献度给予不同标准的奖励，这里的奖励既包括物质奖励（货币信息势），也包括职务的提升（权力信息势）以及精神奖励（虚拟信息势等）。

基于势科学理论，在分析组织再创业基本策略与实施基本路径时，首先要寻找新业务与现有业务的相关性，与现有业务关联性越强联系越紧密，组织再创业时就更容易获得更大的货币、权力等资源信息势，也就越容易成功。其次是实现新业务与现有业务的协同，孵化创新项目时要注意与现有业务形成差别，建立分类管理与协同孵化机制，便于在市场上下游迅速形成竞争力。

总之，组织的生命周期遵循势的运行机制，会经历导入期、成长期、成熟期、衰退期几个阶段，实际上，停滞、平衡、均衡等都只是暂时的状态，动态适应的、局域对称化下的运营与创新创业才是贯穿组织生命周期的基本主题。一个组织要想保持强大的管理信息势，必须学会利用"差别最大联系最紧"相反相成的对称性机制，围绕组织发展的目标，通过运营与创新创业的对称化管理的实施，将管理环节、管理流程中差别巨大的管理要素联系起来，将组织内部的生产者与外部的市场、消费者紧密联系起来，将组织内部的管理者与基层员工联系起来，营造强大的产品信息势与服务信息势，推动组织的螺旋上升发展。

参考文献

〔美〕彼得·圣吉：《第五项修炼——学习型组织的艺术与实务》，郭进隆译，上海三联书店，1998。

陈劲：《管理学》，中国人民大学出版社，2017。

戴德宝：《基于时间竞争研究》，《经济师》2004 年第 6 期。

〔美〕戴维·A. 科利尔、詹姆斯·R. 埃文斯：《运营管理：产品服务和价值链》，马风才、马俊译，北京大学出版社，2009。

〔美〕G. 哈默尔、C. K. 普拉哈拉德：《竞争大未来》，台湾经纬智库文化股份有限公司，1995。

胡翠平：《企业内部战略实施要点分析》，《中国商贸》2012 年第 5 期。

〔美〕J. 熊彼特：《经济发展理论——对于利润、资本、信贷、利息和经济周期的考察》，何畏、易家详等译，商务印书馆，1990。

李德昌：《新经济与创新素质——势科学视角下的教育、管理和创新》，中国计量出版社，2007。

李军望：《基于深度管理理念的组织运营管理实践》，《人力资源管理》2015 年第 10 期。

邱毅：《放谈企业变革的理念与原则》，《北京大学学报》（哲学社会科学版）1999 年第 1 期。

芮明杰：《突破增长的极限：组织再创业的理论与策略》，经济管理出版社，2004。

〔美〕托马斯·弗里德曼：《世界是平的——21 世纪简史》，何帆等译，湖南科学技术出版社，2016。

〔英〕托马斯·史班达：《巨头公司的内部创业》，《IT 经理世界》2015 年第 12 期。

赵葳、徐志坚：《基于时间竞争的组织运营管理策略探讨》，《环渤海经济瞭望》

2017 年第 8 期。

G. J. Covin, P. D. Slevin, "A Conceptual Model of Entrepreneurship as Firm Behavior," *Entrepreneurship Theory and Practice* 16 (1991).

Daniel F. Jennings, James R. Lumpkin, "Insights into the Relationship between Strategic Momentum and Environmental Scanning: An Empirical Analysis," *Akron Business and Economic Review* 20 (1989).

D. W. Yiu, C. M. Lau, "Corporate Entrepreneurship as Resource Coital Configuration in Emerging Marker Firms," *Entrepreneurship Theory and Practice* 32 (2008).

J. Hornsby, "An Interactive Model of the Corporate Entrepreneurship Process," *Entrepreneurship Theory and Practice* 17 (1993).

J. A. Timmons, *New Venture Creation: Entrepreneurship for the 21st Century* (New York: McGraw-Hill/Irwin, 2004).

R. A. Buigelman, "A Process Model of Internal Corporate Venturing in the Major Diversified Firm," *Administrative Science Quarterly* 28 (1983).

Shaker A. Zahral, I. Filatchev, M. Wright, "How Do Threshold Firms Sustain Corporate Entrepreneurship? The Role of Boards and Absorptive Capacity," *Journal of Business Venturing* 24 (2009).

Shaker A. Zahra, "Predictors and Financial Outcomes of Corporate Entrepreneurship: An Exploratory Study," *Business Venturing* 6 (1991).

第三篇

基于管理信息势的应用研究

我国区域经济协调发展的势科学阐释

引言：从势科学视角看，区域差距形成、扩大和区域经济协调发展的一般演进过程，实际上是区域经济系统中自然区位成势、系统自我扩势和制度不断造势的过程。我国区域经济发展实践证明制度逆向造势在实现区域经济协调发展中发挥着重要作用。

在势科学的逻辑视角下，"势"是一个"梯度"。而梯度等于差别除以距离，由于差别与联系成反比，所以差别除以距离就等于差别乘以联系。势的本质是"差别中的联系"或"联系中的差别"。没有差别就没有梯度，但只有差别没有联系，也无法谈及梯度。毫不相干的差别，根本无所谓梯度。由于在自然科学中总是用"距离"来表示元素之间的关系，而在人文社会科学中总是用联系来表述元素（即人或问题）之间的关系，所以将"距离"转换为"联系"来表达势，就使势的概念具有了极大的普遍性，产生了将自然科学与社会科学统一起来的势科学机制。势概念的逻辑定义可以用公式表达为：势＝差别÷距离＝差别×联系。[1]

由于距离与联系互为倒数，所以系统造势的基本原理是：使系统元素之间的差别最大联系最紧。[2] 由此可知，只要系统中的元素存在差别，它们之间就会按"差别促进联系，联系扩大差别"的作用机制推动系统整体越来越快向前发展。在区域经济发展系统中，区域差距的形成、扩大和缩小的逻辑演进过程正是自然区位成势、系统自我扩势和制度不断造势的过程。

---

① 李德昌、廖梅：《复杂系统及势科学原理——信息人社会与势科学理论研究之一》，《阅江学刊》2010 年第 4 期。
② 李德昌：《势论》，《系统科学学报》2008 年第 1 期。

一 我国区域经济发展差距的形成——自然区位成势

宇宙和人类社会发展的最初动力究竟来自哪里？这是人类长期探索的命题。我国地势西高东低，东部地区以冲积平原为主，土壤肥沃，地势平坦，地处季风气候区，雨热同期，水土资源匹配度较好。而西部地区多为山地、丘陵和戈壁沙漠，地形地貌复杂，耕地面积不到土地总面积的 10%，农业发展受到自然条件的严重制约；深居内陆腹地的地理区位，没有直接的海洋运输条件，使西部参与国际经济合作和交流的难度加大。① 区位条件即自然地理环境的差别是我国区域经济发展差距形成的初始原因。正是这种差别形成了区域经济系统中的势。

二 我国区域经济发展差距的扩大——系统扩势和制度造势

（一）系统扩势

区域经济系统中的差距一旦形成，按照"差别促进联系，联系扩大差别"的机制，势越来越大，推动力越来越大，区域经济系统的发展会越来越快。一方面，由于区域差距即位势差的存在，区域经济系统内部产生了一种自强化机制，强者更强。东部地区由于具有较大的势，由此产生了一种引力，劳动力、资金、技术等要素资源受要素收益差异的影响由西部地区向东部地区流动，这在经济学中称为"回波效应"。从势科学视角看，就是系统中要素差别越大，强者的势越大，其联系力越强，即差别促进联系；较强的联系使得强者更强，它与其他要素的差别更大，即联系扩大差别。我国自改革开放以来，经济整体发展越来越好，而区域间的差距却有所扩大的原因之一便是系统的自我扩势。

（二）制度造势

我国区域经济发展差距的有所扩大的另一重要原因就是制度造势，即国家对东西部的正式制度差异和东西部的非正式制度差异形成了制度势。

正式制度造势。一是国家实施的区域非均衡经济发展战略。这一战略

---

① 李德昌：《势论》，《系统科学学报》2008 年第 1 期。

的核心是通过加快东部地区发展，进而带动全国经济发展。国家对东部地区在市场准入、要素流通、企业政策等方面给予了不同层次、不同类型的优惠政策，推动了东部地区经济的快速发展。而西部地区在这种战略执行中处于不利的地位。二是在投融资体制改革中，资金来源渠道的比重变化也存在明显的区域差异性。无论是上市公司数、集资额等绝对值，还是集资额占GDP的比重所反映的相对值，都呈现明显向东部地区倾斜的迹象。西部地区政策性资金依然占有较大的比重，资金的市场化配置程度低，而且投资主要集中在基础设施建设等公共领域，对企业的直接投资比重很低，影响了西部经济的发展。

非正式制度造势。非正式制度，又称非正式约束、非正式规则，是指人们在长期社会交往过程中逐步形成，并得到社会认可的约定俗成的共同恪守的行为准则，包括价值信念、风俗习惯、文化传统、道德伦理、意识形态等。它们与正式制度一起构成区域经济系统发展所需的制度环境。各种非正式制度的差异也是东西部差距扩大的重要影响因素。在商品经济意识上，东部地区先行一步，在开放意识、创业精神等方面与市场经济发展的匹配度较好，敢于抓住时机，大力发展民营经济，扩大对外开放，引入外国资本，快速步入市场经济的轨道，经济发展比较迅速。

（三）系统扩势和制度造势的函数解释

设区域经济系统的发展函数为 $F(x,y)$，其中 x 表示系统中元素经济发展联系因子，y 表示制度联系因子，则我国区域经济发展效应表示为 $F(x,y) = f(x) \times f(y)$，其中 $f(x)$ 表示系统自我扩势的发展效应函数，$f(y)$ 表示政府制度造势的发展效应函数。按照"差别促进联系，联系扩大差别"的机制，区域经济发展差距的表征函数为 $\varphi(x,y) = \varphi[f(x)] \times \varphi[f(y)]$。可见在系统自我扩势和制度造势两种发展效应叠加的情况下，我国经济发展速度越来越快，同时区域经济差距也快速扩大。

三　我国区域经济协调发展——制度逆向造势

我国区域经济系统中的东西差距依靠系统自身是无法缩小的，在没有外力作用的条件下，按照系统自我扩势的机制，东西部差距可能会继续扩大。东部地区的势越强，其联系能力越强，这会导致东西部经济发展梯度进一步扩大。对此国家实施了非均衡发展战略，加大了对西部地区的政策支持力度，尤其是新一轮西部大开发，中央明确提出"六个更加注重"的要求，保持政策的连续性和稳定性，同时进一步加大对西部地区特殊政策支持力度，进一步体现项目倾斜。这一系列支持政策旨在加快西部地区发展步伐，缩小区域差距。这是又一轮的制度造势，在东西部之间形成制度差别。西部地区制度势增强，其联系能力增强，在制度优势的作用下加速发展。

如果将增强系统中位势大的元素的造势能力称为正向造势，将增强系统中位势小的元素的造势能力称为逆向造势，我国区域经济协调发展的逻辑机制可用函数表示为 $F(x,y,y') = \dfrac{f(x) \times f(y)}{f(y')}$，其中 $f(y')$ 表示政府逆向制度造势的发展效应函数。而在制度逆向造势的情况下，区域经济发展差距的表征函数为 $\varphi(x,y,y') = \dfrac{\varphi[f(x)] \times \varphi[f(y)]}{\varphi[f(y')]}$，可见只有逆向制度造势才有可能缩小区域差距，实现区域协调发展。

四 结论及延伸

区域发展差距是区域经济系统运行中必然存在的现象，零差距的匀质区域只是理想化的模型，有差别就会有差别的扩大。我国区域发展差距形成于自然区位成势过程中，扩大于系统扩势和制度造势过程中，最终亦将缩小于制度逆向造势过程中（见图1）。

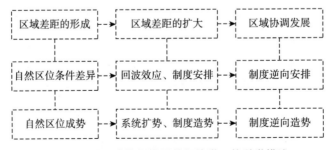

图1　区域经济协调发展的经济学、势科学描述

按照系统扩势和制度造势原理，通过制度逆向造势缩小我国区域经济发展差距、实现区域协调发展是可行的。由前述分析可知，当 $\varphi[f(y')] < \varphi[f(x)] \times \varphi[f(y)]$ 时，区域经济差距继续扩大，但速度延缓；当 $\varphi[f(y')] =$

$\varphi[f(x)] \times \varphi[f(y)]$ 时，区域经济差距保持在一定水平；当 $\varphi[f(y')] >$
$\varphi[f(x)] \times \varphi[f(y)]$ 时，区域经济差距开始缩小。但由于西部地区经济社会
发展存在的诸多劣势，在西部进行制度逆向造势的作用是有限的。加之系
统不断地扩势，就目前而言，制度逆向造势只能放慢东西差距扩大的速度，
而缩小东西部差距、实现区域经济协调发展仍任重而道远。

作者简介： 惠树鹏，甘肃镇原人，兰州理工大学经济管理学院副教授，
硕士生导师，主要研究方向为区域经济管理与决策。

基于管理信息势的中国企业国际化
创新发展研究

引言：本文利用势科学理论建立评价企业国际化发展能力的企业势模型，选取华为公司作为实证研究对象，利用华为相对于中国普通国际化企业的差别和联系，计算出华为的企业势。企业势中第一、第二层势得分高低情况也与华为的国际化发展能力高低较为一致，表明企业势模型有参考和应用价值，有利于企业管理层了解清楚企业在国际化竞争中的发展能力和市场表现，加快企业创新发展速度，提高国际竞争力。

20 世纪 90 年代以来，中国企业逐步跨出国门开拓国际市场，参与到国际化竞争中。2001 年中国加入 WTO 以后中国企业国际化发展进程进一步提速，商务部的数据显示 2001 年中国企业对外投资仅为 67 亿美元，而 2013 年已达 902 亿美元。对于大多数中国企业来说，国际化发展模式具有很强的吸引力，但是与发达国家跨国公司相比，中国企业国际化发展起步晚，高附加值产品少，在国际竞争中处于劣势。

Hitt 等将企业国际化定义为"企业跨越国界进入不同市场和区域的行为"。Annavarjula 和 Beldona 认为可以从海外运营、海外资产拥有权、管理风格、战略及结构的倾向来定义企业国际化。快速发展的国际化企业常见于高科技领域，高科技企业较高的研发成本需要有更大的国际市场来作为支撑。企业可以通过学习借鉴、合作、引入专业人才等来获取国际化经营的经验。周寅猛等倡导新兴经济体企业的国际化研究范式应从"理论驱动"转变到"问题驱动"，应该跳出西方原有理论框架，构建出新的理论体系。

风险感知是企业国际化发展时必须要考量的因素，在国际化发展的初级阶段应根据自身实力和竞争特色，选择正确的目标市场和进入模式。葛京等的研究发现企业通过学习与实践不断扩充自身国际化相关知识，增加知识存量，有利于自身更好地实现国际化发展。

学术界对企业国际化的研究很多，但目前用东方哲学思想指导中国企业国际化创新发展的文献较少。"势"在中华文化中应用广泛，有气势磅礴、顺势而为、仗势欺人、势如破竹、蓄势待发、势均力敌等词语。用来研究势的产生与运行的机制称为势科学，由李德昌率先提出。势科学的精髓来源于中国传统文化，势也可称为梯度、斜率，社会科学中势＝差别×联系。牛顿定律和麦克斯韦方程等都是由导数或者偏导数构建的势函数，是客观存在的，所以自然科学是找势，而企业发展则是要造势，提升实力以取得发展优势。[①]

一　评价企业国际化发展能力的企业势模型

为了帮助中国企业更好地在国际化竞争中知己知彼，创新企业认知和发展方式，本文利用势科学相关理论建立评价企业国际化发展能力的企业势模型（corporate power model）。基于中国企业国际化发展中存在的文化差异不易克服、法律差异不能有效掌握、与当地知识和管理水平不协调、对国外市场陌生、人才管理缺乏经验等问题建立管理势，管理势中细分出制度管理势、组织管理势、战略管理势、项目管理势、人力资源势；[②] 基于产品附加值低、不注重产品和服务质量、销售渠道布局不佳、品牌在国外没有名气、风险意识差等问题建立经营势，经营势中细分出成本控制势、产品质量势、经营方针势和风险防范势；[③] 基于社会责任意识淡薄、与合作伙伴关系处理能力不强等问题建立责任势，责任势中细分出社会责任势和互利合作势；基于企业创新意识不够和创新能力差等问题建立创新势，创新势中细分出技术创新势和营销创新势。在企业势模型中，第一层势有管理势、经营势、责任势和创新势，第一层势细分出的十三类势为第二层势，

---

① 李德昌：《势科学视域中管理系统的逻辑机制——从整体直觉到逻辑演绎的中国管理学研究》，《管理学报》2008 年第 6 期，第 792～800 页。

② 鲁桐：《中国企业海外经营：对英国中资企业的实证研究》，《世界经济》2000 年第 4 期，第 3～15 页。

③ 张建红、周朝鸿：《中国企业走出去的制度障碍研究——以海外收购为例》，《经济研究》2010 年第 6 期，第 80～91 页。

如图 1 所示。

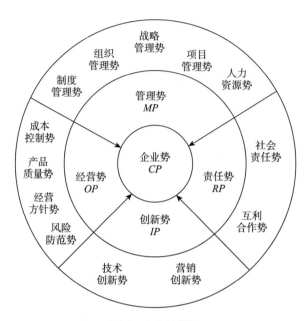

图 1　企业势模型

借助势科学理论，企业势中势的计算依据为势 = 差别 × 联系。因为企业势并不是凭空计算得到，它是通过比较目标企业与评比对象的国际化发展能力后获得的，相对更为客观公正，差别和联系可用减法表示，公式如下：

$$D_i = Difference_i - Difference_i' \qquad (1)$$

$$C_i = Connection_i - Connection_i' \qquad (2)$$

$Difference_i$ 和 $Connection_i$（$i = 1，2，\cdots，13$）表示目标企业第二层势 P_i 的差别和联系；$Difference_i'$ 和 $Connection_i'$ 则表示评比对象第二层势 P_i 的差别和联系。通过相减就能得到目标企业相对评比对象的差别值 D_i 和联系值 C_i。如果 $D_i < 0$，表明目标企业第二层势 P_i 的差别落后于评比对象；如果 $C_i < 0$，表明目标企业第二层势 P_i 的联系落后于评比对象；如果 $D_i > 0$，表明目标企业第二层势 P_i 的差别领先于评比对象；如果 $C_i > 0$，表明目标企业第二层势 P_i 的联系领先于评比对象。

因为对目标企业与评比对象的差别和联系的调研几乎都会是先得到文

字性比较信息，还需要将包含的差别和联系文字信息转换成数值。因此在实际操作中，需要先将目标企业和评比对象的第二层势的差别和联系情况调研归纳清楚，再通过找专业人士打分得到差别值和联系值。

得到第二层势的差别值和联系值后，就可以计算出第二层势数值，计算公式如下：

$$\begin{cases} P_i = -D_i \cdot C_i & D_i < 0, C_i < 0 \\ P_i = D_i \cdot C_i & D_i > 0, C_i > 0 \\ P_i = -D_i \cdot C_i & D_i \cdot C_i < 0, D_i + C_i > 0 \\ P_i = D_i \cdot C_i & D_i \cdot C_i < 0, D_i + C_i < 0 \end{cases} \tag{3}$$

第一层势的数值通过计算其细分出的第二层势均值得到。最后，企业势的计算公式为：

$$CP = \alpha MP + \beta OP + \chi RP + \gamma IP \tag{4}$$

在式（3）中，当 $D_i < 0$，$C_i < 0$ 时，表明目标企业的第二层势 P_i 落后于评比对象，所以 P_i 计为负值；当 $D_i > 0$，$C_i > 0$ 时，表明目标企业的 P_i 领先于评比对象，所以 P_i 计为正值；当 D_i 与 C_i 异号时，表明目标企业与评比对象在 P_i 的差别和联系上各有优势，若正值大于负值的绝对值，表明目标企业领先评比对象多一点，P_i 计为正值；若正值小于负值的绝对值，表明目标企业落后评比对象多一点，P_i 计为负值。第一层势数值代入到式（4）可计算出企业势的大小，限定有 $\alpha + \beta + \chi + \gamma = 1$，这 4 个系数表示相应的第一层势对企业势的影响力大小。企业势 CP 正（负）值表示企业的国际化发展能力领先（落后）于评比对象。

通过以上计算流程，企业可以将自身与评比对象在国际化发展的诸多方面进行实质性的比较，更清楚地发现自身不足和有待改进的方面，找到适合自身的国际化创新发展路径。

二 实证分析

（一）华为公司：中国企业国际化发展标杆

本文选定华为公司作为企业势计算的目标企业，评比对象选择的是中国普通国际化企业，这有利于我们整体性认识中国企业的国际化发展。通过咨询华为员工、通信运营商员工、高校教师和查阅有关华为的资料，[①] 归纳总结出在企业势模型中华为公司相对中国普通国际化企业的差别和联系，如表1所示。差别是指相对中国普通国际化企业，华为具有的独树一帜的企业行为；联系是指华为与中国普通国际化企业的相似性企业行为。

表1　华为公司相对中国普通国际化企业的差别和联系

第一层势	第二层势	华为相对中国普通国际化企业的差别	华为相对中国普通国际化企业的联系
管理势（MP）	制度管理势	"军事化管理"	在企业文化和员工培养的影响上华为员工向心力更强，员工对企业的认同感强
	组织管理势	轮值CEO制度及员工100%持股，确保组织运营民主化和监督有效	华为自1998年起便开始聘请IBM帮助建立核心部门，并聘请著名咨询公司协助提升管理效能
	战略管理势	成立之初就制定国际化发展目标，"农村包围城市"战略稳步推进	"贴近客户""本土化经营"的策略，坚持聚焦法则，各个市场逐个击破
	项目管理势	通过项目带动技术骨干轮流赴海外工作，极大促进了员工领导能力的提高	"不让雷锋吃亏"的理念，主要看工作绩效，激发员工的创造力
	人力资源势	海外工作收入是国内2倍以上，直接从大学里招收优秀学生到海外历练和积累经验	华为租用当地最安全舒适的公寓作为员工宿舍，为每位员工购买各种保险，为家属报销来回探亲机票
经营势（OP）	成本控制势	聘请德国FhG等帮助进行生产工艺体系的设计，缩短生产周期，提高效率和交货速度	与上游厂商长期合作保证原材料优势，技术投入保证研发优势
	产品质量势	公司的产品质量和服务质量、响应速度以及工程交付能力都在同行中领跑	产品性能优越，价格便宜，坚持产品做到高质量和低价格，竞争力明显
	经营方针势	强调技术为王，深耕目标市场，建立完善的营销、服务网络和队伍	贴近客户，快速响应客户需求，拒绝机会主义，不倚靠价格战
	风险防范势	企业领导层有强烈的危机管理意识，公司网由信息安全部监控，保护公司秘密	向每一个员工传达危机管理意识，促使员工加强自我批判，不断改进思想

---

① 李慧群、王伟立：《华为的管理模式》，海天出版社，2012。

续表

第一层势	第二层势	华为相对中国普通国际化企业的差别	华为相对中国普通国际化企业的联系
责任势（RP）	社会责任势	本地国外员工占比70%以上，大量招收本地员工给当地增加了就业岗位	提供奖学金以及为优秀学生提供带薪实习机会等，积极参与公益事业
	互利合作势	通过合资等方式与客户形成利益共同体，通过为客户提供买方信贷等方式打开海外市场	在第一时间处理客户的网络故障，工作之余中国员工和当地人打成一片
创新势（IP）	技术创新势	长期坚持不少于销售收入10%的研发投入，40%的人员做技术研发，研发创新是生命线	将为发展中国家设计的科技创新产品介绍到发达国家来，不同国籍人员组成项目团队促进技术互补
	营销创新势	2011年开始多元化营销，成立华为终端公司提升品牌影响力，开发政企市场	与运营商进行长期深层次的友好合作，并邀请客户到公司考察

本文根据表1制作了问卷，采用被调查者对问卷中华为相对中国普通国际化企业差别和联系文字描述内容的主观评价打分的方式来得到华为企业势模型中第二层势的差别和联系得分。利用李克特5级量表进行测量，略好、好、很好、非常好、最好，分别打1分、2分、3分、4分、5分，实现对华为与评比对象在差别和联系上的量化。因为华为第二层势的差别和联系都要好于中国普通国际化企业，所以才会将打分都定为正数，如果是目标企业差别或联系落后于评比对象的情形，采取 -5 分到 -1 分的类似打分方式。考虑到是对华为国际化发展情况做调查，需要找到专业人士，以得到更可信的结果，我们以企业管理研究生和通信行业人员作为调查对象，他们对企业国际化发展和华为都有一定程度的了解，可以提高调查的信度水平。课题组共发放问卷49份，剔除填答不全的问卷后最终获得30份有效问卷，问卷回收率为61%。

（二）描述性统计

本文使用SPSS 19.0软件处理调查所得数据，信度分析中差别量化值的信度系数 α 达到0.81，联系量化值的信度系数 α 达到0.87，信度系数 α 都大于0.80，代表该量表拥有很好的内部一致性信度，数据可靠性高，可以用来做基准研究（见表2）。

表 2　样本的可靠性分析

类别	第一层势	信度系数 α	
差别	管理势	0.58	0.81
	经营势	0.72	
	责任势	0.24	
	创新势	0.10	
联系	管理势	0.68	0.87
	经营势	0.68	
	责任势	0.84	
	创新势	0.38	

　　表 3 和表 4 分别为企业势模型中第二层势的差别、联系量化得分的均值、标准差和相关系数。其中第五列及以后的列中括号前的数值为相关系数值，表示该行左边的第二层势的数值与括号内序号所对应的第二层势的数值的相关系数大小，在表 3 和表 4 中，只列举了满足显著性水平小于 0.1 的相关系数。

表 3　华为公司相对中国普通国际化企业的差别统计结果

第一层势	第二层势	均值	标准差	相关系数				
管理势 (MP)	1 制度管理势	3.87	0.97	0.40* (6)	0.44* (8)	0.40* (11)	0.44* (13)	
	2 组织管理势	4.17	1.18	0.45* (3)	0.41* (4)	0.61*** (8)	0.50** (10)	
	3 战略管理势	3.43	1.30					
	4 项目管理势	4.37	0.72	0.36* (5)	0.43* (6)	0.47** (7)	0.49** (8)	0.40* (11)
	5 人力资源势	4.07	0.83	0.44* (6)	0.61** (7)	0.43* (11)		
经营势 (OP)	6 成本控制势	3.93	0.87	0.67*** (7)	0.51** (11)	0.39* (13)		
	7 产品质量势	4.03	0.89	0.46* (8)	0.62*** (11)	0.44* (13)		
	8 经营方针势	4.33	1.00	0.52** (12)				
	9 风险防范势	4.00	0.79	0.38* (11)	0.43* (12)			

续表

第一层势	第二层势	均值	标准差	相关系数				
责任势 （RP）	10 社会责任势	3.97	0.72					
	11 互利合作势	3.93	0.69	0.38* (13)				
创新势 （IP）	12 技术创新势	4.37	0.81					
	13 营销创新势	4.17	0.95					

注：*、**、***分别表示显著性水平为10%、5%、1%。

表4　华为公司相对中国普通国际化企业的联系统计结果

第一层势	第二层势	均值	标准差	相关系数				
管理势 （MP）	1 制度管理势	3.93	0.78	0.65*** (3)	0.39* (6)	0.39* (10)	0.40* (11)	0.51** (13)
	2 组织管理势	4.13	0.78	0.41* (4)	0.47** (11)			
	3 战略管理势	4.23	0.77	0.43* (8)	0.40* (10)	0.46* (11)	0.45* (13)	
	4 项目管理势	4.00	0.87	0.57*** (7)	0.51** (10)	0.53** (11)		
	5 人力资源势	4.13	0.68	0.54** (7)	0.43* (10)	0.43* (11)		
经营势 （OP）	6 成本控制势	4.23	0.73	0.45* (7)	0.51** (8)	0.46*** (10)		
	7 产品质量势	3.97	0.76	0.42* (8)	0.45* (10)	0.44* (11)		
	8 经营方针势	3.97	0.85	0.52** (10)	0.52** (11)			
	9 风险防范势	4.03	0.89	0.57*** (10)	0.54** (11)			
责任势 （RP）	10 社会责任势	3.90	1.09	0.72*** (11)				
	11 互利合作势	3.43	0.97	0.38* (13)				
创新势 （IP）	12 技术创新势	4.00	0.79					
	13 营销创新势	3.90	0.76					

注：*、**、***分别表示显著性水平为10%、5%、1%。

　　表3描述华为相对中国普通国际化企业的差别得分情况。在管理势中，

组织管理势、项目管理势、人力资源势均值分别为 4.17、4.37、4.07，而制度管理势和战略管理势均值分别为 3.87 和 3.43，得分稍低。在经营势中，有 3 种势的均值大于 4，华为的经营方针势均值为 4.33，表明华为的经营方针获得非常高的评价。在责任势中，社会责任势和互利合作势均值分别为 3.97 和 3.93。在创新势中，技术创新势均值达到了 4.37，营销创新势均值也达到了 4.17。差别统计结果中各相关系数都没有大于 0.80，忽略相关性对研究的影响。

表 4 描述华为相对中国普通国际化企业的联系得分情况。在管理势中，除了制度管理势均值为 3.93 外，其他 4 种第二层势均值都超过了 4，其中战略管理势均值达到 4.23。在经营势中，成本控制势均值也为 4.23，另外 3 种第二层势的均值接近 4。在责任势中，社会责任势和互利合作势均值分别为 3.90 和 3.43，低于差别中的 3.97 和 3.93。在创新势中，技术创新势和营销创新势均值分别为 4.00 和 3.90，低于差别中的 4.37 和 4.17。联系中各相关系数都没有大于 0.80，只有弱相关性，忽略相关性对研究的影响。

（三）结果分析

利用势科学中势 = 差别 × 联系，将表 3 的差别均值乘以表 4 中对应的联系均值，就得到第二层势得分，并对得分除以 25 进行百分制标准化。相应的第二层势得分平均值即是第一层势得分，如表 5 所示。在管理势中，项目管理势的得分 69.92 分最高，组织管理势和人力资源势得分也较高，战略管理势得分 58.04 分最低，管理势的百分制得分为 64.98 分。项目管理是华为在国际化管理中的重要环节和发展基石，华为项目团队的高效管理运作确保了华为在全球许多国家的通信设备集采上占据较大的市场份额，因此可知项目管理势得分位居管理势第二层势第一名实至名归。另外华为在组织管理上讲求民主和科学，公司的员工也是行业佼佼者，组织管理势和人力资源势得分较高。华为倡导"狼性文化"，员工的工作压力相对较大，因此在制度管理和战略管理上会遭受诟病，这也与制度管理势和战略管理势得分相对较低相对应。在经营势中，经营方针势得分为 68.76 分最高，得分最低的产品质量势也到了 64.00 分，经营势的百分制得分为 65.94 分。华为在国际化经营中的成功主要还是因为经营方针制定得科学有效，所以经营方针势在经营势第二层势中得分最高符合实际。在责任势中，社会责任势得分为 61.93 分，高于互利合作势得分 53.92 分，这两类势在第二层势中得分稍低，也导致了责任势百分制得分只有 57.93 分，远低于管理势、经营势和创新势得分，体现出华为在企业责任实践上还没达到一流企业标准，还有上升空间，也基本符合实际。在创新势中，技术创新势获得了 69.92 分，与项目管理势得分并列第一，营销创新势得分为 65.05 分。技术创新势高于营销创新势毋庸置疑，创新势百分制得分在第一层势中最高，达到了 67.49 分。

表 5　企业势模型组成成分计算结果

单位：分

第一层势	第二层势	得分	百分制得分	百分制得分
管理势 （MP）	制度管理势	15.21	60.84	64.98
	组织管理势	17.22	68.89	
	战略管理势	14.51	58.04	
	项目管理势	17.48	69.92	
	人力资源势	16.81	67.24	
经营势 （OP）	成本控制势	16.62	66.50	65.94
	产品质量势	16.00	64.00	
	经营方针势	17.19	68.76	
	风险防范势	16.12	64.48	
责任势 （RP）	社会责任势	15.48	61.93	57.93
	互利合作势	13.48	53.92	
创新势 （IP）	技术创新势	17.48	69.92	67.49
	营销创新势	16.26	65.05	

根据 $CP = \alpha MP + \beta OP + \chi RP + \gamma IP$，并假定公式中各系数相等，都为 0.25，将表 5 中管理势、经营势、责任势、创新势的百分制得分代入计算，得到华为国际化发展能力相对领先于中国普通国际化企业，企业势得分为 64.09 分。如果考虑到中国普通国际化企业整体国际化不佳表现，将它们的企业势得分设定为 30 分，那么华为的企业势实际得分将达到 94 分，接近满分，这与华为的国际化表现一致。

三　结语

企业势模型可以为中国企业国际化创新发展把脉，微观上企业不仅能运用其对自身的各项不足进行分析并获得充分的认识，也能在与竞争对手的比较中发现对方的优点和弱点，从而可以在细节上不断完善企业自身；同时，宏观上企业势模型也可以用来检验企业一段时间的发展成果，通过企业势得分的变化了解企业这段时间的进步与退步状况以及相比竞争对手的发展快慢程度，管理层能够不断跟踪企业的发展情况，并及时有效调整企业的战略，让企业更顺利地完成国际化目标。中国企业在国际化发展中都可以利用企业势模型，提升企业管理势、经营势、责任势、创新势，通过创新发展为企业创造更多优势，追赶领先企业，在国际化发展中完成从产品到品质再到品牌的蜕变。

参考文献

葛京、金锐睿、杨智宾：《基于知识利用和知识发展的企业国际化过程分析——以中国家电企业为例》，《中国软科学》2009 年第 9 期。

许晖、万益迁、裴德贵：《高新技术企业国际化风险感知与防范研究——以华为公司为例》，《管理世界》2008 年第 4 期。

周寅猛、付诗涵、庄鹏冲：《从"理论驱动"到"问题驱动"——中国企业国际化战略的研究范式转变》，《中央财经大学学报》2012 年第 12 期。

M. A. Hitt, R. E. Hoskisson, H. Kim, "International Diversification: Effects on Innovation and Firm Performance in Product Diversified Firms," *Academy of Management Journal* 40 (1997).

M. Annavarjula, S. Beldona, "Multinationality-Performance Relationship: A Review and Reconceptualization," *International Journal of Organizational Analysis* 8 (2000).

M. Forsgren, "The Concept of Learning in the Uppsala Internationalization Process Model: A Critical Review," *International Business Review* 11 (2002).

N. E. Coviello, A. Mcauley, "Internationalization and the Smaller Firm: A Renew Review of Contemporary Empirical Research," *Management International* 39 (1999).

作者简介：陈豪，贵州六盘水人，在读硕士研究生，主要研究方向为企业管理；王宇熹，湖南益阳人，副教授，硕士生导师，博士，主要研究方向为管理科学与工程。

流通创新、冲突及其解决路径：基于势科学的视角

流通是社会再生产的重要环节之一，它不仅是联系生产与消费的桥梁，也是产业兴旺和消费升级的重要载体。随着科学技术的进步和人们消费需求的变化，商品流通渠道和结构、手段和方式必须进行创新。但是这种创新也必然会引起与流通利益相关者、流通外部环境之间的冲突。如何化解和处理这些冲突，就成为摆在流通经济学面前的一项重要任务。

一　文献回顾

流通创新是指"在实体经济以信息化带动工业化的进程中，凭借先进理论、思维方法、经营管理方式和科学技术手段，对传统流通格局中的商流、物流、资金流和信息流所进行的全面改造和提升，以便全面、系统、大幅度地提高流通的效能"[①]。对于流通创新，目前国内外的研究主要从以下三个方面展开的。一是流通创新包含的内容。纪良纲认为，流通创新包括观念创新、制度创新、业态创新、信息技术创新和流通组织创新；张得银认为流通创新包括流通理论创新和流通实践创新。二是流通创新的外溢效应研究。Gereffi 提出的全球价值链理论表明，流通商主导的买方价值链创新能够有效推动制造商流程再造、产品和功能升级。丁宁认为在产品市场发育越成熟和法律制度环境越完善的省份，流通创新对制造业的外溢效应越好；徐从才、李颐、郝爱民认为流通创新对生产性服务业具有重要的支撑作用。三是对流通创新的路径研究。贾晓燕认为应该推动零售商向终端控制方向迈进、从供应链上建立产销动态联盟、根据实际需要展开业务外

---

① 宋则：《加快流通创新 促进流通现代化》，《北京市财贸管理干部学院学报》2004 年第 1 期，第 4~8 页。

包等方式来进行流通创新；路红艳认为流通创新应该是流通业与农业、制造业、服务业和互联网的深度融合，形成以生活服务集成、商旅文一体化为代表的产业跨界融合模式，以全渠道分享平台为代表的线上线下融合模式和以"物流＋金融＋贸易"综合服务为特征的供应链服务创新模式。

综合以上学者对于流通创新的研究，可以看出，学者们主要对流通创新的内容、流通创新的外溢效益、流通创新的路径进行了探讨。这些研究为进一步深化对流通创新的含义、方式、模式的研究提供了有益的借鉴。但是，学者们对流通创新中可能出现的冲突问题及其如何解决的研究却十分稀少。纪良纲提到流通模式冲突问题，他认为，电子商务对传统企业的流通模式转化提出新要求是必然的，而流通模式改造过程中会存在目标冲突、功能冲突及利益冲突，而错位策略是解决这些冲突的良好途径。此外杨宜苗等人提到流通渠道冲突问题，建立了渠道冲突与农户违约倾向的关系模型，认为渠道权力的不同组合会对渠道冲突及农户违约倾向有不同的影响，如果农户和采购商都拥有强制性权力而不使用或者双方都使用非强制性权力，那么渠道冲突较小，农户违约的可能性较低。因此，应增强渠道权力主体在流通渠道中的权力，区分渠道权力的拥有与使用，选择有效的渠道权力组合。

由此可见，对于流通创新中的流通冲突问题，学者们并没有给出一个清晰的定义，也没有对流通冲突包含的内容及形成机理进行详细系统的分析和论证，对流通冲突对流通系统造成的风险也没有进行仔细的探讨和研究。鉴于此，本文拟运用势科学的基本原理探讨流通创新的机制及流通冲突产生的原因，进而探寻出流通冲突解决的路径。

二 势科学视角下的流通创新

老子在《道德经》中指出，"道生之、德蓄之、物形之、势成之"，势很早就被东方管理学家们所认识。李德昌指出，势就是差别×联系，势就是梯度、斜率、导数，势其实是一个自然科学的概念，作为导数和斜率，它反映着数值的变化；同时，势又是一个社会科学的概念，事物之间的差别越大联系越紧，势就越大。所以势科学把自然科学和社会科学有机统一了起来，具有普遍解释意义。势科学原理有三个：①势的运行机制表现为差别促进联系、联系扩大差别，所以势趋不变，宇宙加速膨胀、社会加速发展；②势的稳定增长达到某种临界值，系统就会发生非平衡相变和非线性分岔，从而衍生出各种创新和风险；③势在一定层次的增长极限上产生对称，对称形成群，无干扰的信息势形成素质群、组织群及社会群，由此产生素质和谐、组织和谐和社会和谐。

根据势科学的原理，流通创新就是流通系统达到某种临界值，产生了非平衡相变和非线性分岔，从而打破了原来流通系统的对称，出现了新的流通主体、渠道、结构和方式。那么，为什么会出现流通创新？从根本上来讲，是因为流通系统满足不了已有生产系统和消费系统的需要，必须做出相应的改变，才能适应新的生产系统和消费系统。从世界历次流通革命来看，莫过如此。

第一次流通革命以法国巴黎诞生的世界第一家"百货商店"为标志，始于17世纪中期。"百货商店"一改传统零售业的产权形式和经营方式，将现代企业制度和经营管理方式引入零售业，成为历史上第一个实行资本运作和集约化经营的销售组织，为现代零售业的发展奠定了基础。第二次流通革命兴起于19世纪中期，以美国出现"连锁商店"这一新的零售组织形式为标志。"连锁商店"的出现，改变了零售业规模扩张的方式，为零售企业的规模化发展提供了广阔的发展空间。第三次流通革命始于20世纪30年代，以一种新的零售业态——"超级市场"在美国的诞生为标志。"超级市场"的出现掀起了一场零售技术革命，将专业化、社会化生产方式引入零售业，并为后来运用电子技术，尤其是计算机网络技术进行信息化管理创造了条件。零售业业态革命是经济发展的必然结果，革命的同时又极大地促进了经济发展，加速了流通现代化的进程。

目前我国正在进行的流通创新以"互联网＋"为依托，以共享经济为支撑。我国流通体系自改革开放后不断地进行调整，但是与科技进步的要求和人们消费方式的变化之间还存在着较大的差距。面对科技的飞速发展和消费需求的多元化，流通企业只有进行流通手段和方式创新才能适应时代的变化和要求。传统的流通企业必须和互联网结合，改变自己的经营方式和理念，进一步加强与消费者的联系，吸引消费者，扩大自己的商品经营信息势。

根据势科学的创新与发展动力学模型，可得流通创新即"流通服务差别÷流通企业与消费者之间的距离"，即流通服务的差异性×流通企业与消费者之间的联系。用函数表达如下：

$$F(S,R) = (S_i - S_j)/(R_i - R_j) = \mathrm{d}S/\mathrm{d}R$$

其中，S_i、S_j 表示流通服务的差别，R_i、R_j 表示流通企业与消费者之间的距离。

具体来说，零售企业必须主动利用互联网的平台，进行线上线下联动经营，比如世纪联华超市和京东联合在网上开设"京东到家"，消费者只要在"京东到家"选购距离自己最近的世纪联华超市的各种商品，京东物流半个小时内就能把超市的商品送到消费者手中。这种和互联网的结合，其实就是增加了流通企业本身的信息量。从势科学的角度看，实体店运用互联网进行经营，相当于减少了与消费者之间的距离，增加了与消费者之间的联系，运用快递送到家，意味着增加了服务的差别，实际上就是增加了流通企业的势，即服务差别很大的商品能够以很短的距离与消费者紧密联系起来，流通企业的势就增大了，流通企业就具有了较强的竞争力。

如图1所示，ab 表示流通企业信息势，oa 表示流通企业的服务水平，ob 表示流通企业与消费者的距离，根据势科学的原理，流通企业的信息势用 f 表示，$f = oa/ob = oa \times (1/ob)$。流通企业服务水平越高，服务的差别就越大，与消费者距离越短，与消费者的联系就越紧密，从而流通企业的信息势就越大。

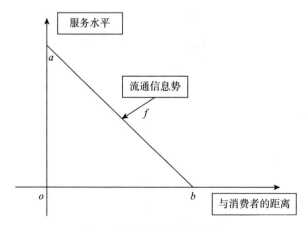

图1　流通企业信息势的增加

不仅如此，线下流通企业运用互联网经营，通过 App 等交易平台，还可以获得大量消费者的信息，这些信息经过数据整理和数据挖掘，可以使流通企业更加清楚地把握每一个消费者的消费习惯和消费行为，从而更加精准地为消费者服务，扩大服务的差别，增加流通企业的经营信息势。而且还可以为流通企业的商品品类规划提供信息。流通企业对消费者的消费行为把握得越精准，流通企业的服务水平越高，其经营信息势就越大。

与此同时，互联网流通企业也需要利用线下的实体流通企业扩大自己的经营信息势。尽管互联网流通企业如阿里巴巴、京东等有着极为丰富的线上资源，但是其也有消费者联系不真实、不紧密的缺点。然而，流通实体店给消费者带来的切身体验、接近社区等特点刚好可以将这些缺点弥补，这使得许多互联网流通企业主动与实体店融合。如阿里巴巴收购大润发、京东收购永辉超市等。这些互联网流通企业通过对实体店的收购，缩短了与消费者的距离，密切了与消费者的联系，同时通过线上线下两种服务手段增加了服务的差别，根据势科学的原理，差别越大，联系越紧，势就越大，由此，流通企业的经营信息势增大、流通创新的水平和能级就提高。

三 流通创新过程中的冲突

流通创新的本质是流通系统打破原来的平衡，在新的条件下实现流通的局域对称。由于创新本身就是系统发生的非平衡相变，所以，流通创新的结果具有不可预知性。流通系统既是开放的，也是封闭的。流通系统必须吸收外来系统的能量，才能促使系统不断优化。但开放也可能使系统本身的平衡被打破，使流通系统原有的对称性遭到破坏，流通冲突就不可避免。

从势科学的角度看，流通冲突实质是流通系统中各种要素之间产生了不对易，使得流通系统处于一种模糊和混沌的状态。在封闭环境下，流通系统的各要素之间互相对称，使得流通系统处于一种稳定和谐的状态。但是由于科技进步和消费需求的变化，流通系统原有的平衡被打破，流通系统原有的对称发生破缺，流通冲突就出现了。

流通冲突首先表现为流通主体与消费者之间的冲突。科学技术的飞速发展和消费需求的日益个性化，要求流通主体必须及时更新经营理念，主动采取新的方式赢得消费者信赖。但是，很多流通主体拘泥于旧的经营观念，担心转变理念和方式会给自己带来额外的交易成本，所以，明知道只有适应消费者需求变化才能取得流通经营信息势，但就是不主动采取措施进行相应的改变，最终导致了这些流通主体日渐衰落或者消失。《2015 中国连锁百强》显示，2015 年，55% 的流通企业净利润下滑，新开门店同比下降 16%，关闭门店同比上升 39%。万达百货关掉全国约 90 家百货门店中的一半，北京华堂一年关闭 4 家门店，百思买、尚泰百货等甚至停止了中国区业务。

流通冲突还表现在流通组织结构与流通经营方式的不对易。互联网时代要求流通经营方式要适应互联网发展的要求，流通企业经营必须做到线上和线下相结合，在经营方式上，既要通过改善实体店的经营环境和服务来吸引顾客到店进行购物体验，更要借助互联网手段为店外客户提供快捷、方便的购物服务，及时发现店外顾客的消费需求并及时予以满足。这就要求流通企业必须改变传统的组织结构，变原来层级分明的直线职能制结构等为网络化、虚拟式的组织结构。通过网络化、虚拟式的组织结构尽快整合流通企业内外部资源，为消费者提供更多的个性化服务。比如，通过与互联网平台的战略合作，把流通企业的实体商品在互联网平台上展示和销售，就需要流通实体企业与互联网平台深度合作，建立虚拟化组织来实现；把实体企业的商品尽快送到消费者手中，就需要流通企业与物流企业密切合作，通过网络化的布局，满足消费者的需求。

但是，很多流通企业对这一变化还没有完全反应过来，仍然把对连锁分店的控制作为理所当然的选择，对各个事业部和职能部门仍然采用传统的管理办法，使这些组织不能及时有效地同供应商、物流企业、互联网平台有机结合，结果导致即使位置优越的连锁门店也丧失了发展的机遇和动力，最终这些门店的大批倒闭。实体流通企业的信息势不能充分发挥出来，流通信息势水平普遍降低。

流通冲突也表现为不同区域之间的流通存在着不和谐。长期以来，我国城市流通体系无论是在规模上，还是在质量、效率上都远远高于农村流通体系。农村流通体系的薄弱，流通网点不足，造成了农产品不能及时地由乡村转移到城市，城市的优质工业品也难以及时输送至农村，农村流通体系存在"劣币驱逐良币"的现象。

假设在一个封闭性的农村流通系统中，农村流通体系收益为增函数，有两个流通企业，经营合格商品的流通企业和经营假冒伪劣商品的流通企业，这两个企业均有两种经营结果：盈利或者亏损。两个流通企业对于农民均具有相同的效用均值 G，且农民知道 G，甲项目的成功概率为 β，农民效用为 y；乙项目的成功概率为 £ ，农民收益为 R。如果两个项目失败，农民效用则均为 0，假设每个项目经营利润为单位 1，且农民是唯一的需求者，企业平均资金利润率为 r。如果项目成功，将得到 p 元；如果失败则为 0 元，因此，企业的期望利润为：

$$¥ = pr(\beta y + £R)/(y + R)$$

令 G 为农民的期望效用，则有：$G = \beta y + £R$。

因此农民倾向于选择经营合格商品的流通企业。然而，由于信息的非对称性，农民无法判别流通企业的信用和产品的质量，因而农民会采取减少成本的方式提高自己的预期效用。对流通企业来说，若农民购买商品的价格降低，则相对意味着流通企业的成本升高，当流通企业成本达到一定极限时，则只有经营劣质产品的流通企业能够持续经营，而经营合格产品的流通企业会被迫退出市场，农村会为经营劣质产品的流通企业占据。我们可将经营正规商品的流通企业定义为好主体，反之经营劣质商品的流通企业定义为差主体。主体越差，其风险性就越高，对农村流通体系的危害性越大，带来的消费者损失概率也越高。一般而言，农民的期望收益取决于农村流通主体的产品品质和产品价格，而产品价格取决于产品的质量。经营劣质产品的流通企业由于机会主义与效用最大化的驱使，可能会因急于获得利润而隐藏自身质量以及信用方面的信息，由此与农民间产生信息的不对称性。农民由于无法精准判断流通企业的状况，会选择以压低价格的方式增加预期收益。而压低价格又将使经营正规商品的非公流通企业退出市场，从而使农民消费的平均风险上升，反而可能降低农民的预期收益，最终形成经营劣质商品的流通企业驱逐经营正规商品的流通企业的结果，于是就出现了农村流通体系建设中的逆向选择。

四　流通冲突的解决路径

流通冲突是流通创新过程中原有的势平衡被打破，整体对称性遭到破坏。因此需要在新的环境下寻找局域对称，使流通系统在更高层次上达到和谐。前已述及，流通冲突主要表现为流通主体与消费者之间的冲突、流通组织结构与流通经营方式的不对易、城市流通与农村流通的不对称，因此，就必须采取措施，解决这三个层面的冲突和矛盾。

在新的流通系统中，不管流通要素怎么变化，总有一个要素是不变的，这个要素就是新的流通群中的恒等元。从混沌经济学的角度看，流通活动包含一个演化过程，其中各种要素之间存在着复杂的非线性作用。对于流通这个动力学系统，其状态的归宿，也就是说，流通系统最终达到什么样的状态是一个关键问题。在相空间中来看，就是当 $t\to\infty$ 时，如果该系统的吸引子是相空间中的一个特定的、维数为 0 的简单吸引子，那么，该系统本身就处于均衡和谐状态；如果 $t\to\infty$ 时，系统的运动为一周期振荡，出现维数为整数的定常吸引子，也会导致系统趋于均衡和谐状态。如果在相空间里出现混沌吸引子，其中的任意相点的任意次映射都不是其自身，即周期为无限大，那么，系统将是不稳定的，很难趋于均衡和谐。恒等元就是流通系统的定常吸引子。在这里，就是流通系统的目标，即满足消费者日趋多样化的消费需求。不管流通要素怎么组合，如果流通体系满足不了消费者需要，流通系统就不能取得预期的收益，就不能与外界进行物质和能量的交换，流通体系就会处于瘫痪状态。所以，流通系统必须将满足消费者需求作为自己的恒等元。

有了满足消费者需求这个恒等元，解决流通冲突就有了基本的依据和路径。解决流通主体与消费者之间的冲突，就必须使流通主体的行为和方式满足消费者不断变化和增长的需求。具体来说，流通主体要适应消费者对购买方式的变化。消费者喜爱网购，流通主体也必须及时与互联网相结合，实现实体平台和互联网平台的对接和良性互动，满足消费者多样化购物的需求。国家统计局 2016 年的中国网购用户调查数据显示，用户网购替代率为 78.4%，99.5% 的网购用户认为网上商品的总体价格水平低于实体店，72.3% 的网购用户因为网购而减少了外出购物次数，58.2% 的网购用户平均每月网购 2~5 次。近年来，许多实体店主动与互联网结合，流通主体互联网化的趋势明显。很多流通企业积极打通线上线下和上游下游，促进多业态、跨行业、聚合式、协同化深度融合。如宾果盒子、淘咖啡等探索无人货架和无人便利店，提高购买效率，永辉超级物种店发展"超市＋餐饮"新模式。零售企业充分运用现代信息技术，全面拓展实体店、无人店、移动终端、PC 端、电视购物平台等销售渠道。如阿里联手百联、银泰、大润发，加速线上线下融合；物美联合"多点"打造"自由购"平台，使消费者实现便捷高效的一体化购物。商务部数据显示，2017 年，商务部重点监测的 2700 家典型零售企业销售额同比增长 4.6%，较上年提高 3 个百分点，其中电子商务销售额增长 26.8%，较上年提高 3.2 个百分点，典型企业营业利润和利润总额分别增长 8.0% 和 7.1%。

解决流通组织结构与流通经营方式的不对易就需要使流通企业的组织结构跟上流通经营方式变化的步伐，将原来的直线制、直线职能制等转变为虚拟组织结构、网状组织机构。流通企业通过与其他组织主体结成虚拟化的流通主体，适应经营方式的多元化、互联网化发展趋势。流通企业需要积极推进供应链向生产端延伸，压缩成本，以需定产，实现"千店千面"。如大商集团收购海外企业，打造自有品牌；百果园入驻生鲜市场，完善冷链物流和生鲜供应链。流通企业要积极结合区块链，使自己的组织结构灵活适应技术和流通经营渠道的变化，建立更加扁平的组织结构，使决策高效快捷，在新零售基础上的互联网流通革命中建立科学灵活的流通组织结构。在更高的层次上实现新的流通要素的局域对称。

解决流通区域之间的不对称就需要进一步探索城乡流通体系的差异，对城市流通体系和农村流通体系进行分门别类的研究和分析，研究出适应农村经济发展的农村流通体系。这种流通体系必须要适应农村经济发展的特点，考虑农村居民之间居住分散性、农村居民收入水平消费水平低于城市居民等，设计出促进农村经济发展的科学合理的农村流通体系。这样，使城市流通体系与农村流通体系之间既具有巨大的差别，各自彰显自己的特色，又都有着满足消费者需求这一共同目标，从而使城市流通体系和农村流通体系协调发展，在差别的基础上增加联系，从而最终达到差别最大、联系最紧，实现城乡流通体系的和谐发展。

参考文献

丁宁：《中国消费信贷对经济增长贡献的实证分析》，《财经问题研究》2014 年第 3 期。

郝爱民：《基于流通创新的我国农业生产性服务业发展研究》，《商业时代》2012 年第 34 期。

纪良纲、刘振滨：《电子商务实施中流通模式冲突的产生与解决》，《中国流通经济》2002 年第 1 期。

纪良纲：《流通持续创新的驱动力与创新方向》，《商场现代化》2013 年第 Z1 期。

贾晓燕：《试论流通创新和现代商贸再生产》，《商业经济研究》2016 年第 5 期。

荆林波：《中国流通业效率实证分析和创新方向》，《中国流通经济》2013 年第 6 期。

李德昌：《势科学视域中管理系统的逻辑机制——从整体直觉到逻辑演绎的中国管理学研究》，《管理学报》2008 年第 6 期。

路红艳：《基于跨界融合视角的流通业创新发展模式》，《中国流通经济》2017 年第 4 期。

徐从才、李颐：《论流通创新与贸易增长方式转变》，《商业经济与管理》2008 年第 11 期。

杨宜苗、王学娟、郭岩：《渠道权力组合、渠道冲突与农户违约倾向——基于延边州人参流通的案例研究》，《产业组织评论》2012 年第 2 期。

张得银：《流通创新与流通现代化述评》，《科技创新导报》2008 年第 34 期。

G. Gereffi, "International Trade and Industrial Upgrading in the Apparel Commodity Chain," *Journal of International Economics* 48（1999）.

作者简介：冉净斐，教授，硕士生导师，博士，主要研究方向为市场营销、物流管理、管理科学与工程。

我国新能源汽车产业发展的信息
动力学探究

引言：势科学与信息动力学可以将人才成长、组织创新及社会可持续发展的过程概括为信息动力学过程，产业发展的过程就是不断构建更大的科技和管理信息量，营造强大的科技和管理信息势的过程，就是一个以"势—对称—群"为动力学演化机制的发展过程。本文从势科学的角度分析我国新能源汽车产业发展迅猛的源头，试图通过对政策规划信息势、货币金融信息势、技术创新信息势、文化信息势等的分析，破解其发展密码，为新能源汽车产业的后续发展提供理论支持。

一 我国新能源汽车产业发展现状

发展新能源汽车是我国从汽车大国走向汽车强国迈进的必由之路。目前，世界各国都在大力发展新能源汽车，我国更是于 2010 年将其列入七大战略性新兴产业之中。近年来，我国新能源汽车产业在市场和技术研发等方面也取得了明显进展，形成了从原材料供应，动力电池、驱动系统、整车控制器等关键零部件研发生产的较完整的产业链。在市场方面，我国的新能源汽车产销量加速增长，形势喜人。中国汽车工业协会的数据显示，2015 年，全球新能源汽车销售总量为 54.6 万辆，其中，中国全年销售 33.11 万辆，同比增长 340%，首次超过美国成为全球第一大新能源汽车市场。2016 年，新能源汽车累计产销分别达 51.7 万辆和 50.7 万辆，远超上年整体水平。2017 年，中国新能源汽车产销量分别为 79.4 万辆和 77.7 万辆，连续 3 年居世界首位。

技术研发方面，在国内整车、零部件企业以及科研院所的共同努力下，我国在新能源汽车技术研发方面取得了很大的进步，动力传动系统中电池、电机和控制系统等核心技术经过近十年的大力研发，技术水平紧跟世界第一梯队。

公共技术平台初步建成，建立起较为完善的新能源汽车标准体系。建立了涵盖乘用车和商用车的整车测试平台，电池、电机、电控等关键零部件的测试平台也同步完善，支持新能源汽车规模化发展的充电网络也初步建立。在新能源汽车示范推广应用的牵引带动下，我国新能源汽车产业化进程明显加快，产业规模迅速扩大，并带动了上游关键零部件产业的发展，加快了下游充电基础设施等的建设。

二 我国新能源汽车产业快速发展的信息动力学分析

（一）信息动力学理论

一般而论，"势"是指某种有序的事物或信息构成的物质势或信息势，营造一种势场，就具备了一种做功的本领，所以，对于一个系统来说，营造信息强势是系统发展的内在动力和对外竞争的基本条件。[①] 根据势科学理论，势概念包含的两个基本的元素是"差别"和"联系"，一个系统的复杂本质正是由于系统中的这两个元素"差别"和"联系"之间的相互作用（势＝差别×联系）产生了巨大的信息量、营造了强大的信息势，系统要素间的差别越大联系越紧，系统的信息量越大势越大，做功的本领越强。营造最大信息势的根本路径就是：当元素之间的差别不变时，加强联系；当元素之间的联系不变时，彰显差别。

根据势科学的能源动力学函数 $f = Ma$，其中，f 为产品服务功能；M 为生产该产品的物质能量资源；a 为生产该产品的生产技术和管理流程所包含的信息量即信息势。[②] 生产技术越先进，管理越高效，生产过程信息量越大，生产的产品包含的信息量也越大，产品的服务功能（包括单个产品的服务功能或者单位时间内生产的产品的总服务功能）越强大。

研究我国新能源汽车产业发展战略，其核心问题就是研究能源动力学

---

① 廖启云、武杰：《当代大学生思想困惑的势科学解读》，《系统科学学报》2013 年第 4 期，第 56～59 页。

② 李德昌、张守凤：《能源可持续发展的管理信息势：势科学暨信息动力学视角》，《管理学报》2014 年第 4 期，第 610～614 页。

函数 $f=Ma$ 中的各个参数，在 M 无法改变的情况下，我们主要研究如何提高 a 的值，也就是研究在新能源汽车生产、销售和使用的过程中，如何构建较大的技术和管理信息量，营造强大的技术和管理信息势。

（二）营造政策规划信息势

政策规划的作用就是用同一个规则约束不同的市场主体，不同的市场主体间差别很大，但却必须遵守相同的规则，通过政策规划使差别很大的不同个体（组织要素、社会要素以及生产要素）紧密联系起来，营造政策规划信息势。国家或行业战略层面上的规划、建设，就是为了营造政策规划信息强势。制度政策能将各种要素联系起来，要素间的差别大小和联系密切程度是由制度政策决定的，制度政策信息势对要素间的约束程度最大，是最高层次上的信息势，对于其他次级层次上的信息势，比如技术信息势等，具有推动或者抑制作用。好的政策规划战略能将差别巨大的具有不同利益的主体（包括竞争对手）联系起来，营造具有统摄性控制和推动作用的信息势。[1]

我国在推进新能源汽车产业发展的过程中，非常重视制度规划，成立专门机构，出台种种战略规划和税收优惠等政策，包括宏观综合、行业管理、推广应用、税收优惠、科技创新以及基础设施等较为系统全面的行业政策。

除了系统全面的政策之外，国家还出台了很多支持新能源汽车产业的政策，"绿牌"就是一个很好的例子。2017 年 11 月公安部发布通知，为新能源电动汽车推出专属牌照——"绿色车牌"，并要求在 2018 年 6 月之前，全国所有城市都要实施"绿牌"政策。同时，国家还发布了新的金融政策：新能源汽车贷款最高发放 85%，首付只用 15%。这些政策为正在迅猛发展的电动汽车行业注入了一剂强心剂，更加速了产业的发展速度和进程。

从 2009 年开始，我国实行新能源汽车示范运营政策，对这些示范运营城市进行分析发现，各种政策和激励工具对新能源汽车的销量产生很大的影响。在新能源汽车产业发展过程中，我国出台的涵盖新能源汽车产销、

---

[1] 李德昌：《战略性新兴产业发展的势科学机制——信息动力学机制》，载《第七届中国科技政策与管理学术年会论文集》，2011，第 112～120 页。

技术研发、售后等各环节的大量的优惠政策，营造了强大的政策规划信息势，有力地推动了新能源汽车产业的发展。

（三）营造货币金融信息势

信息，除了有量的多少，还有质的区别，信息的抽象度越高，融合性越好，信息的质量越高，这样的信息就成为推动其他次级信息生产的原动力。货币和货币资本是一定时期的价值积累和凝结，是对其他各种资源，特别是自然资源的索取权、支配权和拥有权，其核心功能是资源配置。①

按照势科学理论，创新的内在逻辑就是势运行机制——差别促进联系，联系扩大差别，持续运行、相互推动、螺旋上升，使信息势达到某种临界值，产生非平衡相变和非线性分岔。② 要能够在某个新兴领域产生创新，必须在原有各种领域中积累足够的信息势，而且这些信息势需要抽象为能够统一各种事物的价值符号，才能推动新兴领域的创新。③ 毫无疑问，货币信息势是推动新能源汽车技术创新的基础性动力，货币信息势能够推动实现战略性新兴产业的培育、发展与升级的目标。

我国在新能源汽车产业的发展上，运用种种货币政策激励货币信息在新能源汽车技术研发、产业运营中聚集，国家财政、地方财政、各大车企、产业链各环节以及各种民间资本的投入，聚集了巨大的货币信息势。货币信息势将差别巨大的不同领域的创新人才紧密联系起来，将产业的各个环节紧密联系起来，将社会各界的各种优势资源紧密联系起来，为新能源汽车产业的发展营造了强大的信息势，推动了新能源汽车产业的发展创新，进而推动了处在培育期的新能源汽车产业战略的有效实施。

（四）营造技术创新信息势

目前，我国的汽车工业已经历了几十年的发展，在这几十年里，我国

---

① 蔡则祥、武学强：《金融资源与实体经济优化配置研究》，《经济问题》2016 年第 5 期，第 16~25 页。

② 李德昌：《势科学与协同创新的动力学机制》，《创新与创业管理》2016 年第 1 期，第 85~97 页。

③ 李德昌、张守凤：《能源可持续发展的管理信息势：势科学暨信息动力学视角》，《管理学报》2014 年第 4 期，第 610~614 页。

汽车工业从无到有、从进口到自主研发，一步步发展壮大，取得了令人瞩目的成就。但与汽车产业发达国家相比，我国在核心技术方面的差距仍然较大，技术信息势较弱。根据势的"差别促进联系，联系扩大差别"的运行机制，产业发展能推动实现"创新、发展再创新"的良性循环。

汽车未来的发展方向是低碳化、信息化、智能化。与传统汽车相比，新能源汽车原材料采掘、生产，设计，制造，使用与维修，直至回收处理的全生命周期都有较好的能源和环境效益。与其他能源相比，电能的内在有序化程度（内在信息势）更高，转化为动能推动机械运动需要的装备结构更加简单，更能够带动轻量化材料的规模应用。互联网、智能电网、充电基础设施网三网交融，形成网联化的交通，构成了新的交通能源信息系统，[1] 智能化和电动化相互促进。信息化、智能化的本质是减少中间环节、简化过程结构，电能强大的内在有序化程度为此提供了有效保障。

再者，国家和车企营造新能源汽车的技术信息势，不但能提高我国和车企的行业水平，也将为国家带来新的经济增长点，为企业创造不可预估的利润，增加国家和车企的货币金融信息势。如此循环，根据势科学的运行机制原理，整个新能源汽车行业将进入发展与创新的良性循环过程中。

（五）营造文化信息势

文化产生于人类有联系的生产及生活等实践活动[2]，文化一词有着极其丰富的意义，不同的文献对文化有不同的定义，其实，文化的本质就是"信息"[3]。文化不像物质一样看得见、摸得着、体会得到，但它却在无形中影响着人们的行为方式、生活习惯，进而影响着社会生产及经济发展，制约着科技的创新和产业的发展。[4]

新能源汽车是汽车领域的一种创新，新能源汽车产业的发展受文化的制约越小，即文化阻尼越小，其发展的速度就越快；文化阻尼越大，其发展得

---

① 阴和俊：《我国电动汽车行业成果与问题并存》，《西南汽车信息》2016 年第 8 期，第 36 ~ 38 页。

② 谢锡文、郭佳琦：《空间制造：文化社区、文化资本与文化生产——基于"文学生活馆"公共文化空间建构的研究》，《山东大学学报》（哲学社会科学版）2016 年第 4 期，第 12 ~ 18 页。

③ 李德昌、赵兰华、梁莉：《文化场与南北对话》，《理论月刊》2002 年第 7 期，第 34 ~ 35 页。

④ 李德昌、赵兰华、梁莉：《文化场与南北对话》，《理论月刊》2002 年第 7 期，第 34 ~ 35 页。

就越慢。比如，如果人们的消费观念（环保意识的强弱直接影响着消费者购买新能源汽车的动机）仍停留在追求传统燃油车追求空间大、动力强劲、品牌高端等层面上，而不是为了给自己找一款大小适合、节能省油的代步工具，那么这种消费观念则将成为新能源汽车产业发展的一种阻力。

近些年来，我国的经济经历了一个高速发展的时期，人民的生活水平也得到了大幅度的提升，人们在吃饱穿暖之外，对生活有了新的更高的需求，健康环保的生活理念越来越深入人心。春节回老家串亲戚，你能听到六七十岁的老人对几岁的小孙子说，"别吃那么多零食，没营养，对身体不好"、"离大马路远点儿，来来回回的汽车危险，屁股后面冒的烟儿会让你咳嗽生病"……在今天的中国，人们越来越多地意识到环保节能的重要性，这也为新能源汽车提供了基于心理层面的潜在市场。

文化影响着人们的消费观念，也影响着新能源汽车产业的研发、生产及销售的各个环节。近几年，无论是国家、地方政府还是各个新能源汽车企业，都在通过各种途径宣传节能环保，为新能源汽车产业的发展营造一个良好的文化环境，这有利于营造新能源汽车产业的文化信息势，对新能源产业的发展起到极大的推动作用。

（六）新能源汽车发展战略的群论模型

势即信息＝差别×联系，如果最大的差别×最大的联系，则建构最大的信息量，营造最大的信息势。最大的差别是相反，最大的联系即相同，既相反又相同即相反相成，即对称，所以，对称性要素建构最大的信息量，营造最大的信息势。[①] 政策规划与文化、技术创新与货币金融，恰恰形成两两对称的四维群论模型。对于新能源汽车的发展而言，符合数学群论的战略结构，无论从抽象的科学逻辑机制论证，还是从直观的实践层面体悟，都将为新能源汽车建构最大的发展信息量，营造强大的发展信息势。四维发展要素的内在对称性阐述如下。

政策规划信息势也就是制度管理信息势，制度管理是一种刚性的管理，政策规划信息势是一种刚性的信息势。文化信息势通过深层次影响人

---

① 李德昌：《战略性新兴产业发展的势科学机制——信息动力学机制》，载《第七届中国科技政策与管理学术年会论文集》，2011，第 112～120 页。

们的行为习惯、社会风气来潜移默化地影响整个产业，是一种柔性的信息势，制度的"刚"和文化的"柔"形成对称。货币金融信息势对新能源产业的刺激是外在的，而技术创新信息势的积累则来自新能源汽车产业内部链条上的各个环节（零部件企业的技术强弱、整车企业的技术强弱、专门研发控制系统的研究所科研院校等的技术强弱），货币金融信息势的外部刺激性和技术创新信息势的内部性，构成了新能源汽车产业发展的对称信息势（见图1）。

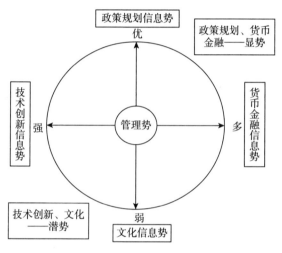

图1 我国新能源汽车产业发展的管理信息群模型

政策规划信息势、文化信息势、货币金融信息势、技术创新信息势构成了我国新能源汽车产业发展的战略管理群。政策规划"优"、文化阻尼"弱"、货币金融信息"多"、技术创新"强"，必将推动新能源汽车产业迅猛发展。

三 结论与展望

我国新能源汽车产业能在较短时间内迅猛发展，正是由于中央及各级地方政府营造的政策规划信息势、货币金融信息势、技术创新信息势、文化信息势的共同作用。目前我国的新能源汽车产业已逐步从培育期向发展期转变，虽然转变过程中及转变后，政策、资金、技术、市场发展等会有变化，但是都离不开信息动力学的作用机理，所以我们要在目前成绩喜人的基础上再上一个新台阶，也要遵循信息动力学机制，不但要继续推进管理体制改革营造政策规划信息势，集中国家与民间资本投入新能源汽车产业，营造货币金融信息势，也要选准发展方向营造技术创新信息势、文化信息势，更应注重应用对称化机制营造战略管理群，为新能源汽车的发展提供持续的发展动力。

基金项目：本文系 2015 年国家社会科学研究基金项目"基于信息及其作用机制的二十一世纪管理理论创新研究"（15BGL001）的研究成果。

作者简介：厉蕊，河南开封人，讲师，硕士研究生，主要研究方向为管理科学与工程。

基于管理信息势的家族企业文化
与可持续成长研究

引言：据 2011 年发布的《中国家族企业发展报告》，我国家族企业经营年限平均为 8.8 年，其中一半以上（59%）的企业成立于 2001 年之后，正处于早期创建阶段。家族企业在早期发展中即告"夭折"，未能实现有效的可持续发展，主要的原因在于其管理方式与现代企业管理方式的脱节。在我国的家族企业中，"人治化"色彩浓厚，决策风险高，任人唯亲与家长作风导致了非家族成员作为"外人"的疏离感，员工感到不受信任，对企业缺乏忠诚，在被长期边缘化之后，绩效持续低迷。

家族企业特殊的"内聚力"与较低的心理契约成本使得企业规模不断壮大，但基于传统"家文化"的家族企业文化却成为制约其进一步成长的"瓶颈"。要突破这一瓶颈，需要在管理信息势的基础上，建立具有强大"激励势"的企业文化，真正培养员工对企业的认同感，充分激发员工的创造性，推动企业实现可持续成长。

一 "家文化"式的企业文化制约企业的可持续成长

中国传统文化影响下的家族企业文化极具特殊性。[①] 我国家族企业文化的特征主要表现在：决策权和管理权高度集中[②]；"差序格局"的信任结构[③]；

---

① 林芝芳、牛春巧、孙小强：《我国家族企业文化渊源探讨》，《商业时代》2006 年第 9 期，第 8～9 页。
② 储小平、王宣喻：《私营家族企业融资渠道结构及其演变》，《中国软科学》2004 年第 1 期，第 62～67 页。
③ 李新春：《家族企业的成长困境与持续创业》，《学术研究》2010 年第 12 期，第 65～68 页。

以家族伦理为道德准则①，企业管理以"人治"为主②；体现家族企业家的价值观，具有鲜明的唯意志色彩等③。外来员工很难被家族成员所接纳，长期徘徊于企业的边缘，造成人才流失率居高不下；封闭僵化的家族企业文化也导致家族企业的创新能力较差，企业发展到一定瓶颈期很难再上新的台阶。

可持续成长是指企业在一个较长的时期内由小变大、由弱变强的不断变革的过程。④ 在产品、技术、知识等创新速度日益加快的今天，成长的可持续性已经成为现代企业所面临的一个比管理效率更为重要的课题。⑤ 企业文化是企业实现可持续成长的重要保证。与可以枯竭的物质资源不同，生生不息的企业文化、企业家精神等是企业可持续成长的重要支柱。⑥ 虽然文化不是万能的，没有企业文化的企业也有可能短暂成长，但没有企业文化的企业终难实现可持续成长。从这个意义上说，企业能否成长为"百年企业"甚至世界级"长寿公司"，与企业文化建设的成败有着极其密切的关系。

二 基于管理信息势的家族企业文化构建

（一）势概念的逻辑定义及势科学

在势科学的逻辑视角下，"势"是一个"梯度"，梯度 = 差别 ÷ 距离 = 差别 × 联系（距离与联系成反比），如图 1 所示，梯度在几何中是斜率，在微积分中是导数⑦，正如《道德经》中的"势成之"，以及毕达哥拉斯的观点"万物皆比例"，势即是比例，研究势的产生和运行机制的科学叫作势科学⑧。

---

① 叶蓓：《浅议家族企业的有效治理》，《当代经济》2011 年第 7 期，第 58～59 页。
② 王华锋、李生校：《民营企业二次创业和管理转型——绍兴民营企业个案研究》，《企业经济》2005 年第 5 期，第 45～47 页。
③ 缪宏、申红利：《家族企业文化重构的路径选择》，《价格月刊》2008 年第 1 期，第 83～85 页。
④ 蔡树堂：《企业可持续成长研究现状与评述》，《商业研究》2011 年第 2 期，第 94～99 页。
⑤ 肖海林、王方华：《企业可持续发展的管理法则》，《上海企业》2004 年第 7 期，第 18～20 页。
⑥ 余桂玲：《论和谐企业的文化特点》，《企业研究》2007 年第 5 期，第 55～57 页。
⑦ 李德昌：《势科学视域中的学习能力与时代创新——势科学与现代教育学理论研究之一》，《教学研究》2009 年第 3 期，第 5～8 页。
⑧ 李德昌：《势科学与现代教育》，《西安交通大学学报》（社会科学版）2007 年第 3 期，第 84～92 页。

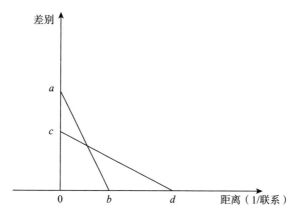

图1 势=梯度=差别÷距离=差别×联系

在势概念的科学定义基础上,"差别÷距离",即自然信息之导数,简称"自然导数";"差别×联系",即社会信息之导数,简称"社会导数"。[①]由此,社会科学与自然科学将能够统一在势科学理论中。从牛顿定律到麦克斯韦方程,从量子力学的波函数到相对论的场方程,都是由导数和偏导数(某种斜率和梯度)构建的势函数,在一定程度上可以说,科学就是"找势"——将宇宙各个层次上的势结构找到并表达为势函数。

势科学理论认为,个人、组织、社会以及宇宙的成长、发展及演化都是由各个层次上的势推动的。势科学的主要基石是势科学原理,由三个势定律组成。[②]

第一,势的运行机制是差别促进联系,联系扩大差别,所以"势趋"不变,宇宙加速膨胀,社会加速发展。[③]

第二,势的稳定增长达到某种临界值,系统就发生非平衡相变和非线性分岔,从而衍生出各种素质、创新和风险。[④]

第三,势在一定层次上的增长极限产生对称,对称形成数学结构的群,

① 李德昌:《管理学基础研究的理性信息人假设与势科学理论》,《管理学报》2010年第4期,第489~498页。
② 李德昌:《势科学视域中管理系统的逻辑机制——从整体直觉到逻辑演绎的中国管理学研究》,《管理学报》2008年第6期,第792~800页。
③ 李德昌:《势科学视域中管理系统的逻辑机制——从整体直觉到逻辑演绎的中国管理学研究》,《管理学报》2008年第6期,第792~800页。
④ 李德昌:《势科学视域中管理系统的逻辑机制——从整体直觉到逻辑演绎的中国管理学研究》,《管理学报》2008年第6期,第792~800页。

无阻尼的物质势作用形成物质群，所以宇宙和谐，无干扰的信息势作用形成素质群、组织群及社会群，所以才能产生素质和谐、组织和谐与社会和谐。[①]

管理势就是管理要素之间的"差别×联系"，无论管理要素之间的差别有多么大，管理也要通过"沟通"将所有要素"联系"起来。组织中成员的个性化"差别"越大，"联系"得越紧，凝聚力越强，组织势就越大，就越具有竞争力。

（二）基于管理信息势的家族企业文化的建设目标

第一，具有强大文化力的企业文化。在实证科学中，力是推动物质状态或运动变化的原因。在文化视域中，文化信息是改变人们生活习惯和行为方式的原因。[②] 势科学将物质力与信息力统一起来，将宇宙运动与社会运动统一起来，在更加广泛、更加抽象的层次上揭示了"力"的本质。[③]

信息力 F 是信息阻尼（情感粘性）M 和信息势 A 的函数，即 $F = F(M, A)$，表达式为：

$$F = f \cdot M \cdot A = f \cdot M \cdot dv/ds = f \cdot M \cdot dv \cdot dl \qquad (1)$$

其中 M 为信息阻尼，即人们在一定信息环境中对该类信息的情感依赖；A 为"信息"或"信息势"，一般是有效信息量 $A = dv/ds$；dv 为信息差别；ds 为信息距离；dl 为信息联系，$dl = 1/ds$；f 为环境作用系数，一般与环境的风险有关，当环境是完全确定的时候，$f = 1$，信息力退化到物质力，信息阻尼 M 退化到物质阻尼 m，信息势 A 退化到物质势 a（物质加速度）。一般情况下，$f > 1$。[④]

在物质世界，受力物体是完全被动的，在信息世界则不然，受力对象可以通过调节对于各种信息的情感阻尼来调节自己的受力状态。这是人类

① 李德昌：《势科学视域中管理系统的逻辑机制——从整体直觉到逻辑演绎的中国管理学研究》，《管理学报》2008 年第 6 期，第 792 ~ 800 页。

② 李德昌、徐瑞平：《人才成长过程中的信息作用与学习能力——势科学与现代教育学理论研究之九》，《教学研究》2012 年第 5 期，第 1 ~ 4 页。

③ 李德昌、徐瑞平：《人才成长过程中的信息作用与学习能力——势科学与现代教育学理论研究之九》，《教学研究》2012 年第 5 期，第 1 ~ 4 页。

④ 李德昌：《管理信息势与管理的不确定性——势科学理论视角》，载《第四届中国管理学年会——系统管理与复杂性科学分会场论文集》，2009，第 25 ~ 32 页。

社会比物质世界更加复杂的主要原因。①

以常见的根植于"家文化"的我国家族企业文化为例,作为一种可以激励企业员工的文化,家族企业文化的信息力根据式(1)可以表达为 $F = f \cdot M \cdot A$,A 为企业文化所具有的信息或信息势,在家族企业的发展中可以称为"激励势",M 为文化阻尼,即员工在某企业环境中对企业文化所具有的信息势的情感粘性(或情感依赖),f 为环境作用系数。

在家族企业的早期发展中,由于企业规模小,家族亲情文化的凝聚力大,能够将不同的家族成员紧密联系起来,从而可以展现出较强的文化信息势。家族企业的成员,对这种亲情文化信息的依赖或粘性也极大,由此而产生强大的企业发展推动力。但伴随着企业的逐步发展,企业吸纳了越来越多的外来员工,家族成员对外来员工的信任度低,没有更多的成长期望,对其激励不足,"激励势"A 长期处于偏低的水平。激励势 = 差别 × 联系,员工看不到自己"明天"和"今天"发展的差别,也找不到发展的路径,再加上企业的高级管理岗位基本都被家族成员把持,亲情大于制度,久而久之,外来员工产生怀才不遇的心理,企业人才流失也成为必然。同时,这种体现着"家族利益"的"小圈子"文化,没有将广大员工的利益考虑进去,使得员工无法对这种企业文化产生很强的情感依赖,因此,M 也长期处于偏低的水平。可以想象,偏低的 M 乘以偏低的 A,家族企业文化的信息力"似有还无",无法对企业的持续成长起到应有的积极作用。

在知识经济已经蓬勃发展的今天,企业文化需要服务于人的全面发展,通过充分尊重人性规律来引导人们释放不断向上的活力与创造力。因此,在家族企业中,必须建立现代企业制度,保证外来成员与家族成员享有同等权利,享受同等待遇,提升他们对于未来发展的预期。同时,在充分尊重员工主体地位的基础上,增进企业和员工之间相互沟通,不断提高双方的认同度和满意度,进而建立与员工形成心理契约的企业文化。在这种企业文化下,员工感受到企业对自己成长发展的殷切希望,并能够充分地享受到物质及精神上的双重"滋养",更加坚信凭借自己的辛苦努力,能够塑

---

① 李德昌:《文化软实力的形成机制及提升文化软实力对策研究——势科学视阈中的文化软实力研究》,载《道路·创新·发展——陕西省社会科学界第三届学术年会优秀论文集》,2009,第 293 ~ 305 页。

造更美好的未来。这种企业文化使"差别×联系"最大化，因此能够很好地实现对员工的激励；不仅如此，员工真正感到自己的人格与尊严得到了保护，在企业中处于和领导层平等的位置，因而加倍珍惜这种"体恤"自己的企业文化。换句话说，这样的企业文化中，员工的情感粘性（情感依赖）也更大，因此，此时的 M 的值也会有较大幅度的增长。当激励势和情感粘性的值均大幅提高，F 必然能够大幅提高，此时，企业文化会凸显出强大的"文化力"，推动企业不断前进。

第二，使组织和谐的企业文化。势科学认为，推动和谐发展的动力学过程是"势—对称—群—和谐"。由于势的运行机制是"差别促进联系，联系扩大差别"，所以系统元素之间差别越来越大，联系越来越紧，最后达到差别最大即相反，联系最紧即相同，既相反又相同就叫"相反相成"，即对称，而对称与泛对称元素则构成具有数学结构的群与泛群，从而实现各种层次上的和谐。[①] 按照"变换群"的要求，组织中的每个成员都必须是个性化的，也就是说，对于任一元素，总存在一个可逆的元素，即组织成员要各自能够独当一面。但同时他们的工作又是互相联系的，而非各不相干。

组织或系统的"管理方法"也要"成群"，即所有的管理方法组成一个管理集合。在这个集合中，"无为而治"的管理是管理群中的恒等元，它与任意一种管理作用等于该种管理；它也等于任何一对相反管理的和。在看似"无为而治"的管理中，能够衍生出无数对"对立统一"的管理方法（如 X 管理和 Y 管理等），即"相反相成"、差别最大又联系最紧、具有最大的管理信息量和管理信息势的"力量相等"的管理方法，这样才能保证管理的效率与效果。

和谐的企业是具有"群结构"的企业，本文参考势科学的"社会和谐的人格不变性数学泛群模型"（见图2），得到"企业"和谐的四个维度，即能力、分工、财富和职位。

四个维度产生四种"对称"，即能力的大小、分工的优劣、财富的多少与职位的高低。按照和谐群的基本结构，能力的大小、分工的优劣、财富的多少与职位的高低八个点只有落在同一圆周上，才能保证各种差别造成

---

① 李德昌：《势科学视域中的和谐社会及理论模型》，《南京社会科学》2010年第4期，第69～83页。

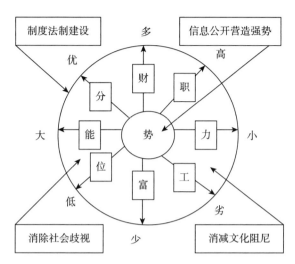

图2　社会和谐的人格不变性数学泛群模型

的张力对称，企业才能平稳运行进而表现出和谐。

　　要构建这样的企业和谐群结构，首先要求企业的制度与奖惩措施既是健全的，又是刚性的。"健全的"是指制度与奖惩措施能够公正透明，保证财富的公平分配；"刚性的"是指企业运行中制度和奖惩措施的"刚性"足够抵抗各种权力干扰和人情的干扰。其次，要在企业的整体层面上消除歧视，即保持员工"人格"不变性：无论"收入增多"还是"收入减少"，都能以不变的态度积极工作；无论"升职"还是"降职"，都能以一贯的态度对待同事，没有敌意也不自卑。在传统家族企业中，要消除歧视构建和谐企业无疑是很难的，必须改变以强权思维为主线的"人治"管理，改变传统管理那种简单的上下级关系所导致的控制性文化。

　　第三，促进企业显势、潜势顺利转化的企业文化。据势科学的六维信息势理论，组织显势由"可计算的资金、资产（货币信息势）、行业中的话语权（权力信息势）、技术信息即学历构成及专利技术等（知识信息势）"组成；组织潜势由"成员个性结构（价值情感信息势）、制度法规（艺术信息势）、并购能力和品牌战略（虚拟抽象信息势）"等组成。① 企业的潜势与显势可以相

---

① 李德昌：《管理学基础研究的理性信息人假设与势科学理论》，《管理学报》2010年第4期，第489~498页。

互转化，为了增强企业的竞争力，即提高企业的显势，必须努力提高企业的潜势，而提高潜势的必然要求就是建立具有高激励势的企业文化。

总之，文化管理是管理者追求的理想，是信息量最大而作用量最小的最经济的管理。我国家族企业应尽快认识到企业可持续成长的推力所在，早日将建立高激励势的企业文化提上日程并加以实施，一边修习实践，一边调整优化，才能在"优胜劣汰、适者生存"的竞争丛林中，成功汇聚众人之力，变逆境为顺境，快速成长。

基金项目：本文系教育部人文社科基金项目"中国企业跨国并购中的文化逆势整合战略研究——以道为本的创新视角"（09YJA630076）及西安交通大学纵向人文社科类基金项目"势科学理论研究"（SK2011021）的阶段性研究成果。

作者简介：李亚楠，石家庄人，南开大学商学院博士研究生，主要研究方向为企业文化。

附录 I　集合与群论基础

本附录假定读者只有中等数学知识，无须学过高等学校的"高等代数"课程，除极个别的例子外，并没有用到"高等代数"和"高等数学"的知识。所以没有学过高等代数和高等数学的读者，读懂并掌握本附录内容也是没有什么困难的。

§1　概说

随着科学技术的发展，人们对数学知识的应用越来越广泛。事实证明，在数学的研究和应用方面，需要强调吸收新的信息、新的观点、新的手段。有了新的思想，从新的角度看问题，就会产生意想不到的效果。本附录就是想为读者提供一个人人都能看懂的，有新信息、新知识的通俗文本，使之成为读者特别是青年读者通过了解现代数学，从而进一步深刻理解、掌握和应用势科学理论的窗口。

本附录材料的主体是有关数学应用方面的，涉及日常生活和经济管理的居多，这主要是想对当前实行经济改革、提高经济效益提供一些参考，给势科学的研究和应用提供一个更为科学和富于严密逻辑性的注脚。

集合论自从德国数学家康托于 1871 年提出以来，历经波折，终于风行世界，渗透到每一个数学角落中去，迄今为止，几乎没有一个学科不用集合论的。集合这一概念，从数学家、哲学家、工程师、大学生直至中小学生，现在几乎人人皆知了。

集合概念之所以应用广泛，原因在于它是一种精练的数学语言。它可以用简洁的符号表达一个数学概念，而不必用一大堆日常语言。

§2 基本概念

在普通代数里，我们计算的对象是数，计算的方法是加、减、乘、除。数学渐渐进步，我们发现，可以对于若干不是数的事物，用类似普通计算的方法来加以计算。这种例子我们在高等代数和高等数学中已经看到很多，例如对于向量、矩阵、线性变换等就都可以进行运算。

抽象代数的主要内容就是研究所谓的代数系统，即带有运算的集合。如前所述，抽象代数在数学的其他分支和自然科学的许多部门里都得到广泛的应用。最近 20 多年来，它的一些成果更被直接应用于某些新兴的技术领域。

读者在高等代数里所接触到的群、环、域是三个最基本的代数系统。这里我们要对其中的一个代数系统略做进一步的介绍。

在这里，我们先把常要用到的基本概念介绍一下。这些基本概念中的某一些，例如集合和映射，在中学里已经出现过，但为了完整起见，我们不得不有所重复。

§2.1 集合

若干个（有限或无限多个）固定事物的全体叫作一个集合（简称集）。

组成一个集合的事物叫作这个集合的元素（有时简称元）。关于集合，我们常用到几个名词和符号，现在把它们说明一下。

首先我们要明确空集合这一个概念。

定义 一个没有元素的集合叫作空集合。空集合好像没有什么意义，但我们的确有用得到这个概念的地方，这一点我们不久就会看到。

元素 我们一般用小写拉丁字母 a，b，c，…来表示元素，集合用大写拉丁字母 A，B，C，…来表示，一个集合 A 若是由元素 a，b，c，…组成的，我们用符号 $A = \{a, b, c, \cdots\}$ 来表示。

若 a 是集合 A 的一个元素，我们说，a 属于 A，或是说，A 包含 a 用符号 $a \in A$ 来表示。

若 a 不是集合 A 的元素，我们说，a 不属于 A，或是说，A 不包含 a，用符号 $a \notin A$ 来表示。

定义　若集合 B 的每个元都属于集合 A，我们说，B 是 A 的子集；不然的话，我们说 B 不是 A 的子集。

B 是 A 的子集，我们说，B 包含于 A，或是说，A 包含 B，用符号 $B \subset A$ 或是 $A \supset B$ 来表示。B 不是 A 的子集，我们说，B 不包含于 A，或是说，A 不包含 B，用符号 $B \not\subset A$ 来表示。

注意：空集合被认为是任何集合的子集。

定义　若集合 B 是集合 A 的子集，而且至少有一个 A 的元不属于 B，我们就说 B 是 A 的真子集，不然的话，我们说，B 不是 A 的真子集。

若集合 A 和集合 B 所包含的元素完全一样，那么 A 和 B 表示的是同一集合，这时我们说 A 等于 B，用符号 $A = B$ 来表示。显然 $A = B \Leftrightarrow A \subset B$，$B \subset A$，一个元素 a 若同时属于 A 和 B 两个集合，我们说，a 是 A 和 B 的共同元素。

定义　集合 A 和集合 B 的所有共同元所组成的集合叫作 A 和 B 的交集。A 和 B 的交集我们用符号 $A \cap B$ 来表示。

定义　由至少属于集合 A 和 B 之一的一切元素组成的集合叫作 A 和 B 的并集。A 和 B 的并集我们用符号 $A \cup B$ 来表示。

两个以上的集合 A_1，A_2，$\cdots$ 的交集、并集的定义和上面类似。

定义　令 A_1，A_1，$\cdots$，A_n 是 n 个集合，由一切从 A_1，A_2，$\cdots$，A_n 里顺序取出的元素组 $(a_1, a_2, \cdots, a_n)$ $(a_i \in A_i)$ 所组成的集合叫作集合 A_1，A_2，$\cdots$，A_n 的积，记成 $A_1 \times A_2 \times \cdots \times A_n$。

§2.2　映射

在初等数学里我们已经了解到映射这一概念的重要性。现在我们给出这一概念一个比较一般的定义。

我们看 n 个集合 A_1，A_2，$\cdots$，A_n 和另外一个集合 D。

定义　假如通过一个法则 ϕ，对于任何一个 $A_1 \times A_2 \times \cdots \times A_n$ 的元 $(a_1, a_2, \cdots, a_n)$ $(a_i \in A_i)$，都能得到一个唯一的 D 的元 d，那么这个法则 ϕ 叫作集合 $A_1 \times A_2 \times \cdots \times A_n$ 到集 D 的一个映射；元 d 叫作元 $(a_1, a_2, \cdots, a_n)$ 在映射 ϕ 之下的象；元 $(a_1, a_2, \cdots, a_n)$ 叫作 d 在 ϕ 下的逆象。

我们常用以下符号来描写一个映射：

$$\phi: \qquad (a_1, a_2, \cdots, a_n) \rightarrow d = \phi (a_1, a_2, \cdots, a_n)$$

这里，ϕ 代表所给的法则，也就是所给的映射；$(a_1, a_2, \cdots, a_n) \rightarrow d$ 表示 ϕ 替 $(a_1, a_2, \cdots, a_n)$ 这个元规定的象是 d；至于 $\phi (a_1, a_2, \cdots, a_n)$ 只是一个符号，就是说，我们有时把 d 这个元写成 $\phi (a_1, a_2, \cdots, a_n)$。但这个符号也不是毫无意义的，这个符号暗示，$d$ 是把 ϕ 应用到 $\phi (a_1, a_2, \cdots, a_n)$ 上所得的结果。

总括起来说，我们对于映射的定义应当注意以下几点：

1. 集合 A_1，A_2，$\cdots$，A_n，D 中可能有几个相同的；

2. 一般 A_1，A_2，$\cdots$，A_n 的次序不能调换；

3. 映射 ϕ 一定要替每一个元 $(a_1, a_2, \cdots, a_n)$ 规定一个象 d；

4. 一个元 $(a_1, a_2, \cdots, a_n)$ 只能有一个唯一的象；

5. 所有的象都必须是 D 的元。

给了集合 A_1，A_2，$\cdots$，A_n，D，一般来说，有各种不同的法则可以替每一个元 $(a_1, a_2, \cdots, a_n)$ 规定一个象，有时两个法则虽然不同，但它们替每一个元所规定的象却永远相同。

定义 我们说，$A_1 \times A_2 \times \cdots \times A_n$ 到 D 的两个映射 ϕ_1 和 ϕ_2 是相同的，假如对于任何一个元 $(a_1, a_2, \cdots, a_n)$ 来说，$\phi_1 (a_1, a_2, \cdots, a_n) = \phi_2 (a_1, a_2, \cdots, a_n)$。

我们这样规定的原因是，两个映射本身是不是相同对于我们并不重要，重要的是它们的效果是不是相同。

§2.3 代数运算

如前所述，我们要研究带有运算的集合。现在我们利用映射的概念，来定义代数运算这一个概念。我们看两个集合 A，B 和另一个集合 D。

定义 一个 $A \times B$ 到 D 的映射叫作一个 $A \times B$ 到 D 的代数运算。

按照我们的定义，一个代数运算只是一种特殊的映射。在一般映射的定义里，一方面有 n 个集合 $A_1 \times A_2 \times \cdots \times A_n$ 出现，另一方面有一个集合 D 出现，这里 n 可以是任何正整数。假如我们有一个特殊的映射，它一方面只和两个集合 A，B，另一方面和一个集合 D 发生关系，就把它叫作一个代数运算。让我们看一看，为什么把这样的一个特殊映射叫作代数运算。假定我们有一个 $A \times B$ 到 D 的代数运算，按照定义，给了一个 A 的任意元 a 和一

个 B 的任意元 b，就可以通过这个代数运算，得到一个 D 的元 d。我们也可以说，所给代数运算能够对 a 和 b 进行运算，而得到一个结果 d。这正是普通的计算法的特征，比方说，普通加法也不过是能够把任意两个数加起来，而得到另一个数。

代数运算既然是一种特殊的映射，描写它的符号，也可以特殊一点。一个代数运算我们用 ○ 来表示，用以前的符号，就可以写成：

○：　　　$(a，b) \rightarrow d = ○(a，b)$

我们说过，○$(a，b)$ 完全是一个符号，现在为方便起见，不写○$(a，b)$ 而写 $a○b$。这样，我们描写代数运算的符号，就变成：

$$(a, b) \rightarrow d = a○b$$

注意：跟一般映射的情形一样，当 $A = B$ 的时候，A，B 的次序对于一个 $A \times B$ 到 D 的代数运算来说没有什么影响，一个 $A \times B$ 到 D 的代数运算也是一个 $B \times A$ 到 D 的代数运算。但 A 和 B 的次序可以调换并不是说，对于 A 的任意元 a，B 的任意元 b，有 $a○b = b○a$。

因为 A 和 B 的次序可以调换只是说，$a○b$ 和 $b○a$ 都有意义，并不是说 $a○b = b○a$。

定义　假如○是一个 $A \times A$ 到 A 的代数运算，我们就说，集合 A 对于代数运算○来说是封闭的，也说，○是 A 的代数运算或二元运算。

§2.4　结合律

定义　我们说，一个集合 A 的代数运算○适合结合律，假如对于 A 的任何三个元 a，b，c 来说，都有 $(a○b)○c = a○(b○c)$。

§2.5　交换律

我们知道，在一个 $A \times A$ 到 D 的代数运算○之下，$a○b$ 未必等于 $b○a$，但是凑巧 $a○b$ 也可以等于 $b○a$。

定义　我们说，一个 $A \times A$ 到 D 的代数运算○适合交换律，假如对于 A 的任何两个元 a，b 来说，都有：

$$a○b = b○a$$

假如一个集合 A 的代数运算 $\bigcirc$ 同时适合结合律与交换律，那么在 a_1 $\bigcirc a_2 \cdots \bigcirc a_n$ 里，元的次序可以调换。

我们一般所习知的重要代数运算，都是适合交换律的。以后要碰到一些不适合交换律的代数运算，那时我们会感觉到，计算起来非常不方便。所以交换律也是一个极重要的规律。

§2.6　分配律

结合律和交换律都只同一种代数运算发生关系。现在要讨论同两种代数运算发生关系的一种规律，就是分配律。我们看代数运算 $\odot$ 和 $\oplus$，$\odot$ 是一个 $B \times A$ 到 A 的代数运算，$\oplus$ 是一个 A 的代数运算。

那么，对于任意的 B 的 b 和 A 的 a_1，a_2 来说，$b \odot (a_1 \oplus a_2)$ 和 $(b \odot a_1) \oplus (b \odot a_2)$ 都有意义，都是 A 的元，但这两个元未必相等。

我们说，代数运算 $\odot$ 和 $\oplus$ 适合第一分配律，假如对于 B 的任何 b，A 的任何 a_1，a_2 来说，都有：

$$b \odot (a_1 \oplus a_2) = (b \odot a_1) \oplus (b \odot a_2)$$

假如 $\oplus$ 适合结合律，$\odot$ 适合第一分配律，那么对于 B 的任何 b，A 的任何 a_1，a_2，$\cdots$，a_n 来说，就有：

$$b \odot (a_1 \oplus \cdots \oplus a_n) = (b \odot a_1) \oplus \cdots \oplus (b \odot a_n)$$

以上是说的第一分配律。第二分配律同第一分配律类似，我们看两个代数运算，$\odot$ 是一个 $A \times B$ 到 A 的代数运算，$\oplus$ 是一个 A 的代数运算，那么 $(a_1 \oplus a_2) \odot b$ 和 $(a_1 \odot b) \oplus (a_2 \odot b)$ 都有意义。

我们说，代数运算 $\odot$ 和 $\oplus$ 适合第二分配律，假如，对于 B 的任何 b，A 的任何 a_1，a_2 来说，都有：

$$(a_1 \oplus a_2) \odot b = (a_1 \odot b) \oplus (a_2 \odot b)$$

假如 $\oplus$ 适合结合律，而且 $\odot$ 和 $\oplus$ 适合第二分配律，那么对于 B 的任何 b，A 的任何 a_1，a_2，$\cdots$，a_n 来说，都有：

$$(a_1 \oplus \cdots \oplus a_n) \odot b = (a_1 \odot b) \oplus \cdots \oplus (a_n \odot b)$$

分配律的重要性在于它能使两种代数运算有一种联系。

§3 集合的势

集合论的等势性原理，是康托为了给现代分析学构建理论和逻辑基础而准备的，而不是为了描述"常识世界"而构造的。就像在现实生活中思考实无穷是没有意义的一样，因为你只能举出潜无穷的例子（如探究真理时，实践与认识之间的反复，直至无穷），而举不出实无穷的例子。只要能在逻辑上构成一致的体系，在现代分析学体系下就是正确的基础。

问题：0 到 2 的点是否比 0 到 1 的点多？如果一样多为什么 2 比 1 大？

我们说 2 比 1 大，可以理解为在数轴上 2 到 0 的距离比 1 到 0 的距离远。那么将区间 $[0, 2]$ 上的点看作一个集合，$[0, 1]$ 上的点看作一个集合，是否意味着无穷集合 $[0, 1]$ 上的元素就比 $[0, 2]$ 上的元素少呢？

事实上，$[0, 2]$ 中的元素和 $[0, 1]$ 中的元素一样多，为什么呢？

定义 集合的等势，如果存在 A 到 B 的双射 f，则称 A 和 B 等势，记为 $A \approx B$。

定义 基数，所有彼此等势的集合确定的数称为基数。

和集合 A 彼此等势的所有集合（从而它们彼此等势）确定的基数称为 A 的基数，记为 $|A|$。

按照对自然数的直观理解，所有和 N_n 等势的集合确定的基数就是 n，即 $|N_n| = n$，特别地有 $|\emptyset| = |\bar{N_0}| = 0$。$A$ 有 n 个元素就是 $|A| = |N_n| = n$。

严格来说，"一样多"这个说法是不严谨的而应说是集合的势（cardinality）一样。

势是一种集合大小的表征。

而 $2 > 1$ 这个式子，比较的是 Lebesgue 测度，是另一种集合大小的表征。对于有限集合，元素个数就很好地表征了集合大小，但这不适用于无穷集合。我们必须用其他方法，给无穷集合也赋予一个"数"，表征集合的大小。这样的方法有很多，"势"就是其中一种，而测度也有很多种，算是一类方法。

因此，讨论无穷集合的"大小"，必须指明到底是说哪个意义上的"大小"。

这里详细介绍三种方法：势、Lebesgue 测度和计数测度。

接下来将用四个集合举例：$A = \{0, 1\}$（整数），$B = [0, 1] \cap Q$（有理数），$C = [0, 1]$（实数），$D = [0, 2]$。

"势"的概念是由"元素个数"这个概念推广的，两个集合之间如果存在一一双射，那么两个集合的势一样。因此对于无穷集合，虽然集合个数都是无穷，却仍有大小之分，需用不同的符号表示。自然数集合的势是$\aleph 0$，实数集合的势是$\aleph 1$（CH），$\aleph 0 < \aleph 1$。$(0, 1)$集合的势是$\aleph 1$。因此如果大小指的是势，我们有 $A < B < C = D$

"计数测度"也是由"元素个数"的概念推广的，但是无穷集合的计数测度都是∞。因此如果"大小"指的是计数测度，我们有 $A < B = C = D$。

Lebesgue 测度是从"长度""面积"这些概念推广的。对数实轴上的无穷集合 (a, b)，$b > a$，其 Lebesgue 测度就是 $b - a$；而有限（可数）集合的 Lebesgue 测度都一样，是 0。因此如果"大小"指的是 Lebesgue 测度，我们有 $A = B < C < D$。

上述概念模糊不清的原因关键在于混淆了"个体观"和"整体观"。

集合的势是从元素的角度来对集合大小进行描述的方法。

集合的 Lebegue 测度是从集合整体的角度来对集合大小进行描述的方法。

两者是看问题不同的角度，个体是整体的基础（要让一个集合是非零测度，至少它要是不可数集才行），但并不是全部。我们可以构造出和 $(0, 1)$ 等势的非零测度集合（康托集）。

附录 II   群

数学是一门"关系"学。

数学在人们头脑中的形象在变。早先，中国把数学叫算学（1936 年以后才改过来），认为数学好的人就是会"算"，因而闹出"把数学系毕业生分配当会计"的笑话。后来人们又认为数学家专搞证明，平面几何难题做得出，靠的是头脑清楚，思考严密。因而认为数学是和数量大小，几何图形打交道的学问。

自从第二次世界大战以后，人们慢慢看到，现代数学处理的不仅是"数"与"形"，而是天天在和"关系"打交道。在数学中，讲了集合之后，接着就是讲集合之间的关系。函数是数集之间的对应，对应就是一种关系。数有大小关系，集合之间有包含关系，两条直线之间有平行关系、垂直关系、相交关系。两个几何图形之间有全等关系、相似关系等。数学简直一步也离不开"关系"。

数学的发展已有几千年的历史了，人们习惯上按照数学研究的对象的不同而进行分类。研究数量关系的称为代数，研究空间关系的称为几何。后来又把微积分列为一大类，称作分析。于是，代数、几何、分析鼎足而立。进入 20 世纪，数学飞速发展，分支越来越多，代数又可分为初等代数、高等代数、线性代数、抽象代数，以至拓扑代数、群代数、李代数等。几何则有初等几何、高等几何、射影几何、非欧几何，以至拓扑几何、微分几何、代数几何等。分析的种类更多，从初等微积分到高等微积分、微分方程、数理方程、复变函数、实变函数，乃至泛函分析、调和分析、流形上的分析等。

数学是研究集合的特征的。一个集合的元素之间可以具有某种关系，一个集合和另一个集合的元素之间也可以有某种关系。为了弄清这些关系，我们需要对这些关系所具有的特征进行分类。于是我们就把数学对象所具有的某些关系的特征称为结构。一般认为，数学中有三种母结构：代数结构、序结构、拓扑结构。所有的数学是按照不同结构的组合来加以分类的。

所谓代数结构，是指加减乘除四则运算方面具有的特性。例如自然数范围内只能加和乘，而不能一般地施行减和除。整数范围内可以相减，但一般不能相除。

所谓序结构，就是在集合上定义了序关系，如它可以是半序，也可以是全序。

所谓拓扑结构，就是在集合上能进行极限运算。如在实数和复数范围内都有"距离"这个概念。a 和 b 之间的距离记为 $|a-b|$。有了距离就可以谈靠得很近，越来越近之类的问题，极限也就可以表达了。

在数学和抽象代数中，群论研究名为群的代数结构。

群在抽象代数中具有重要地位，许多代数结构，包括环、域和矢量空间等可以看作在群的基础上添加新的运算和公理而形成的。群的概念在数学的许多分支中都有出现，而且群论的研究方法也对抽象代数的其他分支有重要影响。线性代数群和李群作为群论的分支，在经历了重大的发展之后，已经形成相对独立的研究领域。

群论有着悠久的历史，现在已发展成为一门范围十分广泛和内容十分丰富的数学分支，在近世代数和整个数学中占有重要地位。

在 19 世纪初，数学中一个长达三个世纪之久而未能解决的难题，即五次和五次以上代数方程的根式解问题，被挪威青年数学家阿贝尔（N. H. Abel，1802～1829 年）和法国青年数学家伽罗瓦（E. Galois，1811～1832 年）所彻底解决。这极大地推动了数学的发展，其重要意义是不言而喻的。但更重要的是，他们在解决这一问题时引入了一种新概念和新思想，即置换群的理论，它对今后数学的发展，特别是代数学的发展起着关键性的作用。因此可以说，阿贝尔和伽罗瓦是群论和近世代数的真正创始人。

在阿贝尔和伽罗瓦之后，人们逐渐发现，对于这一理论中大多数的本质问题来说，用以构成群的特殊材料——置换——并不重要，重要的只是在于对任意集合里所规定的代数性质的研究，即对于我们上一章所说的代数系统的研究。这样一个现在看起来似乎很平凡的发现，实际上是一个很大的突破，它的重要意义在于把置换群的研究推进到了更一般的抽象群的研究上去，这样便把群的研究建立在公理化的基础上，使它的理论变得更加严谨和清晰，从而为这一理论的进一步蓬勃发展提供了可能。

在群的抽象化理论中做出重要贡献的数学家主要有凯莱（A. Cayley，1821～1895 年）、弗罗宾纽斯（F. G. Frobenius，1849～1917）以及柯西（A. L. Cauchy，1785～1857 年）、若尔当（C. Jordan，1838～1922 年）和西罗（L. Sylow，1832～1918 年）等人。

本附录主要介绍群的基本概念和一些特殊群类。

§1　群的定义和初步性质

定义　设 G 是一个非空集合，·是它的一个代数运算，如果满足以下条件：

1. 结合律成立，即对 G 中任意元素 a，b，c 都有 $(a \cdot b) \cdot c = a \cdot (b \cdot c)$

2. G 中有元素 e，叫作 G 的左单位元，它对 G 中每个元素 a 都有 $e \cdot a = a$

3. 对 G 中每个元素 a，在 G 中都有元素 a^{-1}，叫作 a 的左逆元，使 $a^{-1} \cdot a = e$

则称 G 对代数运算·作成一个群。

如果对群 G 中任二元素 a，b 均有 $a \cdot b = b \cdot a$，即 G 的代数运算满足交换律，则称 G 为交换群（可换群）或阿贝尔群，否则称 G 为非交换群（非可换群）或非阿贝尔群。

例如，显然全体非零有理数以及全体正有理数对于数的普通乘法都作成群，分别称其为零有理数乘群和有理数乘群。

但应注意，整数集 Z 对于数的普通乘法不能作成群。因为，尽管普通乘法是 Z 的代数运算，并且满足结合律，也有左单位元 1，但是，除去 ±1 外其他任何整数在 Z 中都没有左逆元。

又显然，数域 F 上全体 n 阶满秩方阵对矩阵的普通乘法（或 Z 上 n 维线性空间的全体满秩线性变换对线性变换的乘法）作成一个群，通常称其为 F 上的一般线性群或 F 上的 n 阶线性群，并用 $GL_n(F)$ 表示。

整数集 G 对代数运算·作成一个群，全体正整数集合对这个代数运算不作成群。

对于一个集合，要考察它是否作成群，不仅要注意它的元素是什么，更应注意它的代数运算是什么。因为同一个集合，对这个代数运算可能作成群，而对另一个代数运算却不一定作成群；即使对两个不同的代数运算同时都作成群，那么一般来说，也被认为是两个不同的群。

一个群的代数运算叫什么名称或用什么符号表示，这是非本质的。因此，在不致发生混淆时，有时为了方便，也常把群的代数运算叫作"乘法"，并且往往还把 $a \cdot b$ 简记为 ab。

一个群如果只包含有限个元素，则称为有限群；否则称为无限群。

如果一个有限群 G 中所含的元素个数为 n，则称 n 为群 G 的阶，并记为 $|G| = n$。无限群的阶称为无限，被认为是大于任意的正整数。例如，$|G| > 1$ 就意味着 G 可能是阶大于 1 的有限群，也可能是无限群。

全体 n 次单位根对于数的普通乘法作成一个群。这个群记为 U_n，并称为 n 次单位根群，而且是一个 n 阶有限交换群。同时，n 次单位根群是一种很重要的群。

定理1 群 G 的元素 a 的左逆元 a^{-1} 也是 a 的一个右逆元，即有：

$$a^{-1}a = aa^{-1} = e$$

以后称 a^{-1} 是 a 的逆元。

定理2 群 G 的左单位元 e 也是 G 的一个右单位元，即对群 G 中任意元素 a 均有 $ea = ae = a$，以后称 e 为群 G 的单位元。

定理3 群 G 的单位元及每个元素的逆元都是唯一的。

下面介绍一种同群有密切关系但比群更广泛的代数系统。

定义 设 S 是一个非空集合，如果它有一个代数运算满足结合律，则称 S 是一个半群。

如果 S 中有元素 e，它对 S 中任意元素 a 都有 $ea = a$，则称 e 为半群 S 的一个左单位元；如果在 S 中有元素 e'，它对 S 中任意元素 a 都有 $ae' = a$，则称 e' 为 S 的一个右单位元。

如果半群 S 有单位元（既是左单位元又是右单位元），则称 S 为有单位元的半群，或简称幺半群（monoid）。

在一个半群中，可能既没有左单位元，也没有右单位元；可能只有左单位元，而没有右单位元；也可能只有右单位元，而没有左单位元。但是，如果既有左单位元又有右单位元，则二者必相等，它就是半群的唯一的单位元。

例如，正整数集对普通乘法作成一个半群，而且是一个幺半群，1 是它的单位元。又如，正整数集对普通加法作成一个半群，它既没有左单位元也没有右单位元。

定理 4 设 G 是一个半群，则 G 作成群的充分与必要条件是：

1. G 有右单位元 e，即对 G 中任意元素 a 都有 $ae = a$；

2. G 中每个元素 a 都有右逆元 a^{-1}：$aa^{-1} = e$。

这个定理说明，在群的定义里，可同时将左单位元改为右单位元并把左逆元改成右逆元。

如果一个交换群 G 的代数运算用加号"$+$"表示时，我们常称其为一个加群。这时的单位元改用 0 表示，并称为 G 的零元；元素 a 的逆元用 $-a$ 表示，并称为 a 的负元。

例如，全体整数对数的普通加法作成一个加群，常称其为整数加群。又如全体有理数，更一般地说，任意数环或数域对数的普通加法都作成加群。

§2 群中元素的阶

设 G 是一个群，由于 G 对乘法满足结合律，因此，在 G 中任意取定 n 个元素 a_1，a_2，$\cdots$，a_n 后，不管怎样加括号，其结果都是相等的，所以 $a_1 a_2 \cdots a_n$ 总有意义，它是 G 中一个确定的元素。任取 $a \in G$，n 是一个正整数，规定：

$$a^0 = e, a^n = \overset{n个}{\overbrace{aa\cdots a}}, a^{-n} = (a^{-1})^n = \overset{n个}{\overbrace{a^{-1} a^{-1} \cdots a^{-1}}}$$

由此不难推出通常熟知的指数运算规则在群中也成立：

$$a^m a^n = a^{m+n}, (a^m)^n = a^{mn}$$

其中 m，n 为任意整数。

定义 设 a 为群 G 的一个元素，使 $a^n = e$ 的最小正整数 n，叫作元素 a 的阶。

如果这样的 n 不存在，则称 a 的阶为无限（或称是零），元素 a 的阶常用 $|a|$ 表示。

由此可知，群中单位元的阶是 1，而其他任何元素的阶都大于 1。

例在正有理数乘群 Q^+ 中，除单位元的阶是 1 外，其余元素的阶均为无限。

§3　子群

子群的概念是群论中一个基本概念，群论的全部内容都在不同程度上和子群有联系。特别的是，有时要根据子群的各种特征来对群进行分类，即根据子群来研究群，这也是研究群的重要方法之一。

定义　设 G 是一个群，H 是 G 的一个非空子集，如果 H 本身对 G 的乘法也作成一个群，则称 H 为群 G 的一个子群。

如果 $|G| > 1$，则 G 至少有两个子群，一个是只有单位元 e 作成的子群 $\{e\}$（常简记为 e），另一个是 G 本身。这两个子群我们称为 G 的平凡子群。别的子群，如果存在的话，叫作 G 的非平凡子群或真子群。

当 H 是群 G 的子群时，简记为 $H \leqslant G$；若 H 是 G 的真子群，则简记为 $H < G$。

例如，全体偶数或全体 3 的整倍数，更一般的是，全体 n 的整倍数（n 是一个固定整数）：

$$\{\cdots, -3n, -2n, -n, 0, n, 2n, 3n, \cdots\}$$

都是整数加群的子群。

定义　令 G 是一个群，G 中元素 a 如果同 G 中每个元素都可换，则称 a 是群 G 的一个中心元素。

群 G 的单位元 e 总是群 G 的中心元素，除 e 外可能还有别的中心元素。若群 G 的中心元素只有 e 时，称 G 为无中心群。

交换群的每个元素都是中心元素。另外易知，数域 F 上一般线性群 $GL_n(F)$ 除去单位元外还有别的中心元素（例如纯量矩阵），但当 $n > 1$ 时显然也有非中心元素。

定义　群 G 的全体中心元素作成的集合 $C(G)$ 是 G 的一个子群，称为群 G 的中心。

群 G 的中心显然是 G 的一个交换子群，又显然 G 是交换群当且仅当

$C(G) = G$ 时。

定义 设 A, B 是群 G 的任二非空子集，规定：

$$AB = \{ ab \mid a \in A, b \in B \}, A^{-1} = \{ a^{-1} \mid a \in A \}$$

分别称 AB 为 A 与 B 的乘积，A^{-1} 为 A 的逆。

应注意，一个群的两个子群的乘积一般不再是子群，但在一定条件下可以是子群，交换群的任二子群之积必仍为子群。

§4 循环群

循环群是一种很重要的群，也是已经被完全解决了的一类群。就是说，这种群的元素表达方式和运算规则，以及在同构意义下这种群有多少个和它们子群的状况等，都完全研究清楚了。

设 M 是群 G 的任意一个非空子集，G 中包含 M 的子群总是存在的，例如 G 本身就是一个。当然，一般来说，G 中可能还有别的子群也包含 M。现在用 $\langle M \rangle$ 表示 G 中包含 M 的一切子群的交，则 $\langle M \rangle$ 仍是 G 中包含 M 的一个子群，而且 G 中任何一个子群只要包含 M，就必然包含 $\langle M \rangle$，所以 $\langle M \rangle$ 是群 G 中包含 M 的最小子群。

定义 称 $\langle M \rangle$ 为群 G 中由子集 M 生成的子群，并把 M 叫作这个子群的生成系。

一个群或子群可能有很多的生成系，甚至可能有无限多个生成系。

定义 如果群 G 可以由一个元素 a 生成，即 $G = \langle a \rangle$，则称 G 为由 a 生成的一个循环群，并称 a 为 G 的一个生成元。于是 $\langle a \rangle$ 是由一切形如 a^k（k 是任意整数）的元素作成的群，亦即：

$$\langle a \rangle = \{ \cdots, a^{-3}, a^{-2}, a^{-1}, a^0, a^1, a^2, a^3, \cdots \}$$

易知，循环群必是交换群。

§5 变换群

这里介绍一种同任何群都有密切联系，从而具有广泛意义的群。

设 M 是任意一个非空集合，M 的全体变换关于变换的乘法作成一个半群，我们可较为深入地讨论这个半群的一些重要的子群。

定义 设 M 是一个非空集合，则由 M 的若干个变换关于变换的乘法所作成的群，称为 M 的一个变换群；由 M 的若干个双射变换关于变换的乘法作成的群，称为 M 的一个双射变换群；由 M 的若干个非双射变换关于变换的乘法作成的群，称为 M 的一个非双射变换群。

当然，M 的双射变换群与非双射变换群都是 M 的变换群。

例设 $|M| > 1$，并取定 $a \in M$，则易知 $\tau : x \to a$（$\forall x \in M$）是 M 的一个非双射变换，并且 $\tau^2 = \tau$，从而 $G = \langle \tau \rangle$ 作成 M 的一个非双射变换群。至于 M 的双射变换群当然也是存在的。

定义 称集合 M 的双射变换群 S（M）为 M 上的对称群。当 $|M| = n$ 时，其上的对称群用 S_n 表示，并称为 n 次对称群。

最后来建立抽象群同变换群之间的联系。

定理 任何群都同一个（双射）变换群同构。

由这个定理可知，任何 n 阶有限群都同 n 次对称群 S_n 的一个子群同构。变换群，特别是 n 次对称群，是一种相对具体的群。任何一个抽象群都可以找到一个具体的群与它同构，而同构的群，除了元素的差别外，就其代数性质来说，则是完全一致的。

§6 置换群

置换群是群论中很重要的一类群，群论最早就是从研究置换群开始的。利用这种群，伽罗瓦成功地解决了代数方程是否可用根式求解的问题。伽罗瓦在这方面的工作，现在已发展成为代数学中一种专门的理论——伽罗瓦理论。

置换群之所以重要，不仅因为它是最早研究的一类群，而且因为它是一类重要的非交换群，特别是由上节知，每个有限的抽象群都与一个置换群同构。这里，我们来看一下这种群的基本性质。

定义 n 次对称群 S_n 的任意一个子群，都叫作一个 n 次置换群，简称置换群。

定义 一个置换 σ 如果把数码 i_1 变成 i_2，i_2 变成 i_3，$\cdots$，i_{k-1} 变成 i_k，

又把 i_k 变成 i_1，但别的元素（如果还有的话）都不变，则称 σ 是一个 k - 循环置换，简称为 k - 循环或环，并表示成：

$$\sigma = (i_1 i_2 \cdots i_k) = (i_2 i_3 \cdots i_k i_1) = (i_k i_1 \cdots i_{k-1})$$

为方便起见，把恒等置换叫作 1 - 循环，记为（1）=（2）= $\cdots$ =（n）。2 - 循环简称为对换，无公共元素的循环称为不相连循环。

定义　一个置换若分解成奇数个对换的乘积时，称为奇置换；否则称为偶置换。

由于任何奇置换乘上一个对换后变为偶置换，而偶置换乘上一个对换后变为奇置换，故 $n!$ 个 n 次置换中奇偶置换各半，各为 $\dfrac{n!}{2}$ 个。

接下来，我们介绍在置换群理论中占特殊地位的一类群——传递群。

定义　设 G 是集合 $M = \{1, 2, \cdots, n\}$ 上的一个置换群。如果对 M 中任意两组 k 个互异数码 i_1，i_2，$\cdots$，i_k 与 j_1，j_2，$\cdots$，j_k（$1 \leqslant k \leqslant n$），在 G 中都有置换 τ 使 τ（i_1）= j_1，τ（i_2）= j_2，$\cdots$，τ（i_k）= j_k，则称 G 为一个 k 重传递（可迁）群。

显然，一个 k 重传递群（$2 \leqslant k \leqslant n$）必是一个 $k-1$ 重传递群，S_n 为 n 重传递群。

定义　一个包含 n 个元的集合的全体置换作成的群叫作 n 次对称群，这个群我们用 S_n 来表示。

§7　群论的历史渊源与应用

群论的重要性非常精彩地体现在物理学和化学的研究中，因为许多不同的物理结构，如晶体结构和氢原子结构可以用群论方法来进行建模。于是群论和相关的群表示论在物理学和化学中有大量的应用。

群论中的重要结果，有限单群分类是 20 世纪数学中最重要的成果之一。该定理的证明是集体努力的结果，它的证明出现在 1960 年和 1980 年之间出版的超过 10000 页的期刊上。

群论在历史上主要有三个来源，数论、代数方程理论和几何学。数论中出现的对群的研究始于欧拉，之后由高斯在对模算术和与二次域相关的乘法和加法的研究中进行了发展。群论的概念在代数数论中首先被隐含地使用，后来才显式地运用它们。

关于置换群的早期结果出现在拉格朗日、鲁菲尼和阿贝尔等人关于高次方程一般解的工作中。1830年，伽罗瓦第一次用群的观点来确定多项式方程的可解性。伽罗瓦首次使用了术语"群"，并在新生的群的理论与域论之间建立起了联系，这套理论现在被称为伽罗瓦理论。凯莱和柯西进一步发展了这些研究，创立了置换群理论。

群论的第三个主要历史渊源来自几何。群论在射影几何中首次显示出它的重要性，并在之后的非欧几何中起到了作用。

克莱因用群论的观点，建立了不同几何学（如欧几里得几何、双曲几何、射影几何）之间的联系，即埃尔朗根纲领。

1884年，索菲斯·李开始研究分析学问题中出现的群（现在称为李群）。

追溯到更早的时期，群的概念引发自多项式方程的研究，由伽罗瓦在18世纪30年代开创。在其他领域如数论和几何学发展的推动下，群概念在1870年前后形成。现代群论是非常活跃的数学领域，它以自己的方式研究群。为了探索群，数学家发明了各种概念来把群分解成更小的、更好理解的部分，比如置换群、子群、商群和单群等。

群论是法国数学家伽罗瓦的发明。伽罗瓦是一个极具传奇性的人物，年仅21岁就早逝于一场近乎自杀的决斗中。他用该理论，具体来说是伽罗瓦群，解决了五次方程问题。在此之前柯西、阿贝尔等人也对群论做出了贡献。

最先产生的是 n 个文字的一些置换所构成的置换群，它是在研究当时代数学的中心问题即五次以上的一元多项式方程是否可用根式求解的问题时，经由拉格朗日、鲁菲尼、阿贝尔和伽罗瓦引入和发展，并有成效地用它彻底解决了这个中心问题。某个数域上一元 n 次多项式方程，它的根之间的某些置换所构成的置换群被定义为该方程的伽罗瓦群，1832年伽罗瓦证明了一元 n 次多项式方程能用根式求解的一个充分必要条件是该方程的伽罗瓦群为"可解群"（见有限群）。

由于一般的一元 n 次方程的伽罗瓦群是 n 个文字的对称群 Sn，而当 $n \geq 5$ 时 Sn 不是可解群，所以一般的五次以上一元方程不能用根式求解。伽罗瓦还引入了置换群的同构、正规子群等重要概念。应当指出，拉格朗日、柯西早在 1815 年就发表了有关置换群的第一篇论文，并在 1844 ~ 1846 年对置换群又做了很多工作。

至于置换群的系统知识和伽罗瓦用于方程理论的研究，由于伽罗瓦的原稿是他在决斗致死前夕赶写成的，直到后来才在若尔当的名著《置换和代数方程专论》中得到很好的介绍和进一步的发展。置换群是最终产生和形成抽象群的第一个主要的来源。

在数论中，拉格朗日和高斯研究过由具有同一判别式 D 的二次型类，即 $f = ax^2 + 2bxy + cy^2$，其中 a、b、c 为整数，x、y 取整数值，且 $D = b^2 - ac$ 为固定值，对于两个型的"复合"乘法，构成一个交换群。

戴德金于 1858 年和克罗内克于 1870 年在其代数数论的研究中也引进了有限交换群以至有限群。这些是导致抽象群论产生的第二个主要来源。

在若尔当专著的影响下，克莱因于 1872 年在其著名的埃尔朗根纲领中指出，几何的分类可以通过无限连续变换群来进行。克莱因和庞加莱在对"自守函数"的研究中曾用到其他类型的无限群（即离散群或不连续群）。

在 1870 年前后，索菲斯·李开始研究连续变换群即解析变换李群，用来阐明微分方程的解，并将它们分类。这一无限变换群的理论成为导致抽象群论产生的第三个主要来源。

凯莱于 1849 年、1854 年和 1878 年发表的论文中已然提到接近有限抽象群的概念。弗罗贝尼乌斯于 1879 年和内托于 1882 年以及迪克于 1882 ~ 1883 年的研究也推进了这方面工作。

19 世纪 80 年代，数学家们综合上述三个主要来源，终于成功地概括出抽象群论的公理系统，大约在 1890 年已得到公认。20 世纪初，亨廷顿、莫尔、迪克森等都给出过抽象群的种种独立公理系统，这些公理系统和现代的定义一致。

在 1896 ~ 1911 年，伯恩赛德的两版《有限群论》先后问世，颇多增益。弗罗贝尼乌斯、伯恩赛德、舒尔建立起有限群的矩阵表示论后，有限群论已然形成。

无限群论在 20 世纪初，也有相关专著出版，如 1916 年施米特的著作。群论的发展推动了 20 世纪 30 年代抽象代数学兴起。

尤其是近 40 年来，有限群论取得了巨大的进展，1981 年初，有限单群分类问题的完全解决是一个突出的成果。与此同时，无限群论的研究也进展迅速。

群的理论从约 1880 年起开始统一。在那之后，群论的影响一直在扩大，在 20 世纪早期促进了抽象代数、表示论和其他许多有影响力的子领域的建立。

有限单群分类是 20 世纪中叶数学领域的一项浩大工程，对一切的单群进行了分类。

群论在数学上被广泛地运用，通常以自同构群的形式体现某些结构的内部对称性。结构的内部对称性常常和一种不变式性质（变换不变性）同时存在。如果在一类操作中存在不变式，那这些操作转换的组合和不变式统称为一个对称群。阿贝尔群概括了另外几种抽象集合研究的结构，如环、域、模。

在代数拓扑中，群用于描述拓扑空间转换中不变的性质，例如基本群和透射群。在组合数学中，交换群和群作用常用来简化在某些集合内的元素的计算。

再比如，在现代非线性分析、动力系统、控制理论、分形理论和混沌分析领域，将群论用于算子理论分析，产生了算子群、算子半群理论和方法。

李群的概念在微分方程和流形中都有很重要的作用，因其结合了群论和分析数学，李群能很好地描述分析数学结构中的对称性，对这类群的分析又叫调和分析。

后来群论广泛应用于各个科学领域。凡是有对称性出现的地方，就会有它的影子，例如物理学的超弦理论。

时至今日，群的概念已经普遍地被认为是数学及其许多应用中最基本的概念之一。它不但因渗透到诸如几何学、代数拓扑学、函数论、泛函分析及其他许多数学分支中而起着重要的作用，还形成了一些新学科如拓扑群、李群、代数群、算术群等，它们还具有与群结构相联系的其他结构如拓扑、解析流形、代数簇等，并在结晶学、理论物理、量子化学以至（代数）编码学、自动机理论等方面，都有重要的作用。

作为推广"群"的概念的产物，半群和幺半群理论及其近年来对计算机科学和对算子理论的应用也有很大的发展。群论的计算机方法和程序的研究，也在迅速发展。

在社会学领域中群论也广泛地应用于管理学、心理学、社会行为学乃至哲学等领域，在群体行为控制、博弈、经营与决策等方面都有广泛应用。

就科学内容而言，群论属于数学范畴，在许多数学分支中都有它的身影。它还被广泛用于物理、化学及工程科学等许多领域，尤其是物理学成为受惠最多的学科。粗略地说，经常用群论来研究对称性，这些对称性能够反映出在某种变化下的某些变化量的性质，它也跟物理方程联系在一起。基础物理中常被提到的李群，就类似于伽罗瓦群被用来解代数方程，与微分方程的解密切相关。

从经典物理中对称性和守恒律的研究到量子力学中角动量理论及动力学对称性的探索再到同位旋、超荷和 SU（3）对称性等，无不闪耀着群论思想的光辉。

在物理上，置换群是很重要的一类群。置换群包括 S3 群、二维旋转群、三维旋转群以及和四维时空相对应的洛伦兹群。洛伦兹群加上四维变换就构成了庞加莱群。

另外，在几何晶体学的发展方面，主要体现在晶体点阵、点群、空间群这些概念的诞生以及它们在晶体学中的应用。其主要发展时间是 19 世纪末 20 世纪初，代表人物是熊夫利（Schöneflies，德国犹太人）、赫尔曼（Hermann，德国人）、毛古因（Mauguin，法国人）。

晶体学早期关于晶体结构的各种问题，也是靠群论中的费得洛夫群的研究给出答案。群论指出，空间中互不相同的晶体结构只有确定的 230 种。

对称性与守恒量之间的关系的代表人物是诺特（Noether，女士，德裔犹太人）。诺特定理的基本内容是 "any differentiable symmetry of the action of a physical system has a corresponding conservation law"，也可以说是任何一个保持拉格朗日量不变的微分算符，都对应一个守恒的物理量，包括空间平移对称性对应动量守恒、时间平移对称性对应能量守恒、旋转对称性对应角动量守恒等。

量子力学的代表人物是维格纳（Wigner，匈牙利犹太人）。他因为这方面的研究获得了 1963 年的诺贝尔物理学奖。他的颁奖词是 "for his contributions to the theory of the atomic nucleus and the elementary particles，particularly through the discovery and application of fundamental symmetry principles"。维格纳有一本书，叫 Group Theory and Its Applications to the Quantum Mechanics of Atomic Spectra，1931 年写的。也就是在此之后，在物理学问题的研究中使用

对称性的知识彻底成了一种思维范式。

理论化学领域很关键的一个人物是鲍林（Pauling）。他是第一个将量子力学基本原理、分子轨道、分子设计这些概念引入化学研究中的人，也是我们现在公认的量子化学、分子生物学的开创人。

化学中讨论的对称性，如分子对称性和晶体对称性等，位于其所在系统的化学和物理表现的底层，而群论使简化对这些性质的量子力学分析成为可能。例如，群论被用来证实在特定量子级别间不出现光学跃迁简单的原因是涉及状态的对称性。

群不只对评定在分子中蕴含的对称性有用，它们还可以预测出分子的对称性有时候可以改变。姜－泰勒效应是高对称的分子的变形，此时，在通过分子的对称运算相互关联的一组可能基态时，该分子将采纳一个特定的低对称的基态。

同样，群论还可以帮助预测在物质经历相变的时候出现的物理性质的变更，比如晶体形式从立方体变为四面体。一个例子是铁电物质，这里从顺电到铁电状态的变更出现在居里温度时，与从高对称顺电状态到低对称铁电状态的变更有关，并伴随着所谓的软声子模式，它是在变化时转到零频率的振动晶格模式。

在研究群时，使用表象而非群元是较方便的，因为群元一般来说都是抽象的事物。表象可以看成矩阵，而矩阵具有和群元相同的性质。不可约表象和单位表象是表象理论中的重要概念。

在许多研究群论的数学家眼中，他们关心的是各元素间的运算关系，也即群的结构，而不管一个群的元素的具体含义是什么。如根据凯莱定理，任何一个群都同构于由群的元素组成的置换群。于是，特别是对研究有限群来说，研究置换群是一个重要的方面。

附录 Ⅲ   张量分析简介

张量分析的理论可追溯到 19 世纪上半叶，源于史上最伟大的数学家之一高斯所创立的微分几何。自 1915 年爱因斯坦提出广义相对论以来，张量分析成为理论物理的一个重要工具，成为现代微分几何的基本语言。20 世纪下半叶应用力学得到了蓬勃发展，有人归结于理性力学的复兴、电子计算机和新计算方法的发明、太空探索这三大要素。现状是，不熟悉张量分析的人，已难以阅读建立在连续介质模型基础上的固体力学和流体力学等方面的相当比例的研究文献。

掌握张量分析的目标有如下三个层级。

1. 了解张量分析的哲学原理和思想，学习为阅读大部分现代研究文献所需的张量分析基本知识。

2. 初步能将张量分析作为方便的、有力的研究工具，并应用于自己的研究课题中。

3. 对张量分析有较深入的理解，可以灵活应用，对现代张量函数理论和微分几何有初步的了解。

§1   引进张量分析的必要性

客观存在的物理量，大多数可以看作张量。时间、长度、质量、温度等基本物理量，是 0 阶张量，也通称标量；力、速度与加速度、电磁场等，则是 1 阶张量，也叫矢量；广义相对论中空间的度量，连续介质（包含流、固体等），力学中的应力、应变，刚体的转动惯量等，则是 2 阶张量；而特定材料的线性弹性性质，则可由一个 4 阶张量来统一表征。总之，张量普遍存在，尤其是复杂现象往往包含不少既非标量也非矢量的 2 阶或 2 阶以上的张量。

由于计算技术的迅猛发展，人们可以定量研究越来越复杂的现象，产出越来越精细的成果，进而打造更高品质的产品。从材料到结构到过程等，不仅研究已有的东西，也越来越多地进行设计和优化。在这个潮流中，张量已经成为大多数现代应用力学文献的基本语言。缺乏张量分析的手段，许多现代本构方程的研究和建立，也许就不会出现。

例如，笛卡儿坐标系 $\{x, y, z\}$ 下的线性弹性动量平衡方程为：

$$\frac{\partial \sigma_x}{\partial x} + \frac{\partial \tau_{xy}}{\partial y} + \frac{\partial \tau_{xz}}{\partial z} + \rho f_x = \rho \ddot{u}$$

$$\frac{\partial \tau_{yx}}{\partial x} + \frac{\partial \sigma_y}{\partial y} + \frac{\partial \tau_{yz}}{\partial z} + \rho f_y = \rho \ddot{v}$$

$$\frac{\partial \tau_{zx}}{\partial x} + \frac{\partial \tau_{zy}}{\partial y} + \frac{\partial \sigma_z}{\partial z} + \rho f_z = \rho \ddot{w}$$

用张量语言，则简化为：

$$\sigma_{ij,j} + \rho f_i = \rho \ddot{u}_i , \sigma \cdot \nabla + \rho f = \rho \ddot{u}$$

张量概念的引进，使得人们可以将关注力集中在问题的物理实质上，而不为非实质性的繁杂所掩盖。刚入门的学者常遇到的问题是，不仅仅用不上上述简化，还由于对张量方程的一知半解，而认识不到背后的细节。

1. 指标记法：

$$x = x_1 , y = x_2 , z = x_3$$
$$u = u_1 , v = v_2 , w = u_3$$

2. 自由指标：将 $\{x_i : i = 1, 2, 3\}$ 简记成 x_i；$\{\sigma_{ij} : i, j = 1, 2, 3\}$ 简记成 σ_{ij}，等等，以及 $\frac{\partial f}{\partial x_i} = f$，这种由小写拉丁字母 i, j, k 等作为指标，其值自由取 1, 2, 3 的，叫作自由指标。

上述微分方程组的左边可简化为：

$$\begin{cases} \sigma_{11,1} + \sigma_{12,2} + \sigma_{13,3} + \rho f_1 = \sum_{j=1}^{3} \sigma_{1j,j} + \rho f_1 \\ \sigma_{21,1} + \sigma_{22,2} + \sigma_{23,3} + \rho f_2 = \sum_{j=1}^{3} \sigma_{2j,j} + \rho f_2 \\ \sigma_{31,1} + \sigma_{32,2} + \sigma_{33,3} + \rho f_3 = \sum_{j=1}^{3} \sigma_{3j,j} + \rho f_3 \end{cases}$$

因此，该方程组在引进指标记法后，简化为 $\displaystyle\sum_{j=1}^{3}\sigma_{ij,j} + \rho f_i = \rho \ddot{u}_i$。

规定在对成对指标求和时省略求和号（爱因斯坦求和约定），最后得到张量方程。满足爱因斯坦求和约定的成对的指标，叫作哑指标。

§2　张量分析的演进

众多的学者对张量分析的发展做出了贡献。直到今天，张量分析依然在不断发展。然而，发展史上有几个关键性人物和事件。

1. 1827 年高斯和微分几何。

在高等数学中我们知道，对三维空间的曲面，一般假设 $z = z(x, y)$，高斯利用双参数函数 $x = x(u, v)$，$y = y(u, v)$，$z = z(u, v)$ 来表达曲面的一般形式，该表达有广泛得多的含义。曲面的线段长度则为：

$$\mathrm{d}s^2 = \mathrm{d}x^2 + \mathrm{d}y^2 + \mathrm{d}z^2 = E(u,v)\,\mathrm{d}u^2 + 2F(u,v)\,\mathrm{d}u\mathrm{d}v + G(u,v)\,\mathrm{d}v^2$$

高斯发现，E，F，G 刻画了该曲面的内禀性质。

2. 1845 年黎曼几何。

作为一种非欧几何，在流形（manifold）上的弧长是 $\mathrm{d}s^2 = g_{ij}\mathrm{d}x^i\mathrm{d}x^j$。

黎曼几何是由度量 g_{ij} 所刻画的内禀几何。

3. 1901 年 Ricci 和 Lew – Civita 新旧坐标系的转换。

参照两个曲线坐标系 $\{x^i\}$ 和 $\{x^{i'}\}$ 的物理量 $\theta(x^i)$ 的微分有如下关系：$\mathrm{d}\theta = \theta_{(x^i)}\mathrm{d}x^i$，$\mathrm{d}\theta = \theta_{(x^{i'})}\mathrm{d}x^{i'}$。

4. 1915 年爱因斯坦广义相对论。

没有张量分析，没有黎曼几何，也许至今还没有广义相对论。那样，我们今天对宇宙的认识和世界观，都可能大不相同，也不会有全球定位系统。

5. 1945 年 Rivlin，Truesdell，Noll 理性力学。

理性力学的复兴，是影响二战后力学发展的主要理论方向，而张量分析尤其是张量函数表示理论对理性力学复兴起到了关键作用。

§3　张量分析的灵魂

掌握张量分析所达到的程度，也许可以比照音乐划分为如下四个层次：

1. 简谱　熟悉指标记法、张量代数初步；
2. 五线谱　熟悉曲线坐标、张量分析、抽象记法；
3. 表演　用张量思考和研究；
4. 作曲　洞察张量的内在结构，灵活广泛应用。

§4　矢量和张量

标量和矢量分别可以理解为 0 阶和 1 阶张量，张量具有高维矢量的性质。理解这种"你中有我，我中有你"的相同和差异性，是把握张量的实质，灵活应用张量的一把钥匙。

我们日常生活的空间（在略去相对论效应后）是一个三维欧氏空间。许多几何或物理量，诸如长度、体积、质量、能量、温度、电荷等，分别可以简单地用一个数量来表征，且该数量与选择什么坐标系无关。这种可由与坐标选择无关的数量来表征的量，统称为标量（scalar）。

也有许多几何或物理量，如位置矢量、速度、加速度、力、热流矢量、电场和磁场强度矢量等，是不仅有大小，而且有方向的量，统称为矢量（vector）。与标量相同之处是，每个矢量作为一个整体是与坐标或矢量基的选择无关的。不同之处是，具体定量描述一个矢量时一般需参照一个坐标系或矢量基，并需用到三个表征参数或说分量（component）。如图 1 所示若参照一个笛卡儿坐标系 $\{x_i\}$，则任意一个矢量 u 可由 u 到三个坐标轴的投影 u_i 完全刻化。

任意矢量 v 及其参照一个笛卡儿坐标系 $\{x_i\}$ 或其单位方向构成的标准正交基 e_i 时的分量 v_i；一般矢量基 g_i 及其对偶基矢 g^i 的几何关系。

$$u = u_1 e_1 + u_2 e_2 + u_3 e_3 = u_i e_i$$

$$u_i = u \cdot e_i$$

其中 e_i 为指向 x_i 坐标轴正向的单位矢量，$\{e_i\}$ 构成一个标准正交基（简称标正基，orthonormalbasis），即它们的内积（inner product）或点积（point product）为：

$$e_i \cdot e_j = \delta_{ij} = \begin{cases} 1\,(i=j,\text{不求和}) \\ 0\,(\text{若 } i \neq j) \end{cases}$$

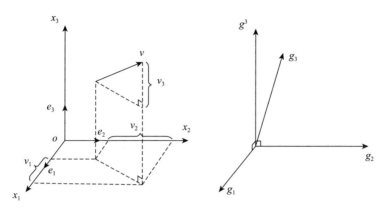

图1　三维欧式空间的矢量、坐标系和基矢

符号 δ_{ij} 是张量理论中最常用量之一，称作 Kronecker 符号。在标正基下，任意两个矢量 u，v 的点积（point product）为：

$$u \cdot v = u_1 v_1 + u_2 v_2 + u_3 v_3 + u_i v_i$$

三维欧氏空间中，两个矢量之间的叉积（cross product）或矢积（vector product）是另一种应用广泛的矢量运算。如控制电磁场运动的麦克斯韦方程组为：

$$\nabla \cdot D = \rho$$
$$\nabla \times E = -B$$
$$\nabla \cdot B = 0$$
$$\nabla \times H = J + D$$

∇ 为梯度矢量算子，$\dot{J}$ 为 J 对时间的导数，D 和 B 分别是电位移和磁感应矢量，E 和 H 分别为电场和磁场强度矢量，J 为传导电流密度矢量，ρ 为自由电荷密度。两个矢量 u 和 v 的叉积 $u \times v$，是满足交反对称性 $u \times v = -v \times u$ 的矢量值乘法。且规定当 $\{e_i\}$ 是一个右手定向的标正基时，这些关系可以统一表示如下：

$$e_i \times e_j = e_{ijk} e_k$$

其中 e_{ijk} 称作为置换符号（permutation symbol），是张量理论中另一个最常用符号。比较上述两个公式可见，e_{ijk} 不等于零的分量只有如下 6 个：

$$e_{123} = e_{231} = e_{312} = 1, e_{213} = e_{321} = e_{132} = -1$$

容易看出将混合积中任何一对矢量交换位置，将得到仅改变正负号的混合积值。

矢量叉积和混合积有着重要的几何含义，两个矢量的叉积 $u \times v$ 是一个与 u 和 v 都垂直的矢量，指向由 u 到 v 的右手螺旋方向，大小为：

$$|u \times v| = |u||v|\sin\theta$$

矢量叉积 $u \times v$ 和混合积 $[u, v, w]$ 的几何含义：叉积 $u \times v$ 作为方向性（面的法向）的平行四边形的面积；$[u, v, w]$ 作为方向性的平行六面体的体积。

其中 θ 为 u 与 v 的夹角，见图2，代表由 u 和 v 作为两条棱的平行四边形的面积。因此 $u \times v$ 正是这个面积的方向性（即面的法向）表示。由此我们又得知三个矢量 u, v, w 非共面的一个充分必要条件是 $[u, v, w] \neq 0$。混合积 $[u, v, w]$ 的绝对值则是由 u, v, w 为棱所构成的平行六面体的体积。不过 $[u, v, w]$ 本身可以有正负之分，取决于 u, v, w 是否与右手系相一致，因此 $[u, v, w]$ 是一种方向性体积。

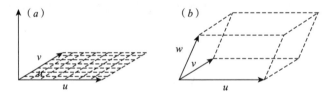

图2　矢量叉积与混合积

一个重要结论，任意三个矢量 u, v, w 的双重叉积具有如下关系：

$$u \times (v \times w) = (u \cdot w)v - (u \cdot v)w$$

§5　协变和逆变矢量基、矢量分量的表示

一般而言，只要任意给定的三个矢量 g_1, g_2, g_3 非共面，它们就可以构成一个矢量基 $\{g_i\}$，该三个基矢量既不必是单位长度，也不必相互正交。任意矢量 u 则可以表示成 g_i 的线性组合：

$$u = u^1 g_1 + u^2 g_2 + u^3 g_3 = u^i g_i$$

由于三个基矢 g_i 可表为三个矢量 g_i 的线性组合（1.1.20），因此 $\{g_i\}$ 必然线性无关，因此也构成了三维空间的一个矢量基。在张量分析中分别称 $\{g_i\}$ 和 $\{g_i\}$ 为协变（covariant）和逆变（contravariant）基。

尽管矢量的每个分量都是数量，但它们不是标量，因为矢量分量的值与参照的坐标系或基矢的选择相关。

§6　有限维矢量空间和内积空间

要更好地理解并能灵活应用张量，仅仅有三维空间的矢量概念和直观想象力是不够的，需要建立任意有限维的矢量概念，并能有一定程度上的灵活把握。

如果对一个集合 V 的元素可以定义所谓的一个加法运算 +，使得 V 的任何两个元素相加所得仍然是 V 的元素，并对任意 $u,v,w \in V$ 满足如下四法则：

交换律　　$u+v=v+u$

结合律　　$(u+v)+w=u+(v+w)$

存在唯一的所谓零元素 0，使得 $u+0=u$

存在唯一的所谓负元素 $-u$，使得　$u+(-u)=0$

则称 V 为一个加法群。

如果对一个加法群还可以定义与数域 F 的乘法，要求 V 中任何元素与 F 的任何元素相乘还是 V 的元素，且对任意 $u,v \in V$ 和任意 $\alpha,\beta \in F$ 满足如下四法则：

加法的分配律 1　　$\alpha(u+v)=\alpha u+\alpha v$

加法的分配律 2　　$(\alpha+\beta)u=\alpha u+\beta u$

结合律　　$\alpha(\beta u)=(\alpha\beta)u$

对数域的单位元 1 有 $1u=u$

则称 V 为一个矢量空间，V 中元素称为矢量（vector），零元素 0 又叫零矢量。

例如，设 V 是数域 F 上的一个矢量空间，记 $T1(V)$ 是从 V 到 F 的所有线性映射的集合，并定义了如下的加法和数乘运算：

$$(f+g)(v) \equiv f(v) + g(v) \qquad (\alpha f)(v) \equiv \alpha[f(v)]$$

其中 f 和 g 是 $T1$（V）中任意元素，α 为 F 中任意元素，$T1$（V）构成一个矢量空间，称作为 V 上的一阶张量空间。

§7 线性相关、线性无关、维数和矢量基

矢量空间 V 中的一个矢量组 u_1，u_2，$\cdots$，u_q 称为线性相关的，是指存在不全为零的实数 α_1，α_2，$\cdots$，α_q，使得：

$$\alpha_1 u_1 + \alpha_2 u_2 + \cdots + \alpha_q u_q = 0$$

该矢量组线性无关，是指上述等式只有在 $\alpha_1 = \alpha_2 = \cdots = \alpha_q = 0$ 时才成立。

一个矢量空间 V 最多能有几个线性无关的矢量，是该空间的一个重要属性。如果在矢量空间 V 中有 N 个线性无关的矢量，但没有更多数目的线性无关的矢量，那么 V 称为 N 维矢量空间；如果在 V 中可以找到任意多个线性无关的矢量，则 V 称为无限维的矢量空间。

R_3 是三维的；$R_{m \times n}$ 是 $m \times n$ 维的；实数域上所有多项式的集合则是一个无限维矢量空间。由这些例子可见，尽管我们日常生活的几何空间是三维的，但具有现实物理意义的高维矢量空间广泛存在。张量也具有高维矢量的结构，只不过张量除具有矢量的共性之外，其内在结构赋予它更丰富的几何和物理内涵。

§8 内积空间

前述关于矢量的定义，并未涉及我们熟知的有关矢量长度、夹角等关于矢量度量的概念。为引进度量，我们先引进内积。

在有限维矢量空间 V 上定义了一个二元实函数 I（u，v），I 被称为内积（inner product），如果它具有如下性质：

交换律 I（u，v）＝I（v，u）

数乘线性性 I（αu，v）＝αI（u，v）

加法分配律 I（$u+v$，w）＝I（u，w）＋I（v，w）

正定性 I（u，u）$\geqslant 0$，且 I（u，u）＝0 当且仅当 $u=0$

其中 u, v, w 是 V 中任意矢量, 是任意实数。这样的矢量空间被称为内积空间。

规定了内积后, 任意矢量 u 的长度定义为 $|u| \equiv \sqrt{u \cdot u}$ 。

可以证明下述重要的 Schwartz 不等式成立 $|u \cdot v| \leqslant |u||v|$ 。

在矢量空间引进内积的方法不是唯一的。换句话说, 内积只是对矢量空间强加的一种度量结构, 虽然可以强加不同的结构, 但一旦规定了一种作为内积, 则长度、夹角等概念, 都是在相应内积意义下规定的。

§9　张量定义和基本属性

有三种等价的方式, 从不同侧重面来定义张量, 它们分别是:

(ⅰ) 张量的分量变换古典定义;

(ⅱ) 作为多重线性函数的张量现代定义;

(ⅲ) 有更强的物理直观意义的矢量空间线性作用和线性映射定义。

全面理解这些定义, 有助于今后应用张量理论的结果。

§9.1　张量的分量变换定义

若在 N 维内积空间 V 参照任意矢量基, 为定量刻画某个量都需采用 Np 个表征参数, 且参照任意给定两个矢量基 g_i 和 $g_{i'}$ 所需的表征参数组 $T\langle i_1 \cdots i_p j_1 \cdots j_q \rangle$ 和 $T\langle i'_1 \cdots i'_p j'_1 \cdots j'_q \rangle$ 之间恒满足变换关系:

$$T\langle i'_1 \cdots i'_p j'_1 \cdots j'_q \rangle = (\beta^{i_1}_{i'_1} \cdots \beta^{i_p}_{i'_p})(\beta^{j_1}_{j'_1} \cdots \beta^{j_q}_{j'_q}) T\langle i_1 \cdots i_p j_1 \cdots j_q \rangle$$

则 $T\langle i_1 \cdots i_p j_1 \cdots j_q \rangle$ 构成了一个以 $(i_1 \cdots i_p)$ 和 $(j_1 \cdots j_q)$ 分别为逆变和协变指标的 $(p+q)$ 阶张量的分量。

§9.2　张量的多重线性函数定义

矢量空间 V 上的任意一个 p 阶张量定义为 V 上的一个 p 重线性标量值函数; 两个 p 阶张量相等, 指的是它们在任意 p 元矢量变量上的值相等; p 阶零张量, 记为 0, 是值恒为零的 p 重线性函数。

矢量空间 V 上所有 p 阶张量的集合记作 $Tp(V)$。进一步, 在 $Tp(V)$ 上规定加法和数乘如下:

$$(f+g)(u_1,\cdots,u_p) \equiv f(u_1,\cdots,u_p) + g(u_1,\cdots,u_p)$$

$$(\alpha f)(u_1,\cdots,u_p) \equiv (\alpha f)(u_1,\cdots,u_p)$$

其中 f, $g \in Tp$ (V), $\alpha \in R$ 任意给定，易验证 Tp (V) 形成一个矢量空间，称为 V 上的 p 阶张量空间。

§9.3 张量的线性作用或线性映射

由于人们对矢量的物理概念建立得较早，且物理上存在大量矢量到矢量的线性映射的例子，因此，如果了解到二阶张量其实也就是从矢量到矢量的线性映射，这对于帮助初学者建立张量的物理概念，以及今后应用于识别二阶张量，都是有益处的。

记 V 为一个有限维内积空间。一个从 V 到 V 的映射 B^* 称为线性的，如果下述关系：

$$B^*(\alpha u + \beta v) = \alpha B^*(u) + \beta B^*(v)$$

对任何实数 α, β 和任何 V 上矢量 u, v 都成立。记 $L1$, 1 (V) 为 V 到 V 所有线性映射的集合，引进加法和数乘如下：

$$(B^* + C^*)(u) \equiv B^*(u) + C^*(u),$$

$$(\alpha B^*)(u) \equiv \alpha[B^*(u)]$$

容易验证 $L1$, 1 (V) 构成一个矢量空间。

特别有意思的是，张量作为线性映射的概念可以用来借助于已知的低阶张量的性质来理解高阶张量。例如，由于应力和应变都是二阶张量，因此，四阶张量 C 或 C_{ijkl} 作为线性映射，又可理解为矢量空间 $T2$ (V) 上的线性映射，或说是 $T2$ (V) 上的一个二阶张量。这样一个理解，对于处理类似的四阶张量是很有帮助的。

§10 置换不变性

虽然一般而言，一个张量不同的置换是不同的张量，然而应用上更多遇到的是具有一定置换不变性的张量。具有这种性质的张量称为完全对称张量。如果一个张量的任一置换与原张量相比，仅仅相差正负号，且该正负号完全取决于置换是偶/奇的，则这种张量称为完全反对称张量。显然，完全反对称张量对任何一对指标作对换所产生的新张量，是原张量的负号。上述概念当然也适用于张量的部分指标组。

§11　张量的对称化和反对称化

对任意二阶张量 B，下面两个张量：

$$S_{ij} = \frac{1}{2}(B_{ij} + B_{ji}), A_{ij} = \frac{1}{2}(B_{ij} - B_{ji})$$

显然分别是对称和反对称的。

对于三阶张量 T：

$$S_{ijk} = \frac{1}{3!}(T_{ijk} + T_{jki} + T_{kij} + T_{jik} + T_{kji} + T_{jik})$$

$$A_{ijk} = \frac{1}{3!}(T_{ijk} + T_{jki} + T_{kij} - T_{jik} - T_{kji} - T_{jik})$$

则分别关于所有的指标对都是对称或反对称的。像这样由任意给定张量派生出一个指标完全对称或反对称张量的过程，称为该张量的完全对称化或完全反对称化，一般而言，任意 p 阶张量的完全对称化，等于该张量的所有 $p!$ 个置换的平均；而任意 p 阶张量的完全反对称化，则等于该张量所有 $(p!)/2$ 个偶置换的求和，减去所有 $(p!)/2$ 个奇置换的求和，再总体除以 $p!$。

类似地，如果仅仅限于对部分指标作对称/反对称化，则可把这些指标当成一个整体按照前述完全对称/反对称化的过程来进行指标对称/反对称化，我们将用圆括号 $(i\ j\cdots k)$ 或方括号 $[i\ j\cdots k]$，分别表示对括号中的指标进行对称和反对称化。如：

$$T_{i(jk)} = \frac{1}{2}(T_{ijk} + T_{ikj}), T_{i[jk]} = \frac{1}{2}(T_{ijk} - T_{ikj})$$

我们可以通过把一般张量分解成一些具有不同置换不变性因此结构上更加简单的张量之和，从而达到更清晰地了解张量内在结构的目的。

p 阶完全对称或反对称张量之和或数乘，仍然分别是完全对称或反对称 p 阶张量，因此，N 维矢量空间 V 上的所有 p 阶完全对称或反对称张量的集合，分别构成了 $Tp(V)$ 的 SpN 和 ApN 维矢量之空间。

图书在版编目（CIP）数据

势科学管理原理 / 冉净斐等著. -- 北京：社会科
学文献出版社，2023.11
ISBN 978 - 7 - 5228 - 2513 - 7

Ⅰ.①势…　Ⅱ.①冉…　Ⅲ.①信息管理学　Ⅳ.
①G203

中国国家版本馆 CIP 数据核字（2023）第 179959 号

势科学管理原理

著　　者 / 冉净斐　李德昌　周丽华　厉　蕊

出 版 人 / 冀祥德
组稿编辑 / 陈凤玲
责任编辑 / 宋淑洁
文稿编辑 / 尚莉丽
责任印制 / 王京美

出　　版 / 社会科学文献出版社·经济与管理分社（010）59367226
　　　　　 地址：北京市北三环中路甲 29 号院华龙大厦　邮编：100029
　　　　　 网址：www.ssap.com.cn
发　　行 / 社会科学文献出版社（010）59367028
印　　装 / 三河市尚艺印装有限公司

规　　格 / 开 本：787mm×1092mm　1/16
　　　　　 印 张：19　字 数：308 千字
版　　次 / 2023 年 11 月第 1 版　2023 年 11 月第 1 次印刷
书　　号 / ISBN 978 - 7 - 5228 - 2513 - 7
定　　价 / 128.00 元

读者服务电话：4008918866